경상북도교육청
교육공무직원

인성검사 및 직무능력검사

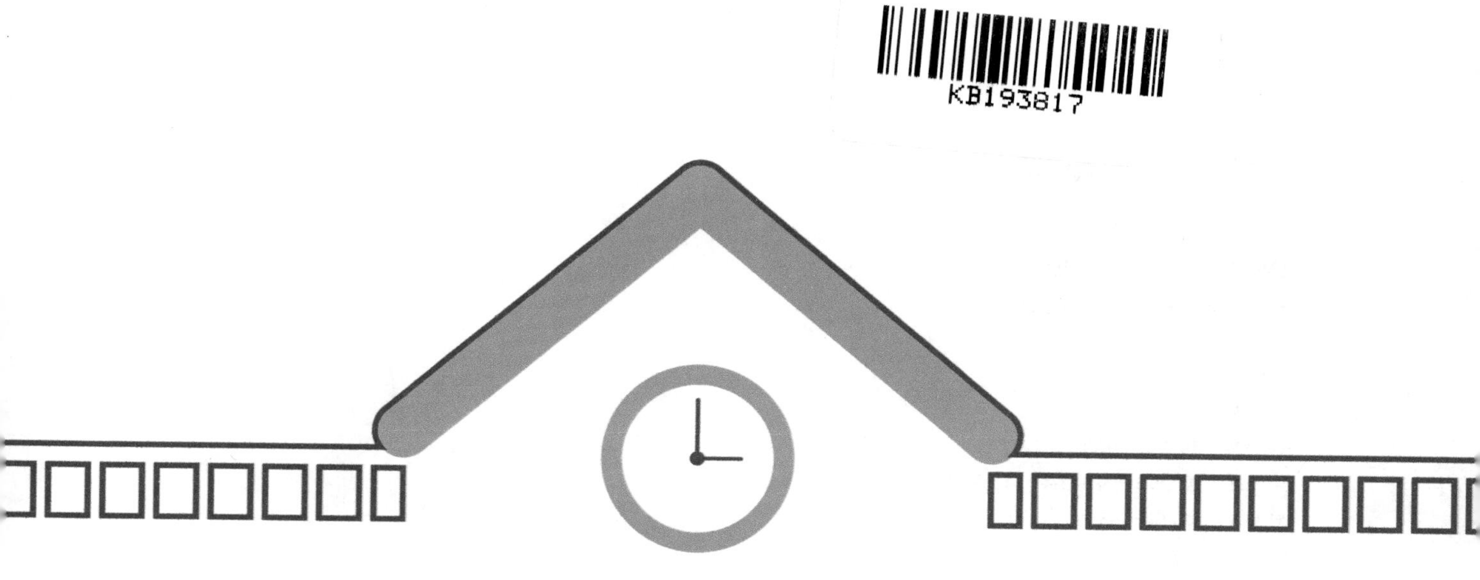

경상북도교육청

교육공무직원

인성검사 및 직무능력검사

개정판 1쇄 발행 2024년 05월 01일
개정2판 1쇄 발행 2024년 11월 25일

편 저 자 | 공무원시험연구소
발 행 처 | (주)서원각
등록번호 | 1999-1A-107호
주 소 | 경기도 고양시 일산서구 덕산로 88-45(가좌동)
대표번호 | 031-923-2051
팩 스 | 031-923-3815
교재문의 | 카카오톡 플러스 친구 [서원각]
홈페이지 | goseowon.com

▷ ISBN과 가격은 표지 뒷면에 있습니다.
▷ 파본은 구입하신 곳에서 교환해드립니다.

교육공무직원, 합격을 향하여

교육 공무직원은 대한민국의 교육부 산하, 시도교육청 산하 학교와 기관에서 교사들이 학생지도에 전념할 수 있도록 교육업무지원과 행정업무 등을 담당하는 교직원이다.

교육공무직원은 응시한계연령 및 정년연령이 만 60세인 국·공립교육기관에 속한 무기계약직으로 안정적 신분과 처우로 그 인기가 높다.

시·도교육청별로 필요에 따라 공개경쟁으로 채용하는 교육공무직원은 1차 서류전형, 2차 필기전형(인성검사+직무능력검사), 3차 면접전형을 통해 선발되며 채용방식이 상이할 수 있으므로 공고문을 확인하는 것이 좋다

본서는 교육공무직원 채용을 준비하는 수험생을 위해 발행된 필기시험 및 면접 대비 기본서이다. 공무원 및 공기업 신규 직원 채용 시 시행하는 인적성검사의 유형을 분석하고 가장 대표적인 유형을 엄선하여 교육공무직원 필기시험에도 포괄적으로 대비할 수 있도록 구성하였다. 또한 직무능력검사 영역별 핵심이론 및 출제예상문제, 다양한 유형의 인성검사, 면접기출 등을 수록하여 교육공무직원 채용에 다각도로 대비할 수 있도록 하였다.

본서를 통하여 교육공무직원 시험을 다각도로 대비할 수 있기를 바라며 교육공무직원 채용을 꿈꾸는 모든 수험생의 합격을 기원합니다.

Structure

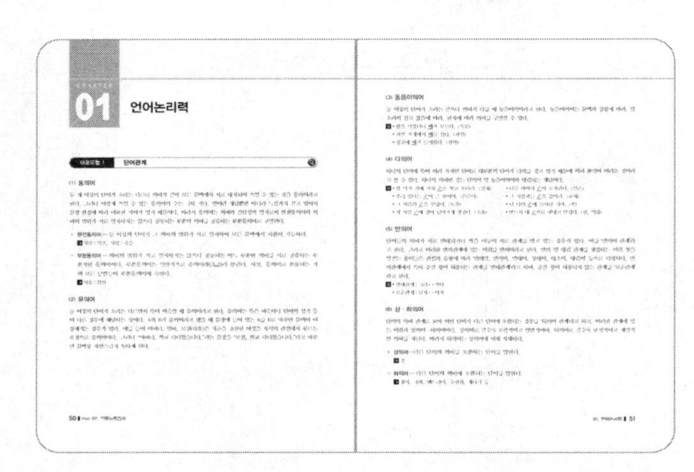
01 언어논리력

직무능력검사 대표유형 이론

영역별로 대표유형을 분류하여 시험에 출제되는 유형을 한눈에 파악하여 학습에 도움이 될 수 있도록 하였습니다. 영역별로 외워두면 좋은 내용, 알아두면 좋은 이론을 정리하였습니다.

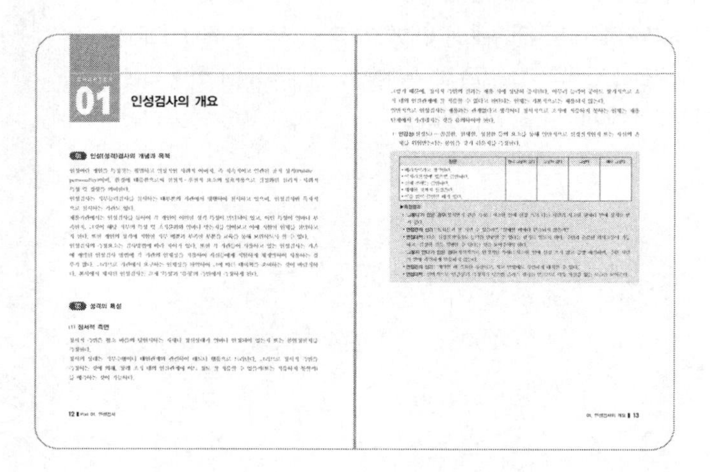
01 인성검사의 개요

인성검사의 이해

근면성, 책임감 등 개인의 성격 및 적성을 파악하는 인성검사의 개념에 대해 소개하고 진위형 및 객관식을 포함한 다양한 유형의 인성검사를 수록하였습니다.

직무능력검사 출제예상문제

영역별로 출제가 예상되는 문제를 수록하였습니다. 영역별로 수록한 예상문제를 풀면서 수험생이 스스로 학습에 도움이 되는 영역을 파악하는 데에 도움이 될 수 있도록 구성하였습니다.

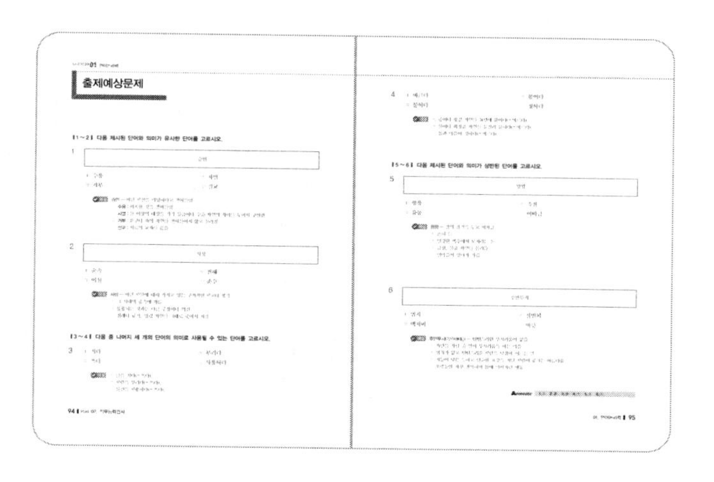

출제예상문제

면접

면접에 대한 이해를 돕기 위해 면접 전 기본적으로 알아야 할 내용을 정리하여 수록하고 교육공무직원 면접기출을 복원하여 채용의 마무리까지 책임집니다

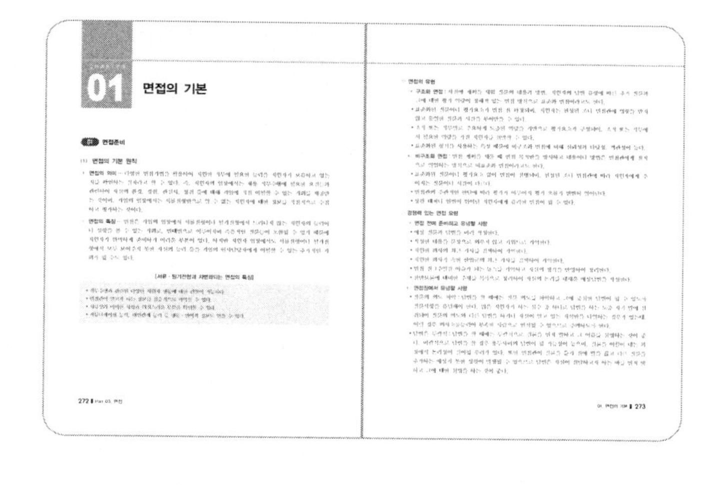

01 면접의 기본

Information

응시 자격요건과 결격사유는 뭔가요?

응시 자격요건은 만18세 이상이고 대한민국 국적 소지자(외국인 및 복수국적자 제외)여야 하며, 복수국적자(대한민국 국적과 외국 국적을 함께 가지게 된 사람)가 응시할 경우 채용 전까지 외국 국적을 포기하여야 합니다. 기타 자격요건은 직종에 따라 상이하므로 이 부분은 공고문을 확인해보는 것이 좋습니다.
응시 결격사유로는 「지방공무원법」 제31조(결격사유), 「지방공무원 임용령」 제65조(부정행위자 등에 대한 조치) 및 「경상북도교육감 소속 교육공무직원 관리규정」 제10조(채용 결격사유)에 해당되는 자는 응시할 수 없습니다.

시험은 어떻게 진행되나요?

1차 전형은 서류 심사, 2차 전형은 필기 시험, 3차 전형은 면접 심사를 합니다
서류 전형에서는 자기소개, 경력, 자격증, 학력을 심사하며 필기 전형에서는 인성검사와 직무능력검사를 시행합니다. 면접 전형에서는 직무수행에 필요한 능력 및 적격성을 검증하기 위한 심사를 합니다.

응시원서 제출할 때 유의사항이 있나요?

응시자는 복수 지역·직종에 응시 원서를 제출할 수 없으며(1개 지역, 1개 직종만 응시 가능), 제출할 경우 모든 지역 및 직종에 불합격 처리 됩니다

2차 필기전형 합격자 결정방법은 어떻게 되나요?

필기전형의 경우 인성검사(200문항, 40분)와 직무능력검사(45문항, 50분)를 평가하며 1차 전형(서류) 점수와 관계없이 2차 전형(100점 만점 기준) 총점 40점 이상 득점자 중 고득점자 순으로 결정하며, 동점자는 전원 3차 전형(면접)을 실시합니다.

3차 면접전형 합격자 결정방법은 어떻게 되나요?

3차 면접전형은 직무수행에 필요한 능력 및 적격성을 검증하며 1차 전형(서류), 2차 전형(필기) 점수와 관계없이 3차 전형(면접) 점수 만으로 최종 합격자를 결정합니다. 3차 면접전형 총점이 높은 사람 순으로 최종 합격자로 결정하되, 동점자가 있을 경우 ① 취업지원대상자, ② 2차(필기) 전형 점수가 높은 자, ③ 1차(서류) 전형 점수가 높은 자, ④ 주민등록상 생년월일이 빠른 자 순위에 따라 합격 처리합니다.

응시 유의사항이 있나요?

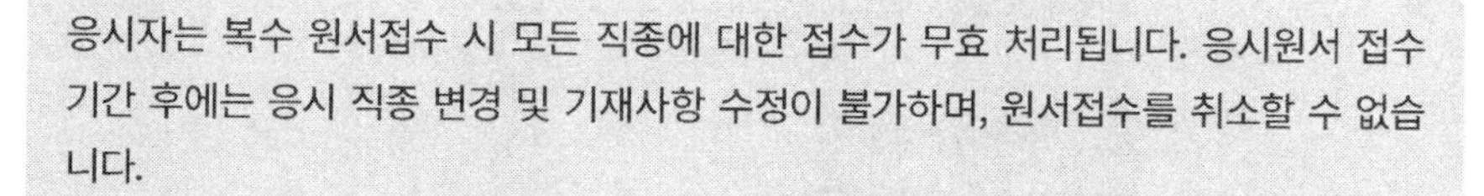

응시자는 복수 원서접수 시 모든 직종에 대한 접수가 무효 처리됩니다. 응시원서 접수 기간 후에는 응시 직종 변경 및 기재사항 수정이 불가하며, 원서접수를 취소할 수 없습니다.

Contents

01 인성검사

02 직무능력검사

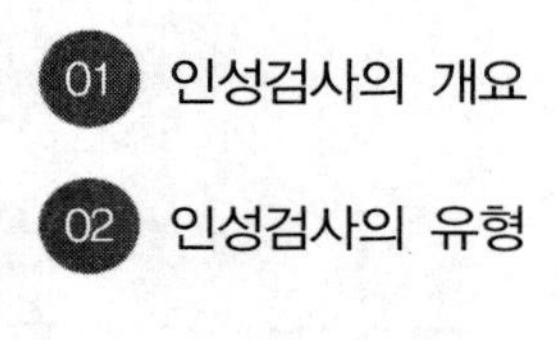

01 인성검사의 개요

02 인성검사의 유형

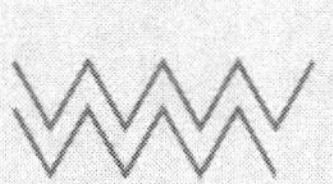

PART 01

인성검사

CHAPTER 01

인성검사의 개요

01 인성(성격)검사의 개념과 목적

인성이란 개인을 특징짓는 평범하고 일상적인 사회적 이미지, 즉 지속적이고 일관된 공적 성격(Public - personality)이며, 환경에 대응함으로써 선천적 · 후천적 요소의 상호작용으로 결정화된 심리적 · 사회적 특성 및 경향을 의미한다.

인성검사는 직무능력검사를 실시하는 대부분의 기관에서 병행하여 실시하고 있으며, 인성검사만 독자적으로 실시하는 기관도 있다.

채용기관에서는 인성검사를 통하여 각 개인이 어떠한 성격 특성이 발달되어 있고, 어떤 특성이 얼마나 부족한지, 그것이 해당 직무의 특성 및 조직문화와 얼마나 맞는지를 알아보고 이에 적합한 인재를 선발하고자 한다. 또한 개인의 성격에 적합한 직무 배분과 부족한 부분을 교육을 통해 보완하도록 할 수 있다.

인성검사의 측정요소는 검사방법에 따라 차이가 있다. 또한 각 기관들이 사용하고 있는 인성검사는 기존에 개발된 인성검사 방법에 각 기관의 인재상을 적용하여 자신들에게 적합하게 재개발하여 사용하는 경우가 많다. 그러므로 기관에서 요구하는 인재상을 파악하여 그에 따른 대비책을 준비하는 것이 바람직하다. 본서에서 제시된 인성검사는 크게 '특성'과 '유형'의 측면에서 측정하게 된다.

02 성격의 특성

(1) 정서적 측면

정서적 측면은 평소 마음의 당연시하는 자세나 정신상태가 얼마나 안정되어 있는지 또는 불안정한지를 측정한다.

정서의 상태는 직무수행이나 대인관계와 관련하여 태도나 행동으로 드러난다. 그러므로 정서적 측면을 측정하는 것에 의해, 장래 조직 내의 인간관계에 어느 정도 잘 적응할 수 있을까(또는 적응하지 못할까)를 예측하는 것이 가능하다.

그렇기 때문에, 정서적 측면의 결과는 채용 시에 상당히 중시된다. 아무리 능력이 좋아도 장기적으로 조직 내의 인간관계에 잘 적응할 수 없다고 판단되는 인재는 기본적으로는 채용되지 않는다.
일반적으로 인성검사는 채용과는 관계없다고 생각하나 정서적으로 조직에 적응하지 못하는 인재는 채용 단계에서 가려내지는 것을 유의하여야 한다.

① **민감성**(신경도) … 꼼꼼함, 섬세함, 성실함 등의 요소를 통해 일반적으로 신경질적인지 또는 자신의 존재를 위협받는다는 불안을 갖기 쉬운지를 측정한다.

질문	전혀 그렇지 않다	그렇지 않다	그렇다	매우 그렇다
• 배려적이라고 생각한다. • 어지러진 방에 있으면 불안하다. • 실패 후에는 불안하다. • 세세한 것까지 신경쓴다. • 이유 없이 불안할 때가 있다.				

▶측정결과

㉠ '그렇다'가 많은 경우(상처받기 쉬운 유형) : 사소한 일에 신경 쓰고 다른 사람의 사소한 한마디 말에 상처를 받기 쉽다.

- 면접관의 심리 : '동료들과 잘 지낼 수 있을까?', '실패할 때마다 위축되지 않을까?'
- 면접대책 : 다소 신경질적이라도 능력을 발휘할 수 있다는 평가를 얻도록 한다. 주변과 충분한 의사소통이 가능하고, 결정한 것을 실행할 수 있다는 것을 보여주어야 한다.

㉡ '그렇지 않다'가 많은 경우(정신적으로 안정적인 유형) : 사소한 일에 신경 쓰지 않고 금방 해결하며, 주위 사람의 말에 과민하게 반응하지 않는다.

- 면접관의 심리 : '계약할 때 필요한 유형이고, 사고 발생에도 유연하게 대처할 수 있다.'
- 면접대책 : 일반적으로 '민감성'의 측정치가 낮으면 플러스 평가를 받으므로 더욱 자신감 있는 모습을 보여준다.

② 자책성(과민도) … 자신을 비난하거나 책망하는 정도를 측정한다.

질문	전혀 그렇지 않다	그렇지 않다	그렇다	매우 그렇다
• 후회하는 일이 많다. • 자신이 하찮은 존재라 생각된다. • 문제가 발생하면 자기의 탓이라고 생각한다. • 무슨 일이든지 끙끙대며 진행하는 경향이 있다. • 온순한 편이다.				

▶측정결과

㉠ '그렇다'가 많은 경우(자책하는 유형) : 비관적이고 후회하는 유형이다.
- 면접관의 심리 : '끙끙대며 괴로워하고, 일을 진행하지 못할 것 같다.'
- 면접대책 : 기분이 저조해도 항상 의욕을 가지고 생활하는 것과 책임감이 강하다는 것을 보여준다.

㉡ '그렇지 않다'가 많은 경우(낙천적인 유형) : 기분이 항상 밝은 편이다.
- 면접관의 심리 : '안정된 대인관계를 맺을 수 있고, 외부의 압력에도 흔들리지 않는다.'
- 면접대책 : 일반적으로 '자책성'의 측정치가 낮아야 좋은 평가를 받는다.

③ 기분성(불안도) … 기분의 굴곡이나 감정적인 면의 미숙함이 어느 정도인지를 측정하는 것이다.

질문	전혀 그렇지 않다	그렇지 않다	그렇다	매우 그렇다
• 다른 사람의 의견에 자신의 결정이 흔들리는 경우가 많다. • 기분이 쉽게 변한다. • 종종 후회한다. • 다른 사람보다 의지가 약한 편이라고 생각한다. • 금방 싫증을 내는 성격이라는 말을 자주 듣는다.				

▶측정결과

㉠ '그렇다'가 많은 경우(감정의 기복이 많은 유형) : 의지력보다 기분에 따라 행동하기 쉽다.
- 면접관의 심리 : '감정적인 것에 약하며, 상황에 따라 생산성이 떨어지지 않을까?'
- 면접대책 : 주변 사람들과 항상 협조한다는 것을 강조하고 한결같은 상태로 일할 수 있다는 평가를 받도록 한다.

㉡ '그렇지 않다'가 많은 경우(감정의 기복이 적은 유형) : 감정의 기복이 없고, 안정적이다.
- 면접관의 심리 : '안정적으로 업무에 임할 수 있다.'
- 면접대책 : 기분성의 측정치가 낮으면 플러스 평가를 받으므로 자신감을 가지고 면접에 임한다.

④ **독자성**(개인도) … 주변에 대한 견해나 관심, 자신의 견해나 생각에 어느 정도의 속박감을 가지고 있는지를 측정한다.

질문	전혀 그렇지 않다	그렇지 않다	그렇다	매우 그렇다
• 창의적 사고방식을 가지고 있다. • 융통성이 없는 편이다. • 혼자 있는 편이 많은 사람과 있는 것보다 편하다. • 개성적이라는 말을 듣는다. • 교제는 번거로운 것이라고 생각하는 경우가 많다.				

▶측정결과

㉠ '그렇다'가 많은 경우 : 자기의 관점을 중요하게 생각하는 유형으로, 주위의 상황보다 자신의 느낌과 생각을 중시한다.

- 면접관의 심리 : '제멋대로 행동하지 않을까?'
- 면접대책 : 주위 사람과 협조하여 일을 진행할 수 있다는 것과 상식에 얽매이지 않는다는 인상을 심어준다.

㉡ '그렇지 않다'가 많은 경우 : 상식적으로 행동하고 주변 사람의 시선에 신경을 쓴다.

- 면접관의 심리 : '다른 직원들과 협조하여 업무를 진행할 수 있겠다.'
- 면접대책 : 협조성이 요구되는 기업체에서는 플러스 평가를 받을 수 있다.

⑤ 자신감(자존심도) … 자기 자신에 대해 얼마나 긍정적으로 평가하는지를 측정한다.

질문	전혀 그렇지 않다	그렇지 않다	그렇다	매우 그렇다
• 다른 사람보다 능력이 뛰어나다고 생각한다. • 다소 반대의견이 있어도 나만의 생각으로 행동할 수 있다. • 나는 다른 사람보다 기가 센 편이다. • 동료가 나를 모욕해도 무시할 수 있다. • 대개의 일을 목적한 대로 헤쳐나갈 수 있다고 생각한다.				

▶측정결과

㉠ '그렇다'가 많은 경우 : 자기 능력이나 외모 등에 자신감이 있고, 비판당하는 것을 좋아하지 않는다.

- 면접관의 심리 : '자만하여 지시에 잘 따를 수 있을까?'
- 면접대책 : 다른 사람의 조언을 잘 받아들이고, 겸허하게 반성하는 면이 있다는 것을 보여주고, 동료들과 잘 지내며 리더의 자질이 있다는 것을 강조한다.

㉡ '그렇지 않다'가 많은 경우 : 자신감이 없고 다른 사람의 비판에 약하다.

- 면접관의 심리 : '패기가 부족하지 않을까?', '쉽게 좌절하지 않을까?'
- 면접대책 : 극도의 자신감 부족으로 평가되지는 않는다. 그러나 마음이 약한 면은 있지만 의욕적으로 일을 하겠다는 마음가짐을 보여준다.

⑥ 고양성(분위기에 들뜨는 정도) … 자유분방함, 명랑함과 같이 감정(기분)의 높고 낮음의 정도를 측정한다.

질문	전혀 그렇지 않다	그렇지 않다	그렇다	매우 그렇다
• 침착하지 못한 편이다. • 다른 사람보다 쉽게 우쭐해진다. • 모든 사람이 아는 유명인사가 되고 싶다. • 모임이나 집단에서 분위기를 이끄는 편이다. • 취미 등이 오랫동안 지속되지 않는 편이다.				

▶측정결과

㉠ '그렇다'가 많은 경우 : 자극이나 변화가 있는 일상을 원하고 기분을 들뜨게 하는 사람과 친밀하게 지내는 경향이 강하다.

- 면접관의 심리 : '일을 진행하는 데 변덕스럽지 않을까?'
- 면접대책 : 밝은 태도는 플러스 평가를 받을 수 있지만, 착실한 업무능력이 요구되는 직종에서는 마이너스 평가가 될 수 있다. 따라서 자기조절이 가능하다는 것을 보여준다.

㉡ '그렇지 않다'가 많은 경우 : 감정이 항상 일정하고, 속을 드러내 보이지 않는다.

- 면접관의 심리 : '안정적인 업무 태도를 기대할 수 있겠다.'
- 면접대책 : '고양성'의 낮음은 대체로 플러스 평가를 받을 수 있다. 그러나 '무엇을 생각하고 있는지 모르겠다' 등의 평을 듣지 않도록 주의한다.

⑦ 허위성(진위성) … 필요 이상으로 자기를 좋게 보이려 하거나 기업체가 원하는 '이상형'에 맞춘 대답을 하고 있는지, 없는지를 측정한다.

질문	전혀 그렇지 않다	그렇지 않다	그렇다	매우 그렇다
• 약속을 깨뜨린 적이 한 번도 없다. • 다른 사람을 부럽다고 생각해 본 적이 없다. • 꾸지람을 들은 적이 없다. • 사람을 미워한 적이 없다. • 화를 낸 적이 한 번도 없다.				

▶측정결과

㉠ '그렇다'가 많은 경우 : 실제의 자기와는 다른, 말하자면 원칙으로 해답할 가능성이 있다.

- 면접관의 심리 : '거짓을 말하고 있다.'
- 면접대책 : 조금이라도 좋게 보이려고 하는 '거짓말쟁이'로 평가될 수 있다. '거짓을 말하고 있다.'는 마음 따위가 전혀 없다 해도 결과적으로는 정직하게 답하지 않는다는 것이 되어 버린다. '허위성'의 측정 질문은 구분되지 않고 다른 질문 중에 섞여 있다. 그러므로 모든 질문에 솔직하게 답하여야 한다. 또한 자기 자신과 너무 동떨어진 이미지로 답하면 좋은 결과를 얻지 못한다. 그리고 면접에서 '허위성'을 기본으로 한 질문을 받게 되므로 당황하거나 또다른 모순된 답변을 하게 된다. 겉치레를 하거나 무리한 욕심을 부리지 말고 '이런 사회인이 되고 싶다.'는 현재의 자신보다, 조금 성장한 자신을 표현하는 정도가 적당하다.

㉡ '그렇지 않다'가 많은 경우 : 냉정하고 정직하며, 외부의 압력과 스트레스에 강한 유형이다. '대쪽 같음'의 이미지가 굳어지지 않도록 주의한다.

(2) 행동적인 측면

행동적 측면은 인격 중에 특히 행동으로 드러나기 쉬운 측면을 측정한다. 사람의 행동 특징 자체에는 선도 악도 없으나, 일반적으로는 일의 내용에 의해 원하는 행동이 있다. 때문에 행동적 측면은 주로 직종과 깊은 관계가 있는데 자신의 행동 특성을 살려 적합한 직종을 선택한다면 플러스가 될 수 있다.
행동 특성에서 보여 지는 특징은 면접장면에서도 드러나기 쉬운데 본서의 모의 TEST의 결과를 참고하여 자신의 태도, 행동이 면접관의 시선에 어떻게 비치는지를 점검하도록 한다.

① **사회적 내향성** … 대인관계에서 나타나는 행동경향으로 '낯가림'을 측정한다.

질문	선택
A : 파티에서는 사람을 소개받은 편이다. B : 파티에서는 사람을 소개하는 편이다.	
A : 처음 보는 사람과는 어색하게 시간을 보내는 편이다. B : 처음 보는 사람과는 즐거운 시간을 보내는 편이다.	
A : 친구가 적은 편이다. B : 친구가 많은 편이다.	
A : 자신의 의견을 말하는 경우가 적다. B : 자신의 의견을 말하는 경우가 많다.	
A : 사교적인 모임에 참석하는 것을 좋아하지 않는다. B : 사교적인 모임에 항상 참석한다.	

▶측정결과

㉠ 'A'가 많은 경우 : 내성적이고 사람들과 접하는 것에 소극적이다. 자신의 의견을 말하지 않고 조심스러운 편이다.
- 면접관의 심리 : '소극적인데 동료와 잘 지낼 수 있을까?'
- 면접대책 : 대인관계를 맺는 것을 싫어하지 않고 의욕적으로 일을 할 수 있다는 것을 보여준다.

㉡ 'B'가 많은 경우 : 사교적이고 자기의 생각을 명확하게 전달할 수 있다.
- 면접관의 심리 : '사교적이고 활동적인 것은 좋지만, 자기주장이 너무 강하지 않을까?'
- 면접대책 : 협조성을 보여주고, 자기주장이 너무 강하다는 인상을 주지 않도록 주의한다.

② 내성성(침착도) … 자신의 행동과 일에 대해 침착하게 생각하는 정도를 측정한다.

질문	선택
A : 시간이 걸려도 침착하게 생각하는 경우가 많다. B : 짧은 시간에 결정을 하는 경우가 많다.	
A : 실패의 원인을 찾고 반성하는 편이다. B : 실패를 해도 그다지(별로) 개의치 않는다.	
A : 결론이 도출되어도 몇 번 정도 생각을 바꾼다. B : 결론이 도출되면 신속하게 행동으로 옮긴다.	
A : 여러 가지 생각하는 것이 능숙하다. B : 여러 가지 일을 재빨리 능숙하게 처리하는 데 익숙하다.	
A : 여러 가지 측면에서 사물을 검토한다. B : 행동한 후 생각을 한다.	

▶측정결과

㉠ 'A'가 많은 경우 : 행동하기 보다는 생각하는 것을 좋아하고 신중하게 계획을 세워 실행한다.
- 면접관의 심리 : '행동으로 실천하지 못하고, 대응이 늦은 경향이 있지 않을까?'
- 면접대책 : 발로 뛰는 것을 좋아하고, 일을 더디게 한다는 인상을 주지 않도록 한다.

㉡ 'B'가 많은 경우 : 차분하게 생각하는 것보다 우선 행동하는 유형이다.
- 면접관의 심리 : '생각하는 것을 싫어하고 경솔한 행동을 하지 않을까?'
- 면접대책 : 계획을 세우고 행동할 수 있는 것을 보여주고 '사려깊다'라는 인상을 남기도록 한다.

③ **신체활동성** … 몸을 움직이는 것을 좋아하는가를 측정한다.

질문	선택
A : 민첩하게 활동하는 편이다. B : 준비행동이 없는 편이다.	
A : 일을 척척 해치우는 편이다. B : 일을 더디게 처리하는 편이다.	
A : 활발하다는 말을 듣는다. B : 얌전하다는 말을 듣는다.	
A : 몸을 움직이는 것을 좋아한다. B : 가만히 있는 것을 좋아한다.	
A : 스포츠를 하는 것을 즐긴다. B : 스포츠를 보는 것을 좋아한다.	

▶측정결과

㉠ 'A'가 많은 경우 : 활동적이고, 몸을 움직이게 하는 것이 컨디션이 좋다.
- 면접관의 심리 : '활동적으로 활동력이 좋아 보인다.'
- 면접대책 : 활동하고 얻은 성과 등과 주어진 상황의 대응능력을 보여준다.

㉡ 'B'가 많은 경우 : 침착한 인상으로, 차분하게 있는 타입이다.
- 면접관의 심리 : '좀처럼 행동하려 하지 않아 보이고, 일을 빠르게 처리할 수 있을까?'

④ **지속성(노력성)** … 무슨 일이든 포기하지 않고 끈기 있게 하려는 정도를 측정한다.

질문	선택
A : 일단 시작한 일은 시간이 걸려도 끝까지 마무리한다. B : 일을 하다 어려움에 부딪히면 단념한다.	
A : 끈질긴 편이다. B : 바로 단념하는 편이다.	
A : 인내가 강하다는 말을 듣는다. B : 금방 싫증을 낸다는 말을 듣는다.	
A : 집념이 깊은 편이다. B : 담백한 편이다.	
A : 한 가지 일에 구애되는 것이 좋다고 생각한다. B : 간단하게 체념하는 것이 좋다고 생각한다.	

▶측정결과

㉠ 'A'가 많은 경우 : 시작한 것은 어려움이 있어도 포기하지 않고 인내심이 높다.
- 면접관의 심리 : '한 가지의 일에 너무 구애되고, 업무의 진행이 원활할까?'
- 면접대책 : 인내력이 있는 것은 플러스 평가를 받을 수 있지만 집착이 강해 보이기도 한다.

㉡ 'B'가 많은 경우 : 뒤끝이 없고 조그만 실패로 일을 포기하기 쉽다.
- 면접관의 심리 : '질리는 경향이 있고, 일을 정확히 끝낼 수 있을까?'
- 면접대책 : 지속적인 노력으로 성공했던 사례를 준비하도록 한다.

⑤ 신중성(주의성) … 자신이 처한 주변상황을 즉시 파악하고 자신의 행동이 어떤 영향을 미치는지를 측정한다.

질문	선택
A : 여러 가지로 생각하면서 완벽하게 준비하는 편이다. B : 행동할 때부터 임기응변적인 대응을 하는 편이다.	
A : 신중해서 타이밍을 놓치는 편이다. B : 준비 부족으로 실패하는 편이다.	
A : 자신은 어떤 일에도 신중히 대응하는 편이다. B : 순간적인 충동으로 활동하는 편이다.	
A : 시험을 볼 때 끝날 때까지 재검토하는 편이다. B : 시험을 볼 때 한 번에 모든 것을 마치는 편이다.	
A : 일에 대해 계획표를 만들어 실행한다. B : 일에 대한 계획표 없이 진행한다.	

▶측정결과

㉠ 'A'가 많은 경우 : 주변 상황에 민감하고, 예측하여 계획 있게 일을 진행한다.
- 면접관의 심리 : '너무 신중해서 적절한 판단을 할 수 있을까?', '앞으로의 상황에 불안을 느끼지 않을까?'
- 면접대책 : 예측을 하고 실행을 하는 것은 플러스 평가가 되지만, 너무 신중하면 일의 진행이 정체될 가능성을 보이므로 추진력이 있다는 강한 의욕을 보여준다.

㉡ 'B'가 많은 경우 : 주변 상황을 살펴보지 않고 착실한 계획 없이 일을 진행시킨다.
- 면접관의 심리 : '사려 깊지 않고, 실패하는 일이 많지 않을까?', '판단이 빠르고 유연한 사고를 할 수 있을까?'
- 면접대책 : 사전준비를 중요하게 생각하고 있다는 것 등을 보여주고, 경솔한 인상을 주지 않도록 한다. 또한 판단력이 빠르거나 유연한 사고 덕분에 일 처리를 잘 할 수 있다는 것을 강조한다.

(3) 의욕적인 측면

의욕적인 측면은 의욕의 정도, 활동력의 유무 등을 측정한다. 여기서의 의욕이란 우리들이 보통 말하고 사용하는 '하려는 의지'와는 조금 뉘앙스가 다르다. '하려는 의지'란 그 때의 환경이나 기분에 따라 변화하는 것이지만, 여기에서는 조금 더 변화하기 어려운 특징, 말하자면 정신적 에너지의 양으로 측정하는 것이다.

의욕적 측면은 행동적 측면과는 다르고, 전반적으로 어느 정도 점수가 높은 쪽을 선호한다. 모의검사의 의욕적 측면의 결과가 낮다면, 평소 일에 몰두할 때 조금 의욕 있는 자세를 가지고 서서히 개선하도록 노력해야 한다.

① **달성의욕** … 목적의식을 가지고 높은 이상을 가지고 있는지를 측정한다.

질문	선택
A : 경쟁심이 강한 편이다. B : 경쟁심이 약한 편이다.	
A : 어떤 한 분야에서 제1인자가 되고 싶다고 생각한다. B : 어느 분야에서든 성실하게 임무를 진행하고 싶다고 생각한다.	
A : 규모가 큰 일을 해보고 싶다. B : 맡은 일에 충실히 임하고 싶다.	
A : 아무리 노력해도 실패한 것은 아무런 도움이 되지 않는다. B : 가령 실패했을 지라도 나름대로의 노력이 있었으므로 괜찮다.	
A : 높은 목표를 설정하여 수행하는 것이 의욕적이다. B : 실현 가능한 정도의 목표를 설정하는 것이 의욕적이다.	

▶측정결과

㉠ 'A'가 많은 경우 : 큰 목표와 높은 이상을 가지고 승부욕이 강한 편이다.
- 면접관의 심리 : '열심히 일을 해줄 것 같은 유형이다.'
- 면접대책 : 달성의욕이 높다는 것은 어떤 직종이라도 플러스 평가가 된다.

㉡ 'B'가 많은 경우 : 현재의 생활을 소중하게 여기고 비약적인 발전을 위하여 기를 쓰지 않는다.
- 면접관의 심리 : '외부의 압력에 약하고, 기획입안 등을 하기 어려울 것이다.'
- 면접대책 : 일을 통하여 하고 싶은 것들을 구체적으로 어필한다.

② **활동의욕** … 자신에게 잠재된 에너지의 크기로, 정신적인 측면의 활동력이라 할 수 있다.

질문	선택
A : 하고 싶은 일을 실행으로 옮기는 편이다. B : 하고 싶은 일을 좀처럼 실행할 수 없는 편이다.	
A : 어려운 문제를 해결해 가는 것이 좋다. B : 어려운 문제를 해결하는 것을 잘하지 못한다.	
A : 일반적으로 결단이 빠른 편이다. B : 일반적으로 결단이 느린 편이다.	
A : 곤란한 상황에도 도전하는 편이다. B : 사물의 본질을 깊게 관찰하는 편이다.	
A : 시원시원하다는 말을 잘 듣는다. B : 꼼꼼하다는 말을 잘 듣는다.	

▶측정결과

㉠ 'A'가 많은 경우 : 꾸물거리는 것을 싫어하고 재빠르게 결단해서 행동하는 타입이다.
- 면접관의 심리 : '일을 처리하는 솜씨가 좋고, 일을 척척 진행할 수 있을 것 같다.'
- 면접대책 : 활동의욕이 높은 것은 플러스 평가가 된다. 사교성이나 활동성이 강하다는 인상을 준다.

㉡ 'B'가 많은 경우 : 안전하고 확실한 방법을 모색하고 차분하게 시간을 아껴서 일에 임하는 타입이다.
- 면접관의 심리 : '재빨리 행동을 못하고, 일의 처리속도가 느린 것이 아닐까?'
- 면접대책 : 활동성이 있는 것을 좋아하고 움직임이 더디다는 인상을 주지 않도록 한다.

03 성격의 유형

(1) 인성검사 유형의 4가지 척도

정서적인 측면, 행동적인 측면, 의욕적인 측면의 요소들은 성격 특성이라는 관점에서 제시된 것들로 각 개인의 장 · 단점을 파악하는 데 유용하다. 그러나 전체적인 개인의 인성을 이해하는 데는 한계가 있다.
성격의 유형은 개인의 '성격적인 특색'을 가리키는 것으로, 사회인으로서 적합한지, 아닌지를 말하는 관점과는 관계가 없다. 따라서 채용의 합격 여부에는 사용되지 않는 경우가 많으며, 입사 후의 적정 부서 배치의 자료가 되는 편이라 생각하면 된다. 그러나 채용과 관계가 없다고 해서 아무런 준비도 필요없는 것은 아니다. 자신을 아는 것은 면접 대책의 밑거름이 되므로 모의검사 결과를 충분히 활용하도록 하여야 한다.

본서에서는 4개의 척도를 사용하여 기본적으로 16개의 패턴으로 성격의 유형을 분류하고 있다. 각 개인의 성격이 어떤 유형인지 재빨리 파악하기 위해 사용되며, '적성'에 맞는지, 맞지 않는지의 관점에 활용된다.

- 흥미 · 관심의 방향 : 내향형 ←——→ 외향형
- 사물에 대한 견해 : 직관형 ←——→ 감각형
- 판단하는 방법 : 감정형 ←——→ 사고형
- 환경에 대한 접근방법 : 지각형 ←——→ 판단형

(2) 성격유형

① **흥미 · 관심의 방향**(내향⇆외향) … 흥미 · 관심의 방향이 자신의 내면에 있는지, 주위환경 등 외면에 향하는 지를 가리키는 척도이다.

질문	선택
A : 내성적인 성격인 편이다. B : 개방적인 성격인 편이다.	
A : 항상 신중하게 생각을 하는 편이다. B : 바로 행동에 착수하는 편이다.	
A : 수수하고 조심스러운 편이다. B : 자기 표현력이 강한 편이다.	
A : 다른 사람과 함께 있으면 침착하지 않다. B : 혼자서 있으면 침착하지 않다.	

▶측정결과

㉠ 'A'가 많은 경우(내향) : 관심의 방향이 자기 내면에 있으며, 조용하고 낯을 가리는 유형이다. 행동력은 부족하나 집중력이 뛰어나고 신중하고 꼼꼼하다.

㉡ 'B'가 많은 경우(외향) : 관심의 방향이 외부환경에 있으며, 사교적이고 활동적인 유형이다. 꼼꼼함이 부족하여 대충하는 경향이 있으나 행동력이 있다.

② 일(사물)을 보는 방법(직감⇆감각) … 일(사물)을 보는 법이 직감적으로 형식에 얽매이는지, 감각적으로 상식적인지를 가리키는 척도이다.

질문	선택
A : 현실주의적인 편이다. B : 상상력이 풍부한 편이다.	
A : 정형적인 방법으로 일을 처리하는 것을 좋아한다. B : 만들어진 방법에 변화가 있는 것을 좋아한다.	
A : 경험에서 가장 적합한 방법으로 선택한다. B : 지금까지 없었던 새로운 방법을 개척하는 것을 좋아한다.	
A : 성실하다는 말을 듣는다. B : 호기심이 강하다는 말을 듣는다.	

▶측정결과

㉠ 'A'가 많은 경우(감각) : 현실적이고 경험주의적이며 보수적인 유형이다.

㉡ 'B'가 많은 경우(직관) : 새로운 주제를 좋아하며, 독자적인 시각을 가진 유형이다.

③ 판단하는 방법(감정⇆사고) … 일을 감정적으로 판단하는지, 논리적으로 판단하는지를 가리키는 척도이다.

질문	선택
A : 인간관계를 중시하는 편이다. B : 일의 내용을 중시하는 편이다.	
A : 결론을 자기의 신념과 감정에서 이끌어내는 편이다. B : 결론을 논리적 사고에 의거하여 내리는 편이다.	
A : 다른 사람보다 동정적이고 눈물이 많은 편이다. B : 다른 사람보다 이성적이고 냉정하게 대응하는 편이다.	
A : 남의 이야기를 듣고 감정몰입이 빠른 편이다. B : 고민 상담을 받으면 해결책을 제시해주는 편이다.	

▶측정결과

㉠ 'A'가 많은 경우(감정) : 일을 판단할 때 마음 · 감정을 중요하게 여기는 유형이다. 감정이 풍부하고 친절하나 엄격함이 부족하고 우유부단하며, 합리성이 부족하다.

㉡ 'B'가 많은 경우(사고) : 일을 판단할 때 논리성을 중요하게 여기는 유형이다. 이성적이고 합리적이나 타인에 대한 배려가 부족하다.

④ **환경에 대한 접근방법** … 주변상황에 어떻게 접근하는지, 그 판단기준을 어디에 두는지를 측정한다.

질문	선택
A : 사전에 계획을 세우지 않고 행동한다. B : 반드시 계획을 세우고 그것에 의거해서 행동한다.	
A : 자유롭게 행동하는 것을 좋아한다. B : 조직적으로 행동하는 것을 좋아한다.	
A : 조직성이나 관습에 속박당하지 않는다. B : 조직성이나 관습을 중요하게 여긴다.	
A : 계획 없이 낭비가 심한 편이다. B : 예산을 세워 물건을 구입하는 편이다.	

▶측정결과

㉠ 'A'가 많은 경우(지각) : 일의 변화에 융통성을 가지고 유연하게 대응하는 유형이다. 낙관적이며 질서보다는 자유를 좋아하나 임기응변식의 대응으로 무계획적인 인상을 줄 수 있다.

㉡ 'B'가 많은 경우(판단) : 일의 진행시 계획을 세워서 실행하는 유형이다. 순차적으로 진행하는 일을 좋아하고 끈기가 있으나 변화에 대해 적절하게 대응하지 못하는 경향이 있다.

04 인성검사의 대책

(1) 미리 알아두어야 할 점

① 출제 문항 수 … 인성검사의 출제 문항 수는 특별히 정해진 것이 아니며 각 기업체의 기준에 따라 달라질 수 있다. 보통 100문항 이상에서 500문항까지 출제된다고 예상하면 된다.

② 출제형식

㉠ 1Set로 묶인 세 개의 문항 중 자신에게 가장 가까운 것(Most)과 가장 먼 것(Least)을 하나씩 고르는 유형

다음 세 가지 문항 중 자신에게 가장 가까운 것은 Most, 가장 먼 것은 Least에 체크하시오.

질문	Most	Least
① 자신의 생각이나 의견은 좀처럼 변하지 않는다.	✔	
② 구입한 후 끝까지 읽지 않은 책이 많다.		✔
③ 여행가기 전에 계획을 세운다.		

㉡ '예' 아니면 '아니오'의 유형

다음 문항을 읽고 자신에게 해당되는지 안 되는지를 판단하여 해당될 경우 '예'를, 해당되지 않을 경우 '아니오'를 고르시오.

질문	예	아니오
① 걱정거리가 있어서 잠을 못 잘 때가 있다.	✔	
② 시간에 쫓기는 것이 싫다.		✔

㉢ 그 외의 유형

다음 문항에 대해서 평소에 자신이 생각하고 있는 것이나 행동하고 있는 것에 체크하시오.

질문	전혀 그렇지 않다	그렇지 않다	그렇다	매우 그렇다
① 머리를 쓰는 것보다 땀을 흘리는 일이 좋다.			✔	
② 자신은 사교적이 아니라고 생각한다.	✔			

(2) 임하는 자세

① **솔직하게 있는 그대로 표현한다** … 인성검사는 평범한 일상생활 내용들을 다룬 짧은 문장과 어떤 대상이나 일에 대한 선로를 선택하는 문장으로 구성되었으므로 평소에 자신이 생각한 바를 너무 골똘히 생각하지 말고 문제를 보는 순간 떠오른 것을 표현한다.

② **모든 문제를 신속하게 대답한다** … 인성검사는 시간 제한이 없는 것이 원칙이지만 기업체들은 일정한 시간 제한을 두고 있다. 인성검사는 개인의 성격과 자질을 알아보기 위한 검사이기 때문에 정답이 없다. 다만, 기업체에서 바람직하게 생각하거나 기대되는 결과가 있을 뿐이다. 따라서 시간에 쫓겨서 대충 대답을 하는 것은 바람직하지 못하다.

③ **일관성 있게 대답한다** … 간혹 반복되는 문제들이 출제되기 때문에 일관성 있게 답하지 않으면 감점될 수 있으므로 유의한다. 실제로 공기업 인사부 직원의 인터뷰에 따르면 일관성이 없게 대답한 응시자들이 감점을 받아 탈락했다고 한다. 거짓된 응답을 하다보면 일관성 없는 결과가 나타날 수 있으므로, 위에서 언급한 대로 신속하고 솔직하게 답해 일관성 있는 응답을 하는 것이 중요하다.

④ **마지막까지 집중해서 검사에 임한다** … 장시간 진행되는 검사에 지치지 않고 마지막까지 집중해서 정확히 답할 수 있도록 해야 한다.

CHAPTER

02 인성검사의 유형

〉〉 유형 Ⅰ

▌1~25▐ 다음 질문에 대해서 평소 자신이 생각하고 있는 것이나 행동하고 있는 것에 대해 주어진 응답요령에 따라 박스에 답하시오.

응답요령

- 응답 Ⅰ : 제시된 문항들을 읽은 다음 각각의 문항에 대해 자신이 동의하는 정도를 ①(전혀 그렇지 않다)~⑤(매우 그렇다)로 표시하면 된다.
- 응답 Ⅱ : 제시된 문항들을 비교하여 상대적으로 자신의 성격과 가장 가까운 문항 하나와 가장 거리가 먼 문항 하나를 선택하여야 한다(응답 Ⅱ의 응답은 가깝다 1개, 멀다 1개, 무응답 2개이어야 한다).

1

문항	응답 Ⅰ					응답 Ⅱ	
	①	②	③	④	⑤	멀다	가깝다
A. 몸을 움직이는 것을 좋아하지 않는다.							
B. 쉽게 질리는 편이다.							
C. 경솔한 편이라고 생각한다.							
D. 인생의 목표는 손이 닿을 정도면 된다.							

2

문항	응답 Ⅰ					응답 Ⅱ	
	①	②	③	④	⑤	멀다	가깝다
A. 무슨 일도 좀처럼 시작하지 못한다.							
B. 초면인 사람과도 바로 친해질 수 있다.							
C. 행동하고 나서 생각하는 편이다.							
D. 쉬는 날은 집에 있는 경우가 많다.							

3

문항	응답 I					응답 II	
	①	②	③	④	⑤	멀다	가깝다
A. 조금이라도 나쁜 소식은 절망의 시작이라고 생각해 버린다.							
B. 언제나 실패가 걱정이 되어 어쩔 줄 모른다.							
C. 다수결의 의견에 따르는 편이다.							
D. 혼자서 술집에 들어가는 것은 전혀 두려운 일이 아니다.							

4

문항	응답 I					응답 II	
	①	②	③	④	⑤	멀다	가깝다
A. 승부근성이 강하다.							
B. 자주 흥분해서 침착하지 못하다.							
C. 지금까지 살면서 타인에게 폐를 끼친 적이 없다.							
D. 소곤소곤 이야기하는 것을 보면 자기에 대해 험담하고 있는 것으로 생각된다.							

5

문항	응답 I					응답 II	
	①	②	③	④	⑤	멀다	가깝다
A. 무엇이든지 자기가 나쁘다고 생각하는 편이다.							
B. 자신을 변덕스러운 사람이라고 생각한다.							
C. 고독을 즐기는 편이다.							
D. 자존심이 강하다고 생각한다.							

6

문항	응답 I					응답 II	
	①	②	③	④	⑤	멀다	가깝다
A. 금방 흥분하는 성격이다.							
B. 거짓말을 한 적이 없다.							
C. 신경질적인 편이다.							
D. 끙끙대며 고민하는 타입이다.							

7

문항	응답 I					응답 II	
	①	②	③	④	⑤	멀다	가깝다
A. 감정적인 사람이라고 생각한다.							
B. 자신만의 신념을 가지고 있다.							
C. 다른 사람을 바보 같다고 생각한 적이 있다.							
D. 금방 말해버리는 편이다.							

8

문항	응답 I					응답 II	
	①	②	③	④	⑤	멀다	가깝다
A. 싫어하는 사람이 없다.							
B. 대재앙이 오지 않을까 항상 걱정을 한다.							
C. 쓸데없는 고생을 하는 일이 많다.							
D. 자주 생각이 바뀌는 편이다.							

9

문항	응답 I					응답 II	
	①	②	③	④	⑤	멀다	가깝다
A. 문제점을 해결하기 위해 여러 사람과 상의한다.							
B. 내 방식대로 일을 한다.							
C. 영화를 보고 운 적이 많다.							
D. 어떤 것에 대해서도 화낸 적이 없다.							

10

문항	응답 I					응답 II	
	①	②	③	④	⑤	멀다	가깝다
A. 사소한 충고에도 걱정을 한다.							
B. 자신은 도움이 안 되는 사람이라고 생각한다.							
C. 금방 싫증을 내는 편이다.							
D. 개성적인 사람이라고 생각한다.							

11

문항	응답 I					응답 II	
	①	②	③	④	⑤	멀다	가깝다
A. 자기주장이 강한 편이다.							
B. 뒤숭숭하다는 말을 들은 적이 있다.							
C. 학교를 쉬고 싶다고 생각한 적이 한 번도 없다.							
D. 사람들과 관계 맺는 것을 보면 잘하지 못한다.							

12

문항	응답 I					응답 II	
	①	②	③	④	⑤	멀다	가깝다
A. 사려 깊은 편이다.							
B. 몸을 움직이는 것을 좋아한다.							
C. 끈기가 있는 편이다.							
D. 신중한 편이라고 생각한다.							

13

문항	응답 I					응답 II	
	①	②	③	④	⑤	멀다	가깝다
A. 인생의 목표는 큰 것이 좋다.							
B. 어떤 일이라도 바로 시작하는 타입이다.							
C. 낯가림을 하는 편이다.							
D. 생각하고 나서 행동하는 편이다.							

14

문항	응답 I					응답 II	
	①	②	③	④	⑤	멀다	가깝다
A. 쉬는 날은 밖으로 나가는 경우가 많다.							
B. 시작한 일은 반드시 완성시킨다.							
C. 면밀한 계획을 세운 여행을 좋아한다.							
D. 야망이 있는 편이라고 생각한다.							

15

문항	응답 I					응답 II	
	①	②	③	④	⑤	멀다	가깝다
A. 활동력이 있는 편이다.							
B. 많은 사람들과 왁자지껄하게 식사하는 것을 좋아하지 않는다.							
C. 돈을 허비한 적이 없다.							
D. 운동회를 아주 좋아하고 기대했다.							

16

문항	응답 I					응답 II	
	①	②	③	④	⑤	멀다	가깝다
A. 하나의 취미에 열중하는 타입이다.							
B. 모임에서 회장에 어울린다고 생각한다.							
C. 입신출세의 성공이야기를 좋아한다.							
D. 어떠한 일도 의욕을 가지고 임하는 편이다.							

17

문항	응답 I					응답 II	
	①	②	③	④	⑤	멀다	가깝다
A. 학급에서는 존재가 희미했다.							
B. 항상 무언가를 생각하고 있다.							
C. 스포츠는 보는 것보다 하는 게 좋다.							
D. 잘한다라는 말을 자주 듣는다.							

18

문항	응답 I					응답 II	
	①	②	③	④	⑤	멀다	가깝다
A. 흐린 날은 반드시 우산을 가지고 간다.							
B. 주연상을 받을 수 있는 배우를 좋아한다.							
C. 공격하는 타입이라고 생각한다.							
D. 리드를 받는 편이다.							

19

문항	응답 I					응답 II	
	①	②	③	④	⑤	멀다	가깝다
A. 너무 신중해서 기회를 놓친 적이 있다.							
B. 시원시원하게 움직이는 타입이다.							
C. 야근을 해서라도 업무를 끝낸다.							
D. 누군가를 방문할 때는 반드시 사전에 확인한다.							

20

문항	응답 I					응답 II	
	①	②	③	④	⑤	멀다	가깝다
A. 노력해도 결과가 따르지 않으면 의미가 없다.							
B. 무조건 행동해야 한다.							
C. 유행에 둔감하다고 생각한다.							
D. 정해진 대로 움직이는 것은 시시하다.							

21

문항	응답 I					응답 II	
	①	②	③	④	⑤	멀다	가깝다
A. 꿈을 계속 가지고 있고 싶다.							
B. 질서보다 자유를 중요시하는 편이다.							
C. 혼자서 취미에 몰두하는 것을 좋아한다.							
D. 직관적으로 판단하는 편이다.							

22

문항	응답 I					응답 II	
	①	②	③	④	⑤	멀다	가깝다
A. 영화나 드라마를 보면 등장인물의 감정에 이입된다.							
B. 시대의 흐름에 역행해서라도 자신을 관철하고 싶다.							
C. 다른 사람의 소문에 관심이 없다.							
D. 창조적인 편이다.							

23

문항	응답 I					응답 II	
	①	②	③	④	⑤	멀다	가깝다
A. 비교적 눈물이 많은 편이다.							
B. 융통성이 있다고 생각한다.							
C. 친구의 휴대전화 번호를 잘 모른다.							
D. 스스로 고안하는 것을 좋아한다.							

24

문항	응답 I					응답 II	
	①	②	③	④	⑤	멀다	가깝다
A. 정이 두터운 사람으로 남고 싶다.							
B. 조직의 일원으로 별로 안 어울린다.							
C. 세상의 일에 별로 관심이 없다.							
D. 변화를 추구하는 편이다.							

25

문항	응답 I					응답 II	
	①	②	③	④	⑤	멀다	가깝다
A. 업무는 인간관계로 선택한다.							
B. 환경이 변하는 것에 구애되지 않는다.							
C. 불안감이 강한 편이다.							
D. 인생은 살 가치가 없다고 생각한다.							

〉〉 유형 II

▌1~30▌ 다음 각 문제에서 제시된 4개의 질문 중 자신의 생각과 일치하거나 자신을 가장 잘 나타내는 질문과 가장 거리가 먼 질문을 각각 하나씩 고르시오.

	질문	가깝다	멀다
1	나는 계획적으로 일을 하는 것을 좋아한다.		
	나는 꼼꼼하게 일을 마무리 하는 편이다.		
	나는 새로운 방법으로 문제를 해결하는 것을 좋아한다.		
	나는 빠르고 신속하게 일을 처리해야 마음이 편하다.		
2	나는 문제를 해결하기 위해 여러 사람과 상의한다.		
	나는 어떠한 결정을 내릴 때 신중한 편이다.		
	나는 시작한 일은 반드시 완성시킨다.		
	나는 문제를 현실적이고 객관적으로 해결한다.		
3	나는 글보다 말로 표현하는 것이 편하다.		
	나는 논리적인 원칙에 따라 행동하는 것이 좋다.		
	나는 집중력이 강하고 매사에 철저하다.		
	나는 자기능력을 뽐내지 않고 겸손하다.		
4	나는 융통성 있게 업무를 처리한다.		
	나는 질문을 받으면 충분히 생각하고 나서 대답한다.		
	나는 긍정적이고 낙천적인 사고방식을 갖고 있다.		
	나는 매사에 적극적인 편이다.		
5	나는 기발한 아이디어를 많이 낸다.		
	나는 새로운 일을 하는 것이 좋다.		
	나는 타인의 견해를 잘 고려한다.		
	나는 사람들을 잘 설득시킨다.		
6	나는 종종 화가 날 때가 있다.		
	나는 화를 잘 참지 못한다.		
	나는 단호하고 통솔력이 있다.		
	나는 집단을 이끌어가는 능력이 있다.		
7	나는 조용하고 성실하다.		
	나는 책임감이 강하다.		
	나는 독창적이며 창의적이다.		
	나는 복잡한 문제도 간단하게 해결한다.		

	질문	가깝다	멀다
8	나는 관심 있는 분야에 몰두하는 것이 즐겁다.		
	나는 목표를 달성하는 것을 중요하게 생각한다.		
	나는 상황에 따라 일정을 조율하는 융통성이 있다.		
	나는 의사결정에 신속함이 있다.		
9	나는 정리 정돈과 계획에 능하다.		
	나는 사람들의 관심을 받는 것이 기분 좋다.		
	나는 때로는 고집스러울 때도 있다.		
	나는 원리원칙을 중시하는 편이다.		
10	나는 맡은 일에 헌신적이다.		
	나는 타인의 감정에 민감하다.		
	나는 목적과 방향은 변화할 수 있다고 생각한다.		
	나는 다른 사람과 의견의 충돌은 피하고 싶다.		
11	나는 구체적인 사실을 잘 기억하는 편이다.		
	나는 새로운 일을 시도하는 것이 즐겁다.		
	나는 겸손하다.		
	나는 다른 사람과 별다른 마찰이 없다.		
12	나는 나이에 비해 성숙한 편이다.		
	나는 유머감각이 있다.		
	나는 다른 사람의 생각이나 의견을 중요시 생각한다.		
	나는 솔직하고 단호한 편이다.		
13	나는 낙천적이고 긍정적이다.		
	나는 집단을 이끌어가는 능력이 있다.		
	나는 사람들에게 인기가 많다.		
	나는 활동을 조직하고 주도해나가는데 능하다.		
14	나는 사람들에게 칭찬을 잘 한다.		
	나는 사교성이 풍부한 편이다.		
	나는 동정심이 많다.		
	나는 정보에 밝고 지식에 대한 욕구가 높다.		
15	나는 호기심이 많다.		
	나는 다수결의 의견에 쉽게 따른다.		
	나는 승부근성이 강하다.		
	나는 자존심이 강한 편이다.		
16	나는 한번 생각한 것은 자주 바꾸지 않는다.		
	나는 개성 있다는 말을 자주 듣는다.		
	나는 나만의 방식으로 업무를 풀어나가는데 능하다.		
	나는 신중한 편이라고 생각한다.		

	질문	가깝다	멀다
17	나는 문제를 해결하기 위해 많은 사람의 의견을 참고한다.		
	나는 몸을 움직이는 것을 좋아한다.		
	나는 시작한 일은 반드시 완성시킨다.		
	나는 문제 상황을 객관적으로 대처하는데 자신이 있다.		
18	나는 목표를 향해 계속 도전하는 편이다.		
	나는 실패하는 것이 두렵지 않다.		
	나는 친구들이 많은 편이다.		
	나는 다른 사람의 시선을 고려하여 행동한다.		
19	나는 추상적인 이론을 잘 기억하는 편이다.		
	나는 적극적으로 행동하는 편이다.		
	나는 말하는 것을 좋아한다.		
	나는 꾸준히 노력하는 타입이다.		
20	나는 실행력이 있는 편이다.		
	나는 조직 내 분위기 메이커이다.		
	나는 세심하지 못한 편이다.		
	나는 모임에서 지원자 역할을 맡는 것이 좋다.		
21	나는 현실적이고 실용적인 것을 추구한다.		
	나는 계획을 세우고 실행하는 것이 재미있다.		
	나는 꾸준한 취미를 갖고 있다.		
	나는 성급하게 결정하지 않는다.		
22	나는 싫어하는 사람과도 아무렇지 않게 이야기 할 수 있다.		
	내 책상은 항상 깔끔히 정돈되어 있다.		
	나는 실패보다 성공을 먼저 생각한다.		
	나는 동료와의 경쟁도 즐긴다.		
23	나는 능력을 칭찬받는 경우가 많다.		
	나는 논리정연하게 말을 하는 편이다.		
	나는 사물의 근원과 배경에 대해 관심이 많다.		
	나는 문제에 부딪히면 스스로 해결하는 편이다.		
24	나는 부지런한 편이다.		
	나는 일을 하는 속도가 빠르다.		
	나는 독특하고 창의적인 생각을 잘한다.		
	나는 약속한 일은 어기지 않는다.		
25	나는 환경의 변화에도 쉽게 적응할 수 있다.		
	나는 망설이는 것보다 도전하는 편이다.		
	나는 완벽주의자이다.		
	나는 팀을 짜서 일을 하는 것이 재미있다.		

	질문	가깝다	멀다
26	나는 조직을 위해서 내 이익을 포기할 수 있다.		
	나는 상상력이 풍부하다.		
	나는 여러 가지 각도로 사물을 분석하는 것이 좋다.		
	나는 인간관계를 중시하는 편이다.		
27	나는 경험한 방법 중 가장 적합한 방법으로 일을 해결한다.		
	나는 독자적인 시각을 갖고 있다.		
	나는 시간이 걸려도 침착하게 생각하는 경우가 많다.		
	나는 높은 목표를 설정하고 이루기 위해 노력하는 편이다.		
28	나는 성격이 시원시원하다는 말을 자주 듣는다.		
	나는 자기 표현력이 강한 편이다.		
	나는 일의 내용을 중요시 여긴다.		
	나는 다른 사람보다 동정심이 많은 편이다.		
29	나는 하기 싫은 일을 맡아도 표시내지 않고 마무리 한다.		
	나는 누가 시키지 않아도 일을 계획적으로 진행한다.		
	나는 한 가지 일에 집중을 잘 하는 편이다.		
	나는 남을 설득하고 이해시키는데 자신이 있다.		
30	나는 비합리적이거나 불의를 보면 쉽게 지나치지 못한다.		
	나는 무엇이던 시작하면 이루어야 직성이 풀린다.		
	나는 사람을 가리지 않고 쉽게 사귄다.		
	나는 어렵고 힘든 일에 도전하는 것에 쾌감을 느낀다.		

〉〉 유형 Ⅲ

▌1~200▐ 다음 ( ) 안에 당신에게 해당사항이 있으면 'YES', 그렇지 않다면 'NO'를 선택하시오.

YES NO

1. 사람들이 붐비는 도시보다 한적한 시골이 좋다. ……………………………………………………( )( )
2. 전자기기를 잘 다루지 못하는 편이다. ……………………………………………………( )( )
3. 인생에 대해 깊이 생각해 본 적이 없다. ……………………………………………………( )( )
4. 혼자서 식당에 들어가는 것은 전혀 두려운 일이 아니다. ……………………………………………………( )( )
5. 남녀 사이의 연애에서 중요한 것은 돈이다. ……………………………………………………( )( )
6. 걸음걸이가 빠른 편이다. ……………………………………………………( )( )
7. 육류보다 채소류를 더 좋아한다. ……………………………………………………( )( )
8. 소곤소곤 이야기하는 것을 보면 자기에 대해 험담하고 있는 것으로 생각된다. ……………………( )( )
9. 여럿이 어울리는 자리에서 이야기를 주도하는 편이다. ……………………………………………………( )( )
10. 집에 머무는 시간보다 밖에서 활동하는 시간이 더 많은 편이다. ……………………………………( )( )
11. 무엇인가 창조해내는 작업을 좋아한다. ……………………………………………………( )( )
12. 자존심이 강하다고 생각한다. ……………………………………………………( )( )
13. 금방 흥분하는 성격이다. ……………………………………………………( )( )
14. 거짓말을 한 적이 많다. ……………………………………………………( )( )
15. 신경질적인 편이다. ……………………………………………………( )( )
16. 끙끙대며 고민하는 타입이다. ……………………………………………………( )( )
17. 자신이 맡은 일에 반드시 책임을 지는 편이다. ……………………………………………………( )( )
18. 누군가와 마주하는 것보다 통화로 이야기하는 것이 더 편하다. ……………………………………( )( )
19. 운동신경이 뛰어난 편이다. ……………………………………………………( )( )
20. 생각나는 대로 말해버리는 편이다. ……………………………………………………( )( )
21. 싫어하는 사람이 없다. ……………………………………………………( )( )
22. 학창시절 국 · 영 · 수보다는 예체능 과목을 더 좋아했다. ……………………………………( )( )
23. 쓸데없는 고생을 하는 일이 많다. ……………………………………………………( )( )
24. 자주 생각이 바뀌는 편이다. ……………………………………………………( )( )

YES NO

25. 갈등은 대화로 해결한다. ( )( )
26. 내 방식대로 일을 한다. ( )( )
27. 영화를 보고 운 적이 많다. ( )( )
28. 어떤 것에 대해서도 화낸 적이 없다. ( )( )
29. 좀처럼 아픈 적이 없다. ( )( )
30. 자신은 도움이 안 되는 사람이라고 생각한다. ( )( )
31. 어떤 일이든 쉽게 싫증을 내는 편이다. ( )( )
32. 개성적인 사람이라고 생각한다. ( )( )
33. 자기주장이 강한 편이다. ( )( )
34. 뒤숭숭하다는 말을 들은 적이 있다. ( )( )
35. 인터넷 사용이 아주 능숙하다. ( )( )
36. 사람들과 관계 맺는 것을 보면 잘하지 못한다. ( )( )
37. 사고방식이 독특하다. ( )( )
38. 대중교통보다는 걷는 것을 더 선호한다. ( )( )
39. 끈기가 있는 편이다. ( )( )
40. 신중한 편이라고 생각한다. ( )( )
41. 인생의 목표는 큰 것이 좋다. ( )( )
42. 어떤 일이라도 바로 시작하는 타입이다. ( )( )
43. 낯가림을 하는 편이다. ( )( )
44. 생각하고 나서 행동하는 편이다. ( )( )
45. 쉬는 날은 밖으로 나가는 경우가 많다. ( )( )
46. 시작한 일은 반드시 완성시킨다. ( )( )
47. 면밀한 계획을 세운 여행을 좋아한다. ( )( )
48. 야망이 있는 편이라고 생각한다. ( )( )
49. 활동력이 있는 편이다. ( )( )
50. 많은 사람들과 왁자지껄하게 식사하는 것을 좋아하지 않는다. ( )( )
51. 장기적인 계획을 세우는 것을 꺼려한다. ( )( )

	YES	NO
52. 자기 일이 아닌 이상 무심한 편이다.	( )	( )
53. 하나의 취미에 열중하는 타입이다.	( )	( )
54. 스스로 모임에서 회장에 어울린다고 생각한다.	( )	( )
55. 입신출세의 성공이야기를 좋아한다.	( )	( )
56. 어떠한 일도 의욕을 가지고 임하는 편이다.	( )	( )
57. 학급에서는 존재가 희미했다.	( )	( )
58. 항상 무언가를 생각하고 있다.	( )	( )
59. 스포츠는 보는 것보다 하는 게 좋다.	( )	( )
60. 문제 상황을 바르게 인식하고 현실적이고 객관적으로 대처한다.	( )	( )
61. 흐린 날은 반드시 우산을 가지고 간다.	( )	( )
62. 여러 명보다 1 : 1로 대화하는 것을 선호한다.	( )	( )
63. 공격하는 타입이라고 생각한다.	( )	( )
64. 리드를 받는 편이다.	( )	( )
65. 너무 신중해서 기회를 놓친 적이 있다.	( )	( )
66. 시원시원하게 움직이는 타입이다.	( )	( )
67. 야근을 해서라도 업무를 끝낸다.	( )	( )
68. 누군가를 방문할 때는 반드시 사전에 확인한다.	( )	( )
69. 아무리 노력해도 결과가 따르지 않는다면 의미가 없다.	( )	( )
70. 솔직하고 타인에 대해 개방적이다.	( )	( )
71. 유행에 둔감하다고 생각한다.	( )	( )
72. 정해진 대로 움직이는 것은 시시하다.	( )	( )
73. 꿈을 계속 가지고 있고 싶다.	( )	( )
74. 질서보다 자유를 중요시하는 편이다.	( )	( )
75. 혼자서 취미에 몰두하는 것을 좋아한다.	( )	( )
76. 직관적으로 판단하는 편이다.	( )	( )
77. 영화나 드라마를 보며 등장인물의 감정에 이입된다.	( )	( )
78. 시대의 흐름에 역행해서라도 자신을 관철하고 싶다.	( )	( )

	YES	NO
79. 다른 사람의 소문에 관심이 없다.	( )	( )
80. 창조적인 편이다.	( )	( )
81. 비교적 눈물이 많은 편이다.	( )	( )
82. 융통성이 있다고 생각한다.	( )	( )
83. 친구의 휴대전화 번호를 잘 모른다.	( )	( )
84. 스스로 고안하는 것을 좋아한다.	( )	( )
85. 정이 두터운 사람으로 남고 싶다.	( )	( )
86. 새로 나온 전자제품의 사용방법을 익히는 데 오래 걸린다.	( )	( )
87. 세상의 일에 별로 관심이 없다.	( )	( )
88. 변화를 추구하는 편이다.	( )	( )
89. 업무는 인간관계로 선택한다.	( )	( )
90. 환경이 변하는 것에 구애되지 않는다.	( )	( )
91. 다른 사람들에게 첫인상이 좋다는 이야기를 자주 듣는다.	( )	( )
92. 인생은 살 가치가 없다고 생각한다.	( )	( )
93. 의지가 약한 편이다.	( )	( )
94. 다른 사람이 하는 일에 별로 관심이 없다.	( )	( )
95. 자주 넘어지거나 다치는 편이다.	( )	( )
96. 심심한 것을 못 참는다.	( )	( )
97. 다른 사람을 욕한 적이 한 번도 없다.	( )	( )
98. 몸이 아프더라도 병원에 잘 가지 않는 편이다.	( )	( )
99. 금방 낙심하는 편이다.	( )	( )
100. 평소 말이 빠른 편이다.	( )	( )
101. 어려운 일은 되도록 피하는 게 좋다.	( )	( )
102. 다른 사람이 내 의견에 간섭하는 것이 싫다.	( )	( )
103. 낙천적인 편이다.	( )	( )
104. 남을 돕다가 오해를 산 적이 있다.	( )	( )
105. 모든 일에 준비성이 철저한 편이다.	( )	( )

YES NO

106. 상냥하다는 말을 들은 적이 있다. ( )( )

107. 맑은 날보다 흐린 날을 더 좋아한다. ( )( )

108. 많은 친구들을 만나는 것보다 단 둘이 만나는 것이 더 좋다. ( )( )

109. 평소에 불평불만이 많은 편이다. ( )( )

110. 가끔 나도 모르게 엉뚱한 행동을 하는 때가 있다. ( )( )

111. 생리현상을 잘 참지 못하는 편이다. ( )( )

112. 다른 사람을 기다리는 경우가 많다. ( )( )

113. 술자리나 모임에 억지로 참여하는 경우가 많다. ( )( )

114. 결혼과 연애는 별개라고 생각한다. ( )( )

115. 노후에 대해 걱정이 될 때가 많다. ( )( )

116. 잃어버린 물건은 쉽게 찾는 편이다. ( )( )

117. 비교적 쉽게 감격하는 편이다. ( )( )

118. 어떤 것에 대해서는 불만을 가진 적이 없다. ( )( )

119. 걱정으로 밤에 못 잘 때가 많다. ( )( )

120. 자주 후회하는 편이다. ( )( )

121. 쉽게 학습하지만 쉽게 잊어버린다. ( )( )

122. 낮보다 밤에 일하는 것이 좋다. ( )( )

123. 많은 사람 앞에서도 긴장하지 않는다. ( )( )

124. 상대방에게 감정 표현을 하기가 어렵게 느껴진다. ( )( )

125. 인생을 포기하는 마음을 가진 적이 한 번도 없다. ( )( )

126. 규칙에 대해 드러나게 반발하기보다 속으로 반발한다. ( )( )

127. 자신의 언행에 대해 자주 반성한다. ( )( )

128. 활동범위가 좁아 늘 가던 곳만 고집한다. ( )( )

129. 나는 끈기가 다소 부족하다. ( )( )

130. 좋다고 생각하더라도 좀 더 검토하고 나서 실행한다. ( )( )

131. 위대한 인물이 되고 싶다. ( )( )

132. 한 번에 많은 일을 떠맡아도 힘들지 않다. ( )( )

YES NO

133. 사람과 약속은 부담스럽다. ( )( )
134. 질문을 받으면 충분히 생각하고 나서 대답하는 편이다. ( )( )
135. 머리를 쓰는 것보다 땀을 흘리는 일이 좋다. ( )( )
136. 결정한 것에는 철저히 구속받는다. ( )( )
137. 아무리 바쁘더라도 자기관리를 위한 운동을 꼭 한다. ( )( )
138. 이왕 할 거라면 일등이 되고 싶다. ( )( )
139. 과감하게 도전하는 타입이다. ( )( )
140. 자신은 사교적이 아니라고 생각한다. ( )( )
141. 무심코 도리에 대해서 말하고 싶어진다. ( )( )
142. 목소리가 큰 편이다. ( )( )
143. 단념하기보다 실패하는 것이 낫다고 생각한다. ( )( )
144. 예상하지 못한 일은 하고 싶지 않다. ( )( )
145. 파란만장하더라도 성공하는 인생을 살고 싶다. ( )( )
146. 활기찬 편이라고 생각한다. ( )( )
147. 자신의 성격으로 고민한 적이 있다. ( )( )
148. 무심코 사람들을 평가 한다. ( )( )
149. 때때로 성급하다고 생각한다. ( )( )
150. 자신은 꾸준히 노력하는 타입이라고 생각한다. ( )( )
151. 터무니없는 생각이라도 메모한다. ( )( )
152. 리더십이 있는 사람이 되고 싶다. ( )( )
153. 열정적인 사람이라고 생각한다. ( )( )
154. 다른 사람 앞에서 이야기를 하는 것이 조심스럽다. ( )( )
155. 세심하기보다 통찰력이 있는 편이다. ( )( )
156. 엉덩이가 가벼운 편이다. ( )( )
157. 여러 가지로 구애받는 것을 견디지 못한다. ( )( )
158. 돌다리도 두들겨 보고 건너는 쪽이 좋다. ( )( )
159. 자신에게는 권력욕이 있다. ( )( )

YES NO

160. 자신의 능력보다 과중한 업무를 할당받으면 기쁘다. ( )( )

161. 사색적인 사람이라고 생각한다. ( )( )

162. 비교적 개혁적이다. ( )( )

163. 좋고 싫음으로 정할 때가 많다. ( )( )

164. 전통에 얽매인 습관은 버리는 것이 적절하다. ( )( )

165. 교제 범위가 좁은 편이다. ( )( )

166. 발상의 전환을 할 수 있는 타입이라고 생각한다. ( )( )

167. 주관적인 판단으로 실수한 적이 있다. ( )( )

168. 현실적이고 실용적인 면을 추구한다. ( )( )

169. 타고난 능력에 의존하는 편이다. ( )( )

170. 다른 사람을 의식하여 외모에 신경을 쓴다. ( )( )

171. 마음이 담겨 있으면 선물은 아무 것이나 좋다. ( )( )

172. 여행은 내 마음대로 하는 것이 좋다. ( )( )

173. 추상적인 일에 관심이 있는 편이다. ( )( )

174. 큰일을 먼저 결정하고 세세한 일을 나중에 결정하는 편이다. ( )( )

175. 괴로워하는 사람을 보면 답답하다. ( )( )

176. 자신의 가치기준을 알아주는 사람은 아무도 없다. ( )( )

177. 인간성이 없는 사람과는 함께 일할 수 없다. ( )( )

178. 상상력이 풍부한 편이라고 생각한다. ( )( )

179. 의리, 인정이 두터운 상사를 만나고 싶다. ( )( )

180. 인생은 앞날을 알 수 없어 재미있다. ( )( )

181. 조직에서 분위기 메이커다. ( )( )

182. 반성하는 시간에 차라리 실수를 만회할 방법을 구상한다. ( )( )

183. 늘 하던 방식대로 일을 처리해야 마음이 편하다. ( )( )

184. 쉽게 이룰 수 있는 일에는 흥미를 느끼지 못한다. ( )( )

185. 좋다고 생각하면 바로 행동한다. ( )( )

186. 후배들은 무섭게 가르쳐야 따라온다. ( )( )

	YES	NO
187. 한 번에 많은 일을 떠맡는 것이 부담스럽다.	( )	( )
188. 능력 없는 상사라도 진급을 위해 아부할 수 있다.	( )	( )
189. 질문을 받으면 그때의 느낌으로 대답하는 편이다.	( )	( )
190. 땀을 흘리는 것보다 머리를 쓰는 일이 좋다.	( )	( )
191. 단체 규칙에 그다지 구속받지 않는다.	( )	( )
192. 물건을 자주 잃어버리는 편이다.	( )	( )
193. 불만이 생기면 즉시 말해야 한다.	( )	( )
194. 안전한 방법을 고르는 타입이다.	( )	( )
195. 사교성이 많은 사람을 보면 부럽다.	( )	( )
196. 성격이 급한 편이다.	( )	( )
197. 갑자기 중요한 프로젝트가 생기면 혼자서라도 야근할 수 있다.	( )	( )
198. 내 인생에 절대로 포기하는 경우는 없다.	( )	( )
199. 예상하지 못한 일도 해보고 싶다.	( )	( )
200. 평범하고 평온하게 행복한 인생을 살고 싶다.	( )	( )

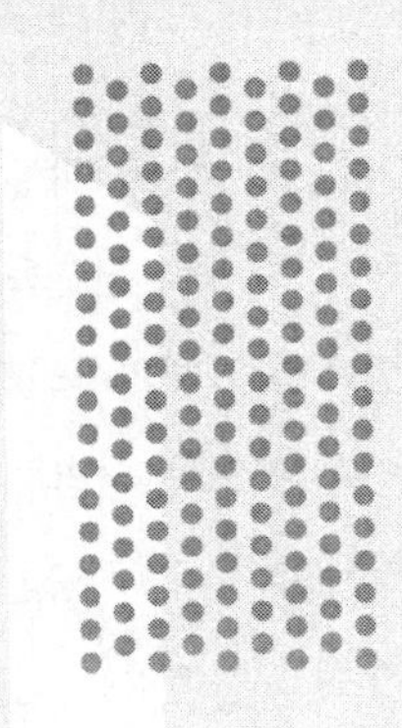

01 언어논리력

02 수리력

03 공간지각력

04 문제해결력

05 관찰탐구력

PART 02

직무능력검사

CHAPTER

01 언어논리력

대표유형 1 단어관계

(1) 동의어

두 개 이상의 단어가 소리는 다르나 의미가 같아 모든 문맥에서 서로 대치되어 쓰일 수 있는 것을 동의어라고 한다. 그러나 이렇게 쓰일 수 있는 동의어의 수는 극히 적다. 말이란 개념뿐만 아니라 느낌까지 싣고 있어서 문장 환경에 따라 미묘한 차이가 있기 때문이다. 따라서 동의어는 의미와 결합성의 일치로써 완전동의어와 의미의 범위가 서로 일치하지는 않으나 공통되는 부분의 의미를 공유하는 부분동의어로 구별된다.

① **완전동의어** … 둘 이상의 단어가 그 의미의 범위가 서로 일치하여 모든 문맥에서 치환이 가능하다.

예 사람 : 인간, 사망 : 죽음

② **부분동의어** … 의미의 범위가 서로 일치하지는 않으나 공통되는 어느 부분만 의미를 서로 공유하는 부분적인 동의어이다. 부분동의어는 일반적으로 유의어(類義語)라 불린다. 사실, 동의어로 분류되는 거의 모든 낱말들이 부분동의어에 속한다.

예 이유 : 원인

(2) 유의어

둘 이상의 단어가 소리는 다르면서 뜻이 비슷할 때 유의어라고 한다. 유의어는 뜻은 비슷하나 단어의 성격 등이 다른 경우에 해당하는 것이다. A와 B가 유의어라고 했을 때 문장에 들어 있는 A를 B로 바꾸면 문맥이 이상해지는 경우가 있다. 예를 들어 어머니, 엄마, 모친(母親)은 자손을 출산한 여성을 자식의 관점에서 부르는 호칭으로 유의어이다. 그러나 "어머니, 학교 다녀왔습니다."라는 문장을 "모친, 학교 다녀왔습니다."라고 바꾸면 문맥상 자연스럽지 못하게 된다.

(3) 동음이의어

둘 이상의 단어가 소리는 같으나 의미가 다를 때 동음이의어라고 한다. 동음이의어는 문맥과 상황에 따라, 말소리의 길고 짧음에 따라, 한자에 따라 의미를 구별할 수 있다.

예
- 밥을 먹었더니 배가 부르다. (복부)
- 과일 가게에서 배를 샀다. (과일)
- 항구에 배가 들어왔다. (선박)

(4) 다의어

하나의 단어에 뜻이 여러 가지인 단어로 대부분의 단어가 다의를 갖고 있기 때문에 의미 분석이 어려운 것이라고 볼 수 있다. 하나의 의미만 갖는 단의어 및 동음이의어와 대립되는 개념이다.

예
- 밥 먹기 전에 가서 손을 씻고 오너라. (신체)
- 우리 언니는 손이 큰 편이야. (씀씀이)
- 그 사람의 손을 빌렸어. (도움)
- 저 사람 손에 집이 넘어가게 생겼다. (소유)
- 너무 바빠서 손이 모자란다. (일손)
- 그 사람과는 손을 끊어라. (교제)
- 넌 나의 손에 놀아난 거야. (꾀)
- 반드시 내 손으로 해내고 말겠다. (힘, 역량)

(5) 반의어

단어들의 의미가 서로 반대되거나 짝을 이루어 서로 관계를 맺고 있는 경우가 있다. 이를 '반의어 관계'라고 한다. 그리고 이러한 반의관계에 있는 어휘를 반의어라고 한다. 반의 및 대립 관계를 형성하는 어휘 쌍을 일컫는 용어들은 관점과 유형에 따라 '반대말, 반의어, 반대어, 상대어, 대조어, 대립어' 등으로 다양하다. 반의관계에서 특히 중간 항이 허용되는 관계를 '반대관계'라고 하며, 중간 항이 허용되지 않는 관계를 '모순관계'라고 한다.

예
- 반대관계 : 크다 ↔ 작다
- 모순관계 : 남자 ↔ 여자

(6) 상 · 하의어

단어의 의미 관계로 보아 어떤 단어가 다른 단어에 포함되는 경우를 '하의어 관계'라고 하고, 이러한 관계에 있는 어휘가 상의어 · 하의어이다. 상의어로 갈수록 포괄적이고 일반적이며, 하의어로 갈수록 한정적이고 개별적인 의미를 지닌다. 따라서 하의어는 상의어에 비해 자세하다.

① 상의어…다른 단어의 의미를 포함하는 단어를 말한다.

예 꽃

② 하의어 … 다른 단어의 의미에 포함되는 단어를 말한다.

예 장미, 국화, 맨드라미, 수선화, 개나리 등

대표유형 2 관용표현 및 생활어휘

(1) 관용표현

관용표현이란 둘 이상의 낱말이 합쳐져 원래의 뜻과는 전혀 다른 새로운 뜻으로 굳어져서 쓰이는 표현을 말한다.

예 발을 끊다. → 오가지 않거나 관계를 끊다.
손이 크다. → 씀씀이가 후하고 크다.

(2) 단위를 나타내는 말

① 길이

뼘	엄지손가락과 다른 손가락을 완전히 펴서 벌렸을 때에 두 끝 사이의 거리
발	한 발은 두 팔을 양옆으로 펴서 벌렸을 때 한쪽 손끝에서 다른 쪽 손끝까지의 길이
길	한 길은 여덟 자 또는 열 자로 약 3m에 해당함. 사람의 키 정도의 길이
치	길이의 단위. 한 치는 한 자의 10분의 1 또는 약 3.33cm
자	길이의 단위. 한 자는 한 치의 열 배로 약 30.3cm
리	거리의 단위. 1리는 약 0.393km
마장	거리의 단위. 오 리나 십 리가 못 되는 거리

② 부피

술	한 술은 숟가락 하나 만큼의 양
홉	곡식의 부피를 재기 위한 기구들이 만들어지고, 그 기구들의 이름이 그대로 부피를 재는 단위가 된다. '홉'은 그 중 가장 작은 단위(180ml에 해당)이며, 곡식 외에 가루, 액체 따위의 부피를 잴 때도 쓰임(10홉 = 1되, 10되 = 1말, 10말 = 1섬).
되	곡식이나 액체 따위의 분량을 헤아리는 단위. '말'의 10분의 1, '홉'의 10배이며, 약 1.8l
섬	곡식 · 가루 · 액체 따위의 부피를 잴 때 씀. 한 섬은 한 말의 열 배로 약 180l

③ 무게

돈	귀금속이나 한약재 따위의 무게를 잴 때 쓰는 단위. 한 돈은 한 냥의 10분의 1, 한 푼의 열 배로 3.75g
냥	한 냥은 귀금속 무게를 잴 때는 한 돈의 열 배이고, 한약재의 무게를 잴 때는 한 근의 16분의 1로 37.5g
근	고기나 한약재의 무게를 잴 때는 600g에 해당하고, 과일이나 채소 따위의 무게를 잴 때는 한 관의 10분의 1로 375g
관	한 관은 한 근의 열 배로 3.75kg

④ 낱개

개비	가늘고 짤막하게 쪼개진 도막을 세는 단위
그루	식물, 특히 나무를 세는 단위
닢	가마니, 돗자리, 멍석 등을 세는 단위
땀	바느질할 때 바늘을 한 번 뜬, 그 눈
마리	짐승이나 물고기, 벌레 따위를 세는 단위
모	두부나 묵 따위를 세는 단위
올(오리)	실이나 줄 따위의 가닥을 세는 단위
자루	필기 도구나 연장, 무기 따위를 세는 단위
채	집이나 큰 가구, 기물, 가마, 상여, 이불 등을 세는 단위
코	그물이나 뜨개질한 물건에서 지어진 하나하나의 매듭
타래	사리어 뭉쳐 놓은 실이나 노끈 따위의 뭉치를 세는 단위
톨	밤이나 곡식의 낟알을 세는 단위
통	배추나 박 따위를 세는 단위
포기	뿌리를 단위로 하는 초목을 세는 단위

⑤ 넓이

평	땅 넓이의 단위. 한 평은 여섯 자 제곱으로 약 3.3058m^2
홉지기	땅 넓이의 단위. 한 홉은 1평의 10분의 1
마지기	논과 밭의 넓이를 나타내는 단위. 한 마지기는 볍씨 한 말의 모 또는 씨앗을 심을 만한 넓이로, 지방마다 다르나 논은 약 150~300평, 밭은 약 100평 정도
되지기	넓이의 단위, 한 되지기는 볍씨 한 되의 모 또는 씨앗을 심을 만한 넓이로 한 마지기의 10분의 1
섬지기	논과 밭의 넓이를 나타내는 단위. 한 섬지기는 볍씨 한 섬의 모 또는 씨앗을 심을 만한 넓이로, 한 마지기의 10배이며, 논은 약 2,000평, 밭은 약 1,000평 정도
간	가옥의 넓이를 나타내는 말. '간'은 네 개의 도리로 둘러싸인 면적의 넓이로, 약 6자×6자 정도의 넓이

⑥ 수량

갓	굴비, 고사리 따위를 묶어 세는 단위. 고사리 따위 10모숨을 한 줄로 엮은 것
꾸러미	달걀 10개
동	붓 10자루
두름	조기 따위의 물고기를 짚으로 한 줄에 10마리씩 두 줄로 엮은 것을 세는 단위. 고사리 따위의 산나물을 10모숨 정도로 엮은 것을 세는 단위
벌	옷이나 그릇 따위가 짝을 이루거나 여러 가지가 모여 갖추어진 한 덩이를 세는 단위
손	한 손에 잡을 만한 분량을 세는 단위. 조기 · 고등어 · 배추 따위의 한 손은 큰 것과 작은 것을 합한 것을 이르고, 미나리나 파 따위 한 손은 한 줌 분량을 말함
쌈	바늘 24개를 한 묶음으로 하여 세는 단위
접	채소나 과일 따위를 묶어 세는 단위. 한 접은 채소나 과일 100개
제(劑)	탕약 20첩 또는 그만한 분량으로 지은 환약
죽	옷이나 그릇 따위의 10벌을 묶어 세는 단위
축	오징어를 묶어 세는 단위. 오징어 한 축은 20마리
켤레	신, 양말, 버선, 방망이 따위의 짝이 되는 2개를 한 벌로 세는 단위
쾌	북어 20마리
톳	김을 묶어 세는 단위. 김 한 톳은 100장

(3) 나이에 관한 어휘

나이	어휘	나이	어휘
10대	충년(沖年)	15세	지학(志學)
20세	약관(弱冠)	30세	이립(而立)
40세	불혹(不惑)	50세	지천명(知天命)
60세	이순(耳順)	61세	환갑(還甲), 화갑(華甲), 회갑(回甲)
62세	진갑(進甲)	70세	고희(古稀)
77세	희수(喜壽)	80세	산수(傘壽)
88세	미수(米壽)	90세	졸수(卒壽)
99세	백수(白壽)	100세	기원지수(期願之壽)

(4) 가족에 관한 호칭

구분	본인의 가족		타인의 가족	
	생전	사후	생전	사후
父(아버지)	家親(가친) 嚴親(엄친) 父主(부주)	先親(선친) 先考(선고) 先父君(선부군)	春府丈(춘부장) 椿丈(춘장) 椿當(춘당)	先大人(선대인) 先考丈(선고장) 先人(선인)
母(어머니)	慈親(자친) 母生(모생) 家慈(가자)	先妣(선비) 先慈(선자)	慈堂(자당) 大夫人(대부인) 萱堂(훤당) 母堂(모당) 北堂(북당)	先大夫人(선대부인) 先大夫(선대부)
子(아들)	家兒(가아) 豚兒(돈아) 家豚(가돈) 迷豚(미돈)		令郞(영랑) 令息(영식) 令胤(영윤)	
女(딸)	女兒(여아) 女息(여식) 息鄙(식비)		令愛(영애) 令嬌(영교) 令孃(영양)	

(5) 어림수를 나타내는 수사, 수관형사

한두	하나나 둘쯤	예 어려움이 한두 가지가 아니다.
두세	둘이나 셋	예 두세 마리
두셋	둘 또는 셋	예 사람 두셋
두서너	둘, 혹은 서너	예 과일 두서너 개
두서넛	둘 혹은 서넛	예 과일을 두서넛 먹었다.
두어서너	두서너	
서너	셋이나 넷쯤	예 쌀 서너 되
서넛	셋이나 넷	예 사람 서넛
서너너덧	서넛이나 너덧. 셋이나 넷 또는 넷이나 다섯	예 서너너덧 명
너덧	넷 가량	예 너덧 개
네댓	넷이나 다섯 가량	
네다섯	넷이나 다섯	
대엿	대여섯. 다섯이나 여섯 가량	
예닐곱	여섯이나 일곱	예 예닐곱 사람이 왔다.
일여덟	일고여덟	예 과일 일여덟 개

대표유형 3 어법

(1) 한글 맞춤법

① 표기원칙 … 한글 맞춤법은 표준어를 소리대로 적되, 어법에 맞도록 함을 원칙으로 한다.

② 맞춤법에 유의해야 할 말

㉠ 한 단어 안에서 뚜렷한 까닭 없이 나는 된소리는 다음 음절의 첫소리를 된소리로 적는다.

예 소쩍새, 아끼다, 어떠하다, 해쓱하다, 거꾸로, 가끔, 어찌, 이따금, 산뜻하다, 몽땅

※ 다만, 'ㄱ, ㅂ' 받침 뒤에서는 된소리로 적지 아니한다.

예 국수, 깍두기, 색시, 싹둑, 법석, 갑자기, 몹시, 딱지

㉡ 'ㄷ' 소리로 나는 받침 중에서 'ㄷ'으로 적을 근거가 없는 것은 'ㅅ'으로 적는다.

예 덧저고리, 돗자리, 엇셈, 웃어른, 핫옷, 무릇, 사뭇, 얼핏, 자칫하면

㉢ '계, 례, 몌, 폐, 혜'의 'ㅖ'는 'ㅔ'로 소리 나는 경우가 있더라도 'ㅖ'로 적는다.

예 계수(桂樹), 혜택(惠澤), 사례(謝禮), 연몌(連袂), 계집, 핑계

※ 다만, 다음 말은 본음대로 적는다.

예 게송(偈頌), 게시판(揭示板), 휴게실(休憩室)

㉣ '의'나, 자음을 첫소리로 가지고 있는 음절의 'ㅢ'는 'ㅣ'로 소리 나는 경우가 있더라도 'ㅢ'로 적는다.

예 무늬(紋), 보늬, 늴리리, 닁큼, 오늬, 하늬바람

㉤ 어간에 '-이'나 '-음 / -ㅁ'이 붙어서 명사로 된 것과 '-이'나 '-히'가 붙어서 부사로 된 것은 그 어간의 원형을 밝히어 적는다.

예 얼음, 굳이, 더욱이, 일찍이, 익히, 앎, 만듦, 짓궂이, 밝히

- 어간에 '-이'나 '-음'이 붙어서 명사로 바뀐 것이라도 그 어간의 뜻과 멀어진 것은 원형을 밝히어 적지 아니한다.

  예 굽도리, 다리(髢), 목거리(목병), 무녀리, 거름(비료), 고름(膿), 노름(도박)

- 어간에 '-이'나 '-음' 이외의 모음으로 시작된 접미사가 붙어서 다른 품사로 바뀐 것은 그 어간의 원형을 밝히어 적지 아니한다.

  예 귀머거리, 까마귀, 너머, 마개, 비렁뱅이, 쓰레기, 올가미, 주검, 도로, 뜨덤뜨덤, 바투, 비로소

㉥ 명사 뒤에 '-이'가 붙어서 된 말은 그 명사의 원형을 밝히어 적는다.

예 곳곳이, 낱낱이, 몫몫이, 샅샅이, 집집이, 곰배팔이, 바둑이, 삼발이, 애꾸눈이, 육손이, 절뚝발이 / 절름발이, 딸깍발이

※ '-이' 이외의 모음으로 시작된 접미사가 붙어서 된 말은 그 명사의 원형을 밝히어 적지 아니한다.

예 꼬락서니, 끄트머리, 모가치, 바가지, 사타구니, 싸라기, 이파리, 지붕, 지푸라기, 짜개

ⓢ '-하다'가 붙는 어근에 '-히'나 '-이'가 붙어 부사가 되거나, 부사에 '-이'가 붙어서 뜻을 더하는 경우에는, 그 어근이나 부사의 원형을 밝히어 적는다.

예 급히, 꾸준히, 도저히, 딱히, 어렴풋이, 깨끗이, 곰곰이, 더욱이, 생긋이, 오뚝이, 일찍이, 해죽이

※ '-하다'가 붙지 않는 경우에는 소리대로 적는다.

예 갑자기, 반드시(꼭), 슬며시

ⓞ 사이시옷은 다음과 같은 경우에 받치어 적는다.

• 순 우리말로 된 합성어로서 앞말이 모음으로 끝난 경우

-뒷말의 첫소리가 된소리로 나는 것

예 귓밥, 나룻배, 나뭇가지, 냇가, 댓가지, 뒷갈망, 맷돌, 머릿기름, 모깃불, 부싯돌, 선짓국, 잇자국, 쳇바퀴, 킷값, 핏대, 혓바늘

-뒷말의 첫소리 'ㄴ, ㅁ' 앞에서 'ㄴ' 소리가 덧나는 것

예 멧나물, 아랫니, 텃마당, 아랫마을, 뒷머리, 잇몸, 깻묵

-뒷말의 첫소리 모음 앞에서 'ㄴㄴ' 소리가 덧나는 것

예 도리깻열, 뒷윷, 두렛일, 뒷일, 뒷입맛, 베갯잇, 욧잇, 깻잎, 나뭇잎, 댓잎

• 순 우리말과 한자어로 된 합성어로서 앞말이 모음으로 끝난 경우

-뒷말의 첫소리가 된소리로 나는 것

예 귓병, 머릿방, 샛강, 아랫방, 자릿세, 전셋집, 찻잔, 콧병, 탯줄, 텃세, 햇수, 횟배

-뒷말의 첫소리 'ㄴ, ㅁ' 앞에서 'ㄴ' 소리가 덧나는 것

예 곗날, 제삿날, 훗날, 툇마루, 양칫물

-뒷말의 첫소리 모음 앞에서 'ㄴㄴ' 소리가 덧나는 것

예 가욋일, 사삿일, 예삿일, 훗일

• 두 음절로 된 다음 한자어

예 곳간(庫間), 셋방(貰房), 숫자(數字), 찻간(車間), 툇간(退間), 횟수(回數)

※ 사이시옷을 붙이지 않는 경우

예 개수(個數), 전세방(傳貰房), 초점(焦點), 대구법(對句法)

ⓩ 두 말이 어울릴 적에 'ㅂ' 소리나 'ㅎ' 소리가 덧나는 것은 소리대로 적는다.

예 댑싸리, 멥쌀, 볍씨, 햅쌀, 머리카락, 살코기, 수컷, 수탉, 안팎, 암캐, 암탉

ⓒ 어간의 끝음절 '하'의 'ㅏ'가 줄고 'ㅎ'이 다음 음절의 첫소리와 어울려 거센소리로 될 적에는 거센소리로 적는다.

본말	준말	본말	준말
간편하게	간편케	다정하다	다정타
연구하도록	연구토록	정결하다	정결타
가하다	가타	흔하다	흔타

• 어간의 끝음절 '하'가 아주 줄 적에는 준 대로 적는다.

본말	준말	본말	준말
거북하지	거북지	넉넉하지 않다	넉넉지 않다
생각하건대	생각건대	생각하다 못해	생각다 못해
섭섭하지 않다	섭섭지 않다	익숙하지 않다	익숙지 않다

- 다음과 같은 부사는 소리대로 적는다.

예 결단코, 결코, 기필코, 무심코, 아무튼, 요컨대, 정녕코, 필연코, 하마터면, 하여튼, 한사코

㉪ 부사의 끝음절이 분명히 '이'로만 나는 것은 '-이'로 적고, '히'로만 나거나 '이'나 '히'로 나는 것은 '-히'로 적는다.

- '이'로만 나는 것

예 가붓이, 깨끗이, 나붓이, 느긋이, 둥긋이, 따뜻이, 반듯이, 버젓이, 산뜻이, 의젓이, 가까이, 고이, 날카로이, 대수로이, 번거로이, 많이, 적이, 겹겹이, 번번이, 일일이, 틈틈이

- '히'로만 나는 것

예 극히, 급히, 딱히, 속히, 작히, 족히, 특히, 엄격히, 정확히

- '이, 히'로 나는 것

예 솔직히, 가만히, 소홀히, 쓸쓸히, 정결히, 꼼꼼히, 열심히, 급급히, 답답히, 섭섭히, 공평히, 분명히, 조용히, 간소히, 고요히, 도저히

③ 띄어쓰기 … 문장의 각 단어는 띄어 씀을 원칙으로 한다(다만, 조사는 붙여 씀).

㉠ 조사는 그 앞말에 붙여 쓴다.

예 너조차, 꽃마저, 꽃입니다, 꽃처럼, 어디까지나, 거기도, 멀리는, 웃고만

㉡ 의존 명사는 띄어 쓴다.

예 아는 것이 힘이다. 나도 할 수 있다. 먹을 만큼 먹어라. 아는 이를 만났다.

㉢ 단위를 나타내는 명사는 띄어 쓴다.

예 한 개, 차 한 대, 금 서 돈, 조기 한 손, 버선 한 죽

※ 다만, 순서를 나타내는 경우나 숫자와 어울리어 쓰이는 경우에는 붙여 쓸 수 있다.

예 두시 삼십분 오초, 제일과, 삼학년, 1446년 10월 9일, 2대대, 16동 502호, 제1어학 실습실

㉣ 수를 적을 적에는 '만(萬)' 단위로 띄어 쓴다.

예 십이억 삼천사백오십육만 칠천팔백구십팔, 12억 3456만 7898

㉤ 두 말을 이어 주거나 열거할 적에 쓰이는 말들은 띄어 쓴다.

예 국장 겸 과장, 열 내지 스물, 청군 대 백군, 이사장 및 이사들

㉥ 단음절로 된 단어가 연이어 나타날 적에는 붙여 쓸 수 있다.

예 그때 그곳, 좀더 큰것, 이말 저말, 한잎 두잎

ⓢ 보조 용언은 띄어 씀을 원칙으로 하되, 경우에 따라 붙여 씀도 허용한다.

원칙	허용
불이 꺼져 간다.	불이 꺼져간다.
내 힘으로 막아 낸다.	내 힘으로 막아낸다.
어머니를 도와 드린다.	어머니를 도와드린다.
비가 올 성싶다.	비가 올성싶다.
잘 아는 척한다.	잘 아는척한다.

ⓞ 성과 이름, 성과 호 등은 붙여 쓰고, 이에 덧붙는 호칭어, 관직명 등은 띄어 쓴다.

예 서화담(徐花潭), 채영신 씨, 최치원 선생, 박동식 박사, 충무공 이순신 장군

ⓩ 성명 이외의 고유 명사는 단어별로 띄어 씀을 원칙으로 하되, 단위별로 띄어 쓸 수 있다.

예 한국 대학교 사범 대학(원칙), 한국대학교 사범대학(허용)

(2) 표준어 규정

① 제정 원칙 … 표준어는 교양 있는 사람들이 두루 쓰는 현대 서울말로 정함을 원칙으로 한다.

② 주요 표준어

㉠ 다음 단어들은 거센소리를 가진 형태를 표준어로 삼는다.

예 끄나풀, 빈 칸, 부엌, 살쾡이, 녘

㉡ 어원에서 멀어진 형태로 굳어져서 널리 쓰이는 것은, 그것을 표준어로 삼는다.

㉢ 다음 단어들은 의미를 구별함이 없이, 한 가지 형태만을 표준어로 삼는다.

예 돌, 둘째, 셋째, 넷째, 열두째, 빌리다

㉣ 수컷을 이르는 접두사는 '수-'로 통일한다.

예 수꿩, 수소, 수나사, 수놈, 수사돈, 수은행나무

- 다음 단어에서는 접두사 다음에서 나는 거센소리를 인정한다. 접두사 '암-'이 결합되는 경우에도 이에 준한다.

예 수캉아지, 수캐, 수컷, 수키와, 수탉, 수탕나귀, 수톨쩌귀, 수퇘지, 수평아리

- 다음 단어의 접두사는 '숫-'으로 한다.

예 숫양, 숫쥐, 숫염소

㉤ 양성 모음이 음성 모음으로 바뀌어 굳어진 다음 단어는 음성 모음 형태를 표준어로 삼는다.

예 깡충깡충, -둥이, 발가숭이, 보퉁이, 뻗정다리, 아서, 아서라, 오뚝이, 주추

※ 다만, 어원 의식이 강하게 작용하는 다음 단어에서는 양성 모음 형태를 그대로 표준어로 삼는다.

예 부조(扶助), 사돈(査頓), 삼촌(三寸)

ⓑ 'ㅣ' 역행 동화 현상에 의한 발음은 원칙적으로 표준 발음으로 인정하지 아니하되, 다만 다음 단어들은 그러한 동화가 적용된 형태를 표준어로 삼는다.

예 풋내기, 냄비, 동댕이치다

- 다음 단어는 'ㅣ' 역행 동화가 일어나지 아니한 형태를 표준어로 삼는다.

예 아지랑이

- 기술자에게는 '-장이', 그 외에는 '-쟁이'가 붙는 형태를 표준어로 삼는다.

예 미장이, 유기장이, 멋쟁이, 소금쟁이, 담쟁이덩굴

ⓢ 다음 단어는 모음이 단순화한 형태를 표준어로 삼는다.

예 괴팍하다, 미루나무, 미륵, 여느, 으레, 케케묵다, 허우대

ⓞ 다음 단어에서는 모음의 발음 변화를 인정하여, 발음이 바뀌어 굳어진 형태를 표준어로 삼는다.

예 깍쟁이, 나무라다, 바라다, 상추, 주책, 지루하다, 튀기, 허드레, 호루라기, 시러베아들

ⓩ '웃-' 및 '윗-'은 명사 '위'에 맞추어 '윗-'으로 통일한다.

예 윗도리, 윗니, 윗목, 윗몸, 윗자리, 윗잇몸

- 된소리나 거센소리 앞에서는 '위-'로 한다.

예 위쪽, 위층, 위치마, 위턱

- '아래, 위'의 대립이 없는 단어는 '웃-'으로 발음되는 형태를 표준어로 삼는다.

예 웃국, 웃돈, 웃비, 웃어른, 웃옷

ⓒ 준말이 널리 쓰이고 본말이 잘 쓰이지 않는 경우에는, 준말만을 표준어로 삼는다.

예 귀찮다, 똬리, 무, 뱀, 빔, 샘, 생쥐, 솔개, 온갖, 장사치

ⓚ 준말이 쓰이고 있더라도, 본말이 널리 쓰이고 있으면 본말을 표준어로 삼는다.

예 경황없다, 궁상떨다, 귀이개, 낌새, 낙인찍다, 돗자리, 뒤웅박, 마구잡이, 부스럼, 살얼음판, 수두룩하다, 일구다, 퇴박맞다

ⓣ 어감의 차이를 나타내는 단어 또는 발음이 비슷한 단어들이 다 같이 널리 쓰이는 경우에는, 그 모두를 표준어로 삼는다.

예 거슴츠레하다 / 게슴츠레하다, 고린내 / 코린내, 꺼림하다 / 께름하다, 나부랭이 / 너부렁이

ⓟ 사어(死語)가 되어 쓰이지 않게 된 단어는 고어로 처리하고, 현재 널리 사용되는 단어를 표준어로 삼는다.

예 난봉, 낭떠러지, 설거지하다, 애달프다, 자두

ⓗ 한 가지 의미를 나타내는 형태 몇 가지가 널리 쓰이며 표준어 규정에 맞으면, 그 모두를 표준어로 삼는다(복수 표준어).

예 멍게 / 우렁쉥이, 가엾다 / 가엽다, 넝쿨 / 덩굴, 눈대중 / 눈어림 / 눈짐작, -뜨리다 / -트리다, 부침개질 / 부침질 / 지짐질, 생 / 새앙 / 생강, 여쭈다 / 여쭙다, 우레 / 천둥, 엿가락 / 엿가래, 자물쇠 / 자물통

③ **표준 발음법** … 표준 발음법은 표준어의 실제 발음을 따르되, 국어의 전통성과 합리성을 고려하여 정함을 원칙으로 한다.

㉠ 겹받침 'ㄳ', 'ㄵ', 'ㄼ, ㄽ, ㄾ', 'ㅄ'은 어말 또는 자음 앞에서 각각 [ㄱ, ㄴ, ㄹ, ㅂ]으로 발음한다.

예 넋[넉], 넋과[넉꽈], 앉다[안따], 여덟[여덜], 넓다[널따], 외곬[외골], 핥다[할따], 값[갑], 없다[업ː따]

㉡ '밟-'은 자음 앞에서 [밥]으로 발음하고, '넓-'은 다음과 같은 경우에 [넙]으로 발음한다.

예 밟다[밥ː따], 밟는[밤ː는], 넓죽하다[넙쭈카다], 넓둥글다[넙뚱글다]

㉢ 겹받침 'ㄺ', 'ㄻ', 'ㄿ'은 어말 또는 자음 앞에서 각각 [ㄱ, ㅁ, ㅂ]으로 발음한다.

예 닭[닥], 흙과[흑꽈], 맑다[막따], 늙지[늑찌], 삶[삼ː], 젊다[점ː따], 읊고[읍꼬], 읊다[읍따]

㉣ 용언의 어간 말음 'ㄺ'은 'ㄱ' 앞에서 [ㄹ]로 발음한다.

예 맑게[말께], 묽고[물꼬], 얽거나[얼꺼나]

㉤ 'ㅎ(ㄶ, ㅀ)' 뒤에 'ㄱ, ㄷ, ㅈ'이 결합되는 경우에는, 뒤음절 첫소리와 합쳐서 [ㅋ, ㅌ, ㅊ]으로 발음한다.

예 놓고[노코], 좋던[조ː턴], 쌓지[싸치], 많고[만ː코], 닳지[달치]

㉥ 'ㅎ(ㄶ, ㅀ)' 뒤에 모음으로 시작된 어미나 접미사가 결합되는 경우에는, 'ㅎ'을 발음하지 않는다.

예 낳은[나은], 놓아[노아], 쌓이다[싸이다], 싫어도[시러도]

㉦ 받침 뒤에 모음 'ㅏ, ㅓ, ㅗ, ㅜ, ㅟ'들로 시작되는 실질 형태소가 연결되는 경우에는, 대표음으로 바꾸어서 뒤 음절 첫소리로 옮겨 발음한다.

예 밭 아래[바다래], 늪 앞[느밥], 젖어미[저더미], 맛없다[마덥따], 겉옷[거돋], 헛웃음[허두슴], 꽃 위[꼬뒤]

※ '맛있다, 멋있다'는 [마싣따], [머싣따]로도 발음할 수 있다.

㉧ 받침 'ㄷ, ㅌ(ㄾ)'이 조사나 접미사의 모음 'ㅣ'와 결합되는 경우에는, [ㅈ, ㅊ]으로 바꾸어서 뒤 음절 첫소리로 옮겨 발음한다.

예 곧이듣다[고지듣따], 굳이[구지], 미닫이[미다지], 땀받이[땀바지]

㉨ 받침 'ㄱ(ㄲ, ㅋ, ㄳ, ㄺ), ㄷ(ㅅ, ㅆ, ㅈ, ㅊ, ㅌ, ㅎ), ㅂ(ㅍ, ㄼ, ㄿ, ㅄ)'은 'ㄴ, ㅁ' 앞에서 [ㅇ, ㄴ, ㅁ]으로 발음한다.

예 먹는[멍는], 국물[궁물], 깎는[깡는], 키읔만[키응만], 몫몫이[몽목씨], 긁는[긍는], 흙만[흥만], 짓는[진ː는], 옷맵시[온맵씨], 맞는[만는], 젖멍울[전멍울], 쫓는[쫀는], 꽃망울[꼰망울], 놓는[논는], 잡는[잠는], 앞마당[암마당], 밟는[밤ː는], 읊는[음는], 없는[엄ː는]

㉩ 받침 'ㅁ, ㅇ' 뒤에 연결되는 'ㄹ'은 [ㄴ]으로 발음한다.

예 담력[담ː녁], 침략[침냑], 강릉[강능], 대통령[대ː통녕]

㉪ 'ㄴ'은 'ㄹ'의 앞이나 뒤에서 [ㄹ]로 발음한다.

예 난로[날ː로], 신라[실라], 광한루[광ː할루], 대관령[대ː괄령], 칼날[칼랄]

※ 다만, 다음과 같은 단어들은 'ㄹ'을 [ㄴ]으로 발음한다.

예 의견란[의ː견난], 임진란[임ː진난], 생산량[생산냥], 결단력[결딴녁], 공권력[공꿘녁], 상견례[상견녜], 횡단로[횡단노], 이원론[이ː원논], 입원료[이붠뇨]

ⓔ 받침 'ㄱ(ㄲ, ㅋ, ㄳ, ㄺ), ㄷ(ㅅ, ㅆ, ㅈ, ㅊ, ㅌ), ㅂ(ㅍ, ㄼ, ㄿ, ㅄ)' 뒤에 연결되는 'ㄱ, ㄷ, ㅂ, ㅅ, ㅈ'은 된소리로 발음한다.

예 국밥[국빱], 깎다[깍따], 삯돈[삭똔], 닭장[닥짱], 옷고름[옫꼬름], 낯설다[낟썰다], 덮개[덥깨], 넓죽하다[넙쭈카다], 읊조리다[읍쪼리다], 값지다[갑찌다]

ⓕ 어간 받침 'ㄴ(ㄵ), ㅁ(ㄻ)' 뒤에 결합되는 어미의 첫소리 'ㄱ, ㄷ, ㅅ, ㅈ'은 된소리로 발음한다.

예 신고[신 : 꼬], 껴안다[껴안따], 앉고[안꼬], 닮고[담 : 꼬], 젊지[점 : 찌]

※ 다만, 피동, 사동의 접미사 '-기-'는 된소리로 발음하지 않는다.

예 안기다, 감기다, 굶기다, 옮기다

ⓖ 사이시옷이 붙은 단어는 다음과 같이 발음한다.

- 'ㄱ, ㄷ, ㅂ, ㅅ, ㅈ'으로 시작되는 단어 앞에 사이시옷이 올 때에는 이들 자음만을 된소리로 발음하는 것을 원칙으로 하되, 사이시옷을 [ㄷ]으로 발음하는 것도 허용한다.

  예 냇가[내 : 까 / 낻 : 까], 샛길[새 : 낄 / 샏 : 낄], 깃발[기빨 / 긷빨], 뱃전[배쩐 / 밷쩐]

- 사이시옷 뒤에 'ㄴ, ㅁ'이 결합되는 경우에는 [ㄴ]으로 발음한다.

  예 콧날[콛날→콘날], 아랫니[아랟니→아랜니], 툇마루[퇻 : 마루→퇸 : 마루], 뱃머리[밷머리→밴머리]

- 사이시옷 뒤에 '이' 음이 결합되는 경우에는 [ㄴㄴ]으로 발음한다.

  예 베갯잇[베갣닏→베갠닏], 깻잎[깯닙→깬닙], 나뭇잎[나묻닙→나문닙], 도리깻열[도리깯녈→도리깬녈], 뒷윷[뒫 : 뉻→뒨 : 뉻]

(3) 외래어 표기법

① 외래어는 국어의 현용 24자모만으로 적는다.

② 외래어의 1음운은 원칙적으로 1기호로 적는다.

③ 받침에는 'ㄱ, ㄴ, ㄹ, ㅁ, ㅂ, ㅅ, ㅇ'만을 쓴다.

④ 파열음 표기에는 된소리를 쓰지 않는 것을 원칙으로 한다.

⑤ 이미 굳어진 외래어는 관용을 존중하되, 그 범위와 용례는 따로 정한다.

PLUS tip

자주 출제되지만 틀리기 쉬운 외래어 표기

- 초콜렛 → 초콜릿
- 부르조아 → 부르주아
- 비스켓 → 비스킷
- 앰브란스 → 앰뷸런스
- 스티로폴 → 스티로폼
- 상들리에 → 샹들리에
- 샌달 → 샌들
- 쇼파 → 소파
- 렌트카 → 렌터카
- 요쿠르트 → 요구르트
- 카운셀링 → 카운슬링
- 플랭카드 → 플래카드
- 심포지움 → 심포지엄
- 팜플렛 → 팸플릿
- 앵콜 → 앙코르
- 레미컨 → 레미콘
- 스폰지 → 스펀지
- 모라토리옴 → 모라토리엄

(4) 로마자 표기법

① 표기의 기본 원칙

㉠ 국어의 로마자 표기는 국어의 표준 발음법에 따라 적는 것을 원칙으로 한다.

㉡ 로마자 이외의 부호는 되도록 사용하지 않는다.

㉢ 표기 일람

• 모음

–단모음

ㅏ	ㅓ	ㅗ	ㅜ	ㅡ	ㅣ	ㅐ	ㅔ	ㅚ	ㅟ
a	eo	o	u	eu	i	ae	e	oe	wi

–이중모음

ㅑ	ㅕ	ㅛ	ㅠ	ㅒ	ㅖ	ㅘ	ㅙ	ㅝ	ㅞ	ㅢ
ya	yeo	yo	yu	yae	ye	wa	wae	wo	we	ui

• 자음

–파열음

ㄱ	ㄲ	ㅋ	ㄷ	ㄸ	ㅌ	ㅂ	ㅃ	ㅍ
g, k	kk	k	d, t	tt	t	b, p	pp	p

-파찰음

ㅈ	ㅉ	ㅊ
j	jj	ch

-마찰음

ㅅ	ㅆ	ㅎ
s	ss	h

-비음

ㄴ	ㅁ	ㅇ
n	m	ng

-유음

ㄹ
r, l

② 로마자 표기 용례

㉠ 자음 사이에서 동화 작용이 일어나는 경우

예 백마[뱅마] Baengma, 신문로[신문노] Sinmunno, 종로[종노] Jongno, 신라[실라] Silla, 왕십리[왕심니] Wangsimni

㉡ 'ㄴ, ㄹ'이 덧나는 경우

예 학여울[항녀울] Hangnyeoul

㉢ 구개음화가 되는 경우

예 해돋이[해도지] haedoji 같이[가치] gachi

㉣ 체언에서 'ㄱ, ㄷ, ㅂ' 뒤에 'ㅎ'이 따를 때에는 'ㅎ'을 밝혀 적는다.

예 묵호 Mukho 집현전 Jiphyeonjeon

㉤ 된소리되기는 표기에 반영하지 않는다.

예 압구정 Apgujeong, 샛별 saetbyeol, 울산 Ulsan, 낙성대 Nakseongdae, 합정 Hapjeong, 낙동강 Nakdonggang

㉥ 인명은 성과 이름의 순서로 띄어 쓴다. 이름은 붙여 쓰는 것을 원칙으로 하되 음절 사이에 붙임표(-)를 쓰는 것을 허용한다(〈 〉안의 표기를 허용함).

예 민용하 Min Yongha 〈Min Yong-ha〉, 송나리 Song Nari 〈Song Na-ri〉

㉧ '도, 시, 군, 구, 읍, 면, 리, 동'의 행정 구역 단위와 '가'는 각각 'do, si, gun, gu, eup, myeon, ri, dong, ga'로 적고, 그 앞에는 붙임표(-)를 넣는다. 붙임표(-) 앞뒤에서 일어나는 음운 변화는 표기에 반영하지 않는다.

예 양주군 Yangju-gun, 충청북도 Chungcheongbuk-do, 종로 2가 Jongno 2(i)-ga, 도봉구 Dobong-gu, 신창읍 Sinchang-eup, 의정부시 Uijeongbu-si

㉨ 자연 지물명, 문화재명, 인공 축조물명은 붙임표(-) 없이 붙여 쓴다.

예 독도 Dokdo, 경복궁 Gyeongbokgung, 독립문 Dongnimmun, 현충사 Hyeonchungsa, 남산 Namsan, 속리산 Songnisan, 금강 Geumgang, 남한산성 Namhansanseong

(5) 높임 표현

① **주체 높임법** … 용언 어간 + 선어말 어미 '-시-'의 형태로 이루어져 서술어가 나타내는 행위의 주체를 높여 표현하는 문법 기능을 말한다.

예 선생님께서 그 책을 읽으셨(시었)다.

② **객체 높임법** … 말하는 이가 서술의 객체를 높여 표현하는 문법 기능을 말한다(드리다, 여쭙다, 뵙다, 모시다 등).

예 나는 그 책을 선생님께 드렸다.

③ **상대 높임법** … 말하는 이가 말을 듣는 상대를 높여 표현하는 문법 기능을 말한다.

㉠ 격식체

등급	높임 정도	종결 어미	예
해라체	아주 낮춤	-아라	여기에 앉아라.
하게체	예사 낮춤	-게	여기에 앉게.
하오체	예사 높임	-시오	여기에 앉으시오.
합쇼체	아주 높임	-ㅂ시오	여기에 앉으십시오.

㉡ 비격식체

등급	높임 정도	종결 어미	예
해체	두루 낮춤	-아	여기에 앉아.
해요체	두루 높임	-아요	여기에 앉아요.

※ 공손한 뜻으로 높임을 나타낼 때는 선어말 어미 '-오-', '-사오-' 등을 쓴다.

예 변변치 못하오나 선물을 보내 드리오니 받아 주십시오.

대표유형 4 속담 및 한자성어

(1) 속담

- **가까운 제 눈썹 못 본다** : 멀리 보이는 것은 용케 잘 보면서도 자기 눈앞에 가깝게 보이는 것은 잘 못 본다는 뜻
- **가꿀 나무는 밑동을 높이 자른다** : 어떠한 일이나 장래의 안목을 생각해서 미리부터 준비를 철저하게 해 두어야 한다는 뜻
- **가난한 집 제사 돌아오듯 한다** : 힘들고 괴로운 일이 자주 닥쳐옴을 일컫는 말
- **가난할수록 기와집 짓는다** : 가난할수록 업신여김을 당하기 싫어서 허세를 부린다는 뜻
- **가을에는 부지깽이도 덤빈다** : 바쁠 때는 모양이 비슷만 해도 사용된다는 뜻
- **가을 바람에 새털 날 듯 한다** : 가을 바람에 새털이 잘 날듯이 사람의 처신머리가 몹시 가볍다는 뜻
- **가지 따먹고 외수 한다** : 남의 눈을 피하여 나쁜 짓을 하고 시치미를 뗀다는 뜻
- **간다간다 하면서 아이 셋 낳고 간다** : 하던 일을 말로만 그만둔다고 하고서 실제로는 그만두지 못하고 질질 끈다는 말
- **갈치가 갈치 꼬리 문다** : 친근한 사이에 서로 모함한다는 말
- **감투가 크면 어깨를 누른다** : 실력이나 능력도 없이 과분한 지위에서 일을 하게 되면 감당할 수 없게 된다는 뜻
- **강아지 메주 먹듯 한다** : 강아지가 좋아하는 메주를 먹듯이 음식을 매우 맛있게 먹는다는 말
- **같은 값이면 다홍치마** : 같은 조건이라면 좀 더 좋고 편리한 것을 택함
- **개도 얻어맞은 골목에는 가지 않는다** : 한 번 실패한 경험이 있는 사람은 다시는 그 때의 전철을 밟지 않도록 경계한다는 뜻
- **개 못된 것은 들에 나가 짖는다** : 자기의 할 일은 하지 않고 쓸데없는 짓을 하는 사람을 가리키는 말
- **개미가 절구통을 물어 간다** : 개미들도 서로 힘을 합치면 절구통을 운반할 수 있듯이 사람들도 협동하여 일을 하면 불가능한 일이 없다는 뜻
- **개미 나는 곳에 범 난다** : 처음에는 개미만큼 작고 대수롭지 않던 것이 점점 커져서 나중에는 범같이 크고 무서운 것이 된다는 말
- **개살구가 먼저 익는다** : 개살구가 참살구보다 먼저 익듯이 악이 선보다 더 가속도로 발전하게 된다는 뜻 (개살구가 지레 터진다)
- **거미줄로 방귀동이 듯 한다** : 일을 함에 있어 건성으로 형용만 하는 체 하는 말

- **게으른 놈 짐 많이 진다** : 게으른 사람이 일을 조금이라도 덜 할까 하고 짐을 한꺼번에 많이 지면 힘에 겨워 움직이지 못하므로 도리어 더 더디다는 말
- **경치고 포도청 간다** : 죽을 고비를 넘겨가면서도 또 제 스스로 고문을 당하려고 포도청을 가듯이 혹독한 형벌을 거듭 당한다는 뜻
- **군자는 입을 아끼고 범은 발톱을 아낀다** : 학식과 덕망이 높은 사람일수록 항상 말을 조심해서 한다는 뜻
- **굴러 온 돌이 박힌 돌 뺀다** : 외부에서 들어온 지 얼마 안 된 사람이나 물건이 원래의 것을 내쫓고 대치함
- **굽은 나무가 선산을 지킨다** : 쓸모없는 것이 도리어 소용이 된다는 뜻
- **굿하고 싶지만 맏며느리 춤추는 것 보기 싫다** : 무엇을 하려고 할 때 자기 마음에 들지 않는 미운 사람이 참여하여 기뻐함이 보기 싫어서 꺼려한다는 말
- **그물이 열 자라도 벼리가 으뜸이다** : 아무리 수가 많더라도 주장되는 것이 없으면 소용이 없다는 뜻
- **급하면 임금 망건 값도 쓴다** : 경제적으로 곤란에 빠지면 아무 돈이라도 있기만 하면 쓰게 된다는 뜻
- **기름 엎지르고 깨 줍는다** : 많은 손해를 보고 조그만 이익을 추구한다는 말

- **나무는 큰 나무 덕을 못 보아도 사람은 큰 사람의 덕을 본다** : 뛰어난 인물에게서는 알게 모르게 가르침이나 영향을 받게 된다는 말
- **내 발등의 불을 꺼야 아비 발등의 불을 끈다** : 급할 때는 남의 일보다 자기 일을 먼저 하기 마련이라는 뜻
- **노름에 미치면 신주도 팔아먹는다** : 노름에 깊이 빠져든 사람은 노름 돈을 마련하기 위해 수단과 방법을 가리지 않고 나쁜 짓까지 해 가면서 노름하게 된다는 뜻
- **놀부 제사지내듯 한다** : 놀부가 제사를 지낼 때 제물 대신 돈을 놓고 제사를 지냈듯이 몹시 인색하고 고약한 짓을 한다는 뜻

- **다리가 위에 붙었다** : 몸체의 아래에 붙어야 할 다리가 위에 가 붙어서 쓸모 없듯이 일이 반대로 되어 아무짝에도 소용이 없다는 뜻
- **다리 아래서 원을 꾸짖는다** : 직접 말을 못하고 안 들리는 곳에서 불평이나 욕을 한다는 말
- **대가리 삶으면 귀까지 익는다** : 제일 중요한 것만 처리하면 다른 것은 자연히 해결된다는 뜻
- **도깨비도 수풀이 있어야 모인다** : 의지할 곳이 있어야 무슨 일이나 이루어진다는 뜻
- **도둑놈 개 꾸짖듯 한다** : 남에게 들리지 않게 입 속으로 중얼거림
- **도둑은 뒤로 잡으랬다** : 도둑을 섣불리 앞에서 잡으려 하다가는 직접적으로 해를 당할 수 있기 때문에 뒤로 잡아야 한다는 뜻

- 도둑의 때는 벗어도 자식의 때는 못 벗는다 : 도둑의 누명은 범인이 잡히면 벗을 수 있으나 자식의 잘못을 그 부모가 지지 않을 수 없다는 뜻
- 독을 보아 쥐를 못 잡는다 : 독 사이에 숨은 쥐를 독 깰까봐 못 잡듯이 감정나는 일이 있어도 곁에 있는 사람 체면을 생각해서 자신이 참는다는 뜻
- 들은 풍월 얻는 문자다 : 자기가 직접 공부해서 배운 것이 아니라 보고 들어서 알게 된 글이라는 뜻
- 등잔불에 콩 볶아 먹는 놈 : 어리석고 옹졸하며 하는 짓마다 보기에 답답한 일만 하는 사람을 두고 이름
- 디딜방아질 삼 년에 엉덩이춤만 배웠다 : 디딜방아질을 오랫동안 하다보면 엉덩이춤도 절로 추게 된다는 뜻
- 떠들기는 천안(天安) 삼거리 같다 : 늘 끊이지 않고 떠들썩한 것
- 똥 싼 주제에 애화타령 한다 : 잘못하고도 뉘우치지 못하고 비위 좋게 행동하는 사람을 비웃는 말

- 마디가 있어야 새순이 난다 : 어떤 일이든 특정한 계기가 있어야 참신한 일이 생긴다
- 망건 쓰자 파장된다 : 준비를 하다가 시와 때를 놓쳐 목적한 바를 달성하지 못함
- 망신살이 무지갯 살 뻗치듯 한다 : 많은 사람으로부터 심한 원망과 욕을 먹게 되었을 때 쓰는 말
- 망치로 얻어맞고 홍두깨로 친다 : 복수란 언제나 제가 받은 피해보다 더 무섭게 한다는 뜻
- 명태 한 마리 놓고 딴전 본다 : 곁에 벌여 놓고 있는 일보다는 딴 벌이하는 일이 있다는 뜻
- 문전 나래 흔연 대접 : 어떤 신분의 사람이라도 자기를 찾아온 사람은 친절히 대하라는 말
- 물방아 물도 서면 언다 : 물방아가 정지하고 있으면 그 물도 얼듯이 사람도 운동을 하지 않고 있으면 건강이 나빠진다는 뜻

- 백일 장마에도 하루만 더 왔으면 한다 : 자기 이익 때문에 자기 본위로 이야기하는 것을 말함
- 뱁새는 작아도 알만 잘 낳는다 : 작아도 제 구실 못하는 법이 없다는 뜻
- 버들가지가 바람에 꺾일까 : 부드러워서 곧 바람에 꺾일 것 같은 버들가지가 끝까지 꺾이지 않듯이 부드러운 것이 단단한 것보다 더 강하다는 뜻
- 벌거벗고 환도 찬다 : 그것이 그 격에 어울리지 않음을 두고 이르는 말
- 벙어리 재판 : 아주 곤란한 일을 두고 하는 말
- 벼룩의 간에 육간 대청을 짓겠다 : 도량이 좁고 하는 일이 이치에 어긋남
- 변죽을 치면 복판이 울린다 : 슬며시 귀띔만 해 주어도 눈치가 빠른 사람은 곧 알아듣는다는 뜻
- 보리 주면 오이 안 주랴 : 제 것은 아끼면서 남만 인색하다고 여기는 사람에게 하는 말
- 분다 분다 하니 하루 아침에 왕겨 석 섬 분다 : 잘한다고 추어주니까 무작정 자꾸 한다는 뜻

- 빛 좋은 개살구 : 겉만 그럴듯하고 실속이 없음
- 빰을 맞아도 은가락지 낀 손에 맞는 것이 좋다 : 이왕 욕을 당하거나 복종할 바에야 지위가 높고 덕망이 있는 사람에게 당하는 것이 낫다는 말

- 사람과 쪽박은 있는 대로 쓴다 : 살림살이를 하는 데 있어 쪽박이 있는 대로 다 쓰이고 사람도 다 제각기 쓸모가 있다는 말
- 사람 살 곳은 골골이 있다 : 이 세상은 어디에 가나 서로 도와주는 풍습이 있어 살아갈 수 있다는 말
- 사자 어금니 같다 : 사자의 어금니는 가장 요긴한 것이니 반드시 있어야만 하는 것을 말함
- 사주 팔자에 없는 관을 쓰면 이마가 벗어진다 : 제 분수에 넘치는 일을 하게 되면 도리어 괴롭다는 뜻
- 산 개가 죽은 정승보다 낫다 : 아무리 구차하고 천한 신세라도 죽는 것보다는 사는 것이 낫다는 말
- 산 밑 집에 방앗공이가 논다 : 그 고장 산물이 오히려 그 곳에서 희귀하다는 말
- 산에 들어가 호랑이를 피하랴 : 이미 앞에 닥친 위험은 도저히 못 피한다는 말
- 산이 높아야 골이 깊다 : 원인이나 조건이 갖추어져야 일이 이루어진다는 뜻
- 산 호랑이 눈썹 : 도저히 얻을 수 없는 것을 얻으려 하는 것
- 삼수갑산을 가도 님 따라 가랬다 : 부부 간에는 아무리 큰 고생이 닥치더라도 같이 해야 한다는 뜻
- 삼촌 못난 것이 조카 짐만 지고 다닌다 : 체구는 크면서 못난 짓만 하는 사람을 비웃는 말
- 새도 날려면 움츠린다 : 어떤 일이든지 사전에 만반의 준비가 있어야 한다는 뜻
- 새 옷도 두드리면 먼지 난다 : 아무리 청백한 사람이라도 속속들이 파헤쳐 보면 부정이 드러난다는 뜻
- 생나무에 좀이 날까 : 생나무에는 좀이 나지 않듯이 건실하고 튼튼하면 내부가 부패되지 않는다는 뜻
- 생 감도 떨어지고 익은 감도 떨어진다 : 늙은 사람만 죽는 것이 아니라 젊은 사람도 죽는다는 뜻
- 섣달 그믐날 개밥 퍼주듯 한다 : 시집을 가지 못하고 해를 넘기게 된 처녀가 홧김에 개밥을 퍽퍽 퍼주듯, 무엇을 푹푹 퍼 주는 모양을 나타내는 말
- 섶을 지고 불로 들어가려 한다 : 짐짓 그릇된 짓을 하여 화를 더 당하려 한다는 뜻
- 소매 긴 김에 춤춘다 : 별로 생각이 없던 일이라도 그 일을 할 조건이 갖추어졌기 때문에 하게 될 때 쓰는 말
- 쇠가 쇠를 먹고 살이 살을 먹는다 : 동족끼리 서로 싸우는 것
- 쇠가죽을 무릅쓰다 : 체면을 생각하지 아니한다는 말
- 숙수가 많으면 국수가 수제비 된다 : 일을 하는 데 참견하는 사람이 많으면 오히려 일을 그르치게 된다는 뜻
- 시루에 물 퍼붓기 : 아무리 비용을 들이고 애를 써도 효과가 나타나지 않음
- 신 신고 발바닥 긁기다 : 일하기는 해도 시원치 않다는 말
- 씻어놓은 흰 죽사발 같다 : 생김새가 허여멀건한 사람을 가리키는 말

- 안방에 가면 시어머니 말이 옳고 부엌에 가면 며느리 말이 옳다 : 각각 일리가 있어 그 시비를 가리기 어렵다는 말
- 언 발에 오줌 누기 : 눈앞에 급한 일을 피하기 위해서 하는 임시변통이 결과적으로 더 나쁘게 되었을 때 하는 말
- 얻은 떡이 두레 반이다 : 여기 저기서 조금씩 얻은 것이 남이 애써 만든 것보다 많다는 말
- 염불 못하는 중이 아궁이에 불 땐다 : 무능한 사람은 같은 계열이라도 가장 천한 일을 하게 된다는 뜻
- 오소리 감투가 둘이다 : 한 가지 일에 책임질 사람이 두 명이 있어서 서로 다툰다는 뜻
- 오동나무 보고 춤춘다 : 성미가 급하여 빨리 서둔다는 뜻
- 우박 맞은 호박잎이다 : 우박 맞아 잎이 다 찢어져 보기가 흉한 호박잎처럼 모양이 매우 흉측하다는 뜻
- 윷짝 가르듯 한다 : 윷짝의 앞뒤가 분명하듯이 무슨 일에 대한 판단을 분명히 한다는 말
- 이사가는 놈이 계집 버리고 간다 : 자신이 하는 일 중에서 가장 중요한 것을 잊어버렸거나 잃었다는 말
- 우선 먹기는 곶감이 달다 : 당장은 실속있고 이득이 되는 것 같지만 뒤에는 손해를 본다는 말

- 자는 범 침 주기 : 그대로 가만 두었으면 아무 일도 없었을 것을 공연히 건드려서 일을 저질러 위태롭게 된다는 말
- 자라 알 지켜보듯 한다 : 어떻게 일을 처리하려고 노력하지는 않고 그저 묵묵히 들여다 보고만 있다는 뜻
- 자루 속 송곳은 빠져나오기 마련이다 : 남들이 알지 못하도록 아무리 은폐하려 해도 탄로날 것은 저절로 탄로가 난다는 뜻
- 잔고기가 가시는 세다 : 몸집이 자그마한 사람이 속은 꽉 차고 야무지며 단단할 때 이르는 말
- 장구치는 놈 따로 있고 고개 까딱이는 놈 따로 있나? : 저 혼자서 할 수 있는 일을 남에게 나누어 하자고 할 때 핀잔주는 말
- 적게 먹으면 명주요 많이 먹으면 망주라 : 모든 일은 정도에 맞게 하여야 한다는 말
- 접시 밥도 담을 탓이다 : 좋지 아니한 조건에서도 솜씨나 마음가짐에 따라서 좋은 성과를 이룰 수 있다는 말
- 정성이 있으면 한식에도 세배 간다 : 마음에만 있으면 언제라도 제 성의는 표시할 수 있다는 말
- 주린 개 뒷간 넘겨다보듯 한다 : 누구나 배가 몹시 고플 때는 무엇이고 먹을 것을 찾기 위해 여기저기를 기웃거린다는 말
- 주인 많은 나그네 밥 굶는다 : 해 준다는 사람이 너무 많으면 서로 미루다가 결국 안 된다는 뜻
- 주인 모르는 공사 없다 : 무슨 일이든지 주장하는 사람이 모르거나 참여하지 않으면 안 된다는 뜻

• 죽 푸다 흘려도 솥 안에 떨어진다 : 일이 제대로 안 되어 막상 손해를 본 것 같지만 따지고 보면 결코 손해는 없다는 뜻
• 쥐 잡으려다가 장독 깬다 : 조그만 일을 하려다가 큰일을 그르친다는 말
• 지붕 호박도 못 따는 주제에 하늘의 천도 따겠단다 : 아주 쉬운 일도 못하면서 당치도 않은 어려운 일을 하겠다고 덤빈다는 뜻

• 참새가 허수아비 무서워 나락 못 먹을까 : 반드시 큰 일을 하려면 다소의 위험 정도는 감수해야 한다는 뜻
• 참외 장수는 사촌이 지나가도 못 본 척 한다 : 장사하는 사람은 인색하다는 뜻
• 책망은 몰래하고 칭찬은 알게 하랬다 : 남을 책망할 때에는 다른 사람이 없는 데에서 하고 칭찬할 때에는 다른 사람 보는 앞에서 하여 자신감을 심어주라는 뜻
• 처갓집에 송곳 차고 간다 : 처갓집 밥은 눌러 담았기 때문에 송곳으로 파야 먹을 수 있다는 말로, 처갓집에서는 사위 대접을 극진히 한다는 뜻
• 천둥에 개 놀라듯 한다 : 몹시도 놀라서 허둥대며 정신을 못 차리고 날뛴다는 뜻
• 천만 재산이 서투른 기술만 못하다 : 자기가 지닌 돈은 있다가도 없어질 수 있지만 한 번 배운 기술은 죽을 때까지 지니고 있기 때문에 생활의 안정을 기할 수 있다는 뜻
• 초사흘 달은 부지런한 며느리만 본다 : 부지런한 사람이 아니고서는 사소한 일까지 모두 헤아려서 살필 수 없다는 뜻
• 초상 술에 권주가 부른다 : 때와 장소를 분별하지 못하고 행동한다는 말
• 촌놈은 밥그릇 큰 것만 찾는다 : 무식한 사람은 어떠한 물건의 질은 무시하고 그저 양이 많은 것만 요구한다는 뜻
• 칠 년 가뭄에 하루 쓸 날 없다 : 오랫동안 날씨가 개고 좋다가도 모처럼 무슨 일을 하려고 하면 비가 온다는 말

• 콩 볶아 먹다가 가마솥 터뜨린다 : 작은 이익을 탐내다가 도리어 큰 해를 입는다는 말
• 콩 심은 데 콩 나고 팥 심은 데 팥 난다 : 원인에 따라서 결과가 생긴다는 말
• 콩으로 메주를 쑨다 하여도 곧이 듣지 않는다 : 거짓말을 잘하여 신용할 수 없다는 말

- 태산 명동에 서일필(泰山 鳴動에 鼠一匹) : 무엇을 크게 떠벌였는데 실제의 결과는 작다는 뜻
- 태산을 넘으면 평지를 본다 : 고생을 하게 되면 그 다음에는 즐거움이 온다는 말
- 털을 뽑아 신을 삼는다 : 자신의 온 정성을 다하여 은혜를 꼭 갚겠다는 말
- 토끼를 다 잡으면 사냥개를 삶는다 : 필요할 때에는 소중히 여기다가도 필요없게 되면 천대하고 없애 버림을 비유하는 말

- 평생 신수가 편하려면 두 집을 거느리지 말랬다 : 두 집 살림을 차리게 되면 대부분 집안이 항상 편하지 못하다는 뜻
- 포도청 문고리도 빼겠다 : 겁이 없고 대담한 사람을 두고 하는 말
- 풍년 거지 더 섧다 : 다른 사람들은 모두 잘 살아가는데, 자신만 고달프고 서러운 신세를 이르는 말
- 핑계 없는 무덤 없다 : 무슨 일이라도 반드시 핑계거리는 있다는 말

- 함박 시키면 바가지 시키고, 바가지 시키면 쪽박 시킨다 : 어떤 일을 윗사람이 아랫사람에게 시키면 그는 또 제 아랫사람에게 다시 시킨다는 말
- 항우도 댕댕이 덩굴에 넘어진다 : 항우와 같은 장사라도 보잘 것 없는 덩굴에 걸려 낙상할 때가 있다는 말로 아무리 작은 일도 무시하면 실패하기 쉽다는 뜻
- 허허해도 빚이 열닷냥이다 : 겉으로는 호기 있게 보이나 속으로는 근심이 가득하다는 뜻
- 호랑이에게 개 꾸어 주기 : 빌려주면 다시 받을 가망이 없다는 말
- 황금 천냥이 자식 교육만 못 하다 : 막대한 유산을 남겨 주는 것보다는 자녀 교육이 더 중요한 것이라는 뜻

(2) 한자성어

- 家給人足(가급인족) : 집집마다 살림이 넉넉하고, 사람마다 의식에 부족함이 없음
- 街談巷說(가담항설) : 길거리나 항간에 떠도는 소문
- 苛斂誅求(가렴주구) : 조세 따위를 가혹하게 거두어들여, 백성을 못살게 들볶음

- 家無擔石(가무담석) : 담(擔)은 두 항아리, 석(石)은 한 항아리라는 뜻으로 집에 저축이 조금도 없음을 이르는 말
- 可東可西(가동가서) : 동쪽이라도 좋고 서쪽이라도 좋다. 이러나 저러나 상관없다.
- 佳人薄命(가인박명) : 여자의 용모가 아름다우면 운명이 기박하다는 말
- 刻骨難忘(각골난망) : 입은 은혜에 대한 고마움을 뼛속 깊이 새기어 잊지 않음
- 刻舟求劍(각주구검) : 판단력이 둔하여 세상일에 어둡고 어리석다는 말
- 竿頭之勢(간두지세) : 댓가지 꼭대기에 서게 된 현상으로 어려움이 극도에 달하여 아주 위태로운 형세를 이르는 말
- 敢不生心(감불생심) : 힘이 부치어 감히 마음을 먹지 못함
- 感之德之(감지덕지) : 몹시 고맙게 여김
- 甘呑苦吐(감탄고토) : 달면 삼키고 쓰면 뱉는다는 뜻으로 신의(信義)를 돌보지 않고 사리(私利)를 꾀한다는 말
- 甲男乙女(갑남을녀) : 보통의 평범한 사람들
- 康衢煙月(강구연월) : 태평한 시대의 평화스러운 길거리의 모습
- 强近之親(강근지친) : 도와줄 만한 가까운 친척
- 江湖煙波(강호연파) : 강이나 호수 위에 안개처럼 보얗게 이는 잔물결. 대자연의 풍경을 뜻함
- 改過遷善(개과천선) : 지나간 허물을 고치고 착하게 됨
- 去頭截尾(거두절미) : 앞뒤의 잔 사설을 빼놓고 요점만을 말함
- 車載斗量(거재두량) : 차에 싣고 말에 실을 만큼 많다는 뜻으로 물건이나 인재 따위가 아주 흔하여 귀하지 않음을 이르는 말
- 乾坤一擲(건곤일척) : 흥망, 승패를 걸고 단판 승부를 겨룸
- 隔靴搔癢(격화소양) : 신을 신은 채 가려운 발바닥을 긁음과 같이 일의 효과를 나타내지 못함을 이르는 말
- 牽强附會(견강부회) : 이치에 맞지 않는 말을 억지로 끌어 붙여 자기의 주장하는 조건에 맞도록 함
- 犬馬之勞(견마지로) : 임금이나 나라를 위하여 바치는 자기의 노력을 낮추어 이르는 말
- 見物生心(견물생심) : 물건을 보면 욕심이 생긴다는 말
- 見危致命(견위치명) : 나라의 위태로움을 보고는 목숨을 아끼지 않고 나라를 위하여 싸움
- 堅忍不拔(견인불발) : 굳게 참고 견디어 마음이 흔들리지 않음
- 結草報恩(결초보은) : 죽어 혼령이 되어도 은혜를 잊지 않고 갚음
- 經國濟世(경국제세) : 나라 일을 경륜하고 세상을 구함
- 傾國之色(경국지색) : 임금이 혹하여 국정을 게을리함으로써 나라를 위태롭게 할 정도의 미인(美人)을 일컫는 말
- 輕佻浮薄(경조부박) : 마음이 침착하지 못하고 행동이 신중하지 못함

- 驚天動地(경천동지) : 하늘이 놀라고 땅이 흔들린다는 뜻으로 세상을 몹시 놀라게 함
- 鏡花水月(경화수월) : 거울에 비친 꽃과 물에 비친 달처럼 볼 수만 있고 가질 수 없는 것
- 鷄卵有骨(계란유골) : 달걀 속에도 뼈가 있다는 뜻으로 뜻밖에 장애물이 생김을 이르는 말
- 鷄鳴狗盜(계명구도) : '닭의 울음소리를 잘 내는 사람과 개의 흉내를 잘 내는 좀도둑'이라는 뜻으로, 천한 재주를 가진 사람도 때로는 요긴하게 쓸모가 있음을 비유하여 이르는 말(학문이 깊지 않으면서 잔재주만 지닌 사람을 가리킬 때는 부정적 의미로 쓰임)
- 股肱之臣(고굉지신) : 자신의 팔, 다리와 같이 믿고 중하게 여기는 신하
- 孤掌難鳴(고장난명) : 손바닥 하나로는 소리가 나지 않는다는 뜻으로 상대가 없이 혼자 힘으로 일하기 어렵다는 말
- 苦盡甘來(고진감래) : 고생 끝에 낙이 온다는 말
- 曲學阿世(곡학아세) : 그릇된 학문을 하여 세속에 아부함
- 骨肉相殘(골육상잔) : 같은 혈족끼리 서로 다투고 해하는 것[骨肉相爭(골육상쟁)]
- 空手來空手去(공수래공수거) : 세상에 빈 손으로 왔다가 빈 손으로 간다는 뜻으로 재물에 대한 욕심을 부릴 필요가 없음을 이르는 말
- 誇大妄想(과대망상) : 자기의 능력, 용모, 지위 등을 과대하게 평가하여 사실인 것처럼 믿는 일 또는 그런 생각
- 過猶不及(과유불급) : 지나친 것은 미치지 못한 것과 같다는 말
- 管鮑之交(관포지교) : 제(齊)나라 관중(管仲)과 포숙(鮑叔)의 사귐이 매우 친밀했다는 고사에서 유래한 말로, 친구끼리의 매우 두터운 사귐을 이르는 말
- 刮目相對(괄목상대) : 눈을 비비고 다시 본다는 말로, 다른 사람의 학문이나 덕행이 크게 진보한 것을 말함
- 矯角殺牛(교각살우) : 뿔을 고치려다 소를 죽인다는 뜻으로, 작은 일에 힘쓰다가 큰 일을 망친다는 말
- 巧言令色(교언영색) : 교묘한 말과 보기 좋게 꾸민 얼굴 빛
- 膠柱鼓瑟(교주고슬) : 고지식하여 융통성이 없는 사람을 이르는 말
- 教學相長(교학상장) : 가르쳐 주거나 배우거나 다 나의 학업을 증진시킨다는 뜻
- 九十春光(구십춘광) : 노인의 마음이 청년같이 젊음을 이르는 말. 봄의 석달 구십일 동안 화창한 날씨
- 九折羊腸(구절양장) : 아홉 번 꼬부라진 양의 창자라는 뜻으로 산길 따위가 몹시 험하게 꼬불꼬불한 것을 이르는 말
- 群鷄一鶴(군계일학) : 닭의 무리 속에 끼어 있는 한 마리의 학이란 뜻으로 평범한 사람 가운데서 뛰어난 사람을 일컫는 말
- 權謀術數(권모술수) : 목적 달성을 위해서는 인정이나 도덕을 가리지 않고 권세와 모략, 중상 등 갖은 방법과 수단을 쓰는 술책
- 勸善懲惡(권선징악) : 착한 행실을 권장하고 악한 행실을 징계함

- 捲土重來(권토중래) : 한번 실패에 굴하지 않고 몇 번이고 다시 일어남. 한 번 패하였다가 세력을 회복하여 다시 쳐들어옴
- 近墨者黑(근묵자흑) : 먹을 가까이 하면 검어진다는 뜻으로 나쁜 사람과 사귀면 그 버릇에 물들기 쉽다는 말
- 金科玉條(금과옥조) : 금이나 옥같이 귀중한 법칙이나 규정
- 錦上添花(금상첨화) : 좋고 아름다운 것 위에 더 좋은 것을 더함
- 金石盟約(금석맹약) : 쇠와 돌같이 굳게 맹세하여 맺은 약속
- 錦衣還鄕(금의환향) : 비단 옷을 입고 고향으로 돌아온다는 뜻으로 타향에서 크게 성공하여 자기 집으로 돌아감을 이르는 말
- 金枝玉葉(금지옥엽) : 임금의 자손이나 집안을 높여 이르거나 귀여운 자손을 일컫는 말
- 氣高萬丈(기고만장) : 씩씩한 기운이 크게 떨침. 일이 뜻대로 잘 되어 기세가 대단함

- 落井下石(낙정하석) : 우물 아래에 돌을 떨어뜨린다는 뜻으로, 다른 사람이 재앙을 당하면 도와주기는커녕 오히려 더 큰 재앙이 닥치도록 한다는 말
- 爛商公論(난상공론) : 여러 사람들이 잘 의논함
- 難兄難弟(난형난제) : 누구를 형이라 하고 누구를 동생이라 해야 할지 분간하기 어렵다는 뜻으로 사물의 우열이 없다는 말
- 南柯一夢(남가일몽) : 꿈과 같이 헛된 한때의 부귀영화
- 男負女戴(남부여대) : 남자는 짐을 등에 지고 여자는 짐을 머리에 인다는 뜻으로 가난에 시달린 사람들이 살 곳을 찾아 떠돌아 다님
- 南船北馬(남선북마) : 바쁘게 여기저기를 돌아다님
- 囊中之錐(낭중지추) : 주머니 속에 든 송곳이라는 뜻으로 재주가 뛰어난 사람은 숨어 있어도 저절로 사람들이 알게 됨을 이르는 말
- 囊中取物(낭중취물) : 주머니 속의 물건을 꺼내는 것과 같이 매우 용이한 일
- 勞心焦思(노심초사) : 몹시 마음을 졸이는 것
- 綠衣紅裳(녹의홍상) : 연두 저고리에 다홍 치마라는 뜻으로 곱게 차려 입은 젊은 아가씨의 복색을 이르는 말
- 論功行賞(논공행상) : 공로를 논하여 그에 맞는 상을 줌
- 弄璋之慶(농장지경) : 아들을 낳은 기쁨
- 累卵之危(누란지위) : 달걀을 쌓아 놓은 것과 같이 매우 위태함

- 多岐亡羊(다기망양) : 길이 여러 갈래여서 양을 잃다는 뜻으로 학문의 길이 다방면이어서 진리를 깨치기 어려움을 이르는 말
- 多多益善(다다익선) : 많으면 많을수록 좋음
- 斷機之戒(단기지계) : 학문을 중도에 그만둔다는 것은 짜던 베를 끊음과 같다는 맹자 어머니의 교훈
- 簞食瓢飮(단사표음) : 한 소쿠리 밥과 표주박 물, 즉 변변치 못한 살림을 가리키는 말로 청빈한 생활을 이름
- 丹脣皓齒(단순호치) : 붉은 입술과 흰 이, 즉 미인의 얼굴
- 螳螂拒轍(당랑거철) : 제 분수도 모르고 강적에게 대항함
- 大器晩成(대기만성) : 큰 그릇은 이루어짐이 더디다는 뜻으로 크게 될 사람은 성공이 늦다는 말
- 道聽塗說(도청도설) : 거리에서 들은 것을 곧 남에게 아는 체하며 말함. 깊이 생각하지 않고 예사로 듣고 예사로 말함. 떠돌아다니는 뜬소문
- 塗炭之苦(도탄지고) : 진흙탕이나 숯불에 빠졌다는 뜻으로 몹시 고생스러움을 일컬음
- 東家食西家宿(동가식서가숙) : 먹을 곳, 잘 곳이 없이 떠도는 사람 또는 그런 짓
- 棟樑之材(동량지재) : 기둥이나 들보가 될 만한 훌륭한 인재, 즉 한 집이나 한 나라의 요한 일을 맡을 만한 사람
- 同病相憐(동병상련) : 처지가 서로 비슷한 사람끼리 서로 동정하고 도움
- 東奔西走(동분서주) : 사방으로 이리저리 부산하게 돌아다님
- 同床異夢(동상이몽) : 같은 처지와 입장에서 저마다 딴 생각을 함
- 杜門不出(두문불출) : 세상과 인연을 끊고 출입을 하지 않음
- 得隴望蜀(득롱망촉) : 인간의 욕심은 한이 없음
- 登高自卑(등고자비) : 높은 곳에 오르려면 낮은 곳에서부터 오른다는 뜻으로, 일을 순서대로 하여야 함을 이르는 말
- 燈下不明(등하불명) : 등잔 밑이 어둡다는 뜻으로 가까이 있는 것이 오히려 알아내기 어려움을 이르는 말

- 磨斧爲針(마부위침) : 아무리 이루기 힘든 일이라도 끊임없는 노력과 끈기 있는 인내가 있으면 성공하고야 만다는 뜻
- 馬耳東風(마이동풍) : 남의 말을 귀담아 듣지 않고 흘려 버림
- 萬頃蒼波(만경창파) : 한없이 넓고 푸른 바다
- 面從腹背(면종복배) : 겉으로는 순종하는 척하고 속으로 딴 마음을 먹음

- 明若觀火(명약관화) : 불을 보는 듯이 환하게 분명히 알 수 있음
- 命在頃刻(명재경각) : 곧 숨이 끊어질 지경에 이름
- 矛盾撞着(모순당착) : 같은 사람의 문장이나 언행이 앞뒤가 서로 어그러져서 모순됨
- 目不忍見(목불인견) : 차마 눈 뜨고 볼 수 없는 참상이나 꼴불견
- 無不通知(무불통지) : 무슨 일이든 모르는 것이 없음
- 門前成市(문전성시) : 권세를 드날리거나 부자가 되어 집문 앞이 찾아오는 손님들로 가득 차서 시장을 이룬 것 같음
- 門前沃畓(문전옥답) : 집 앞 가까이에 있는 좋은 논, 즉 많은 재산을 일컫는 말

- 拍掌大笑(박장대소) : 손바닥을 치면서 크게 웃음
- 拔本塞源(발본색원) : 폐단의 근원을 아주 뽑아서 없애 버림
- 傍若無人(방약무인) : 언행이 방자하고 제멋대로 행동하는 사람
- 背恩忘德(배은망덕) : 은혜를 잊고 도리어 배반함
- 白骨難忘(백골난망) : 죽어서도 잊지 못할 큰 은혜를 입음
- 百年河淸(백년하청) : 아무리 세월이 가도 일을 해결할 희망이 없음
- 伯樂一顧(백락일고) : 남이 자기 재능을 알고 잘 대우함
- 白面書生(백면서생) : 한갓 글만 읽고 세상 일에 어두운 사람
- 百折不屈(백절불굴) : 아무리 꺾으려 해도 굽히지 않음
- 辟邪進慶(벽사진경) : 간사한 귀신을 물리치고 경사스러운 일로 나아감
- 夫唱婦隨(부창부수) : 남편이 창을 하면 아내가 따른다는 뜻으로 부부 간의 정이 깊고 화목함을 일컫는 말
- 附和雷同(부화뇌동) : 제 주견이 없이 남이 하는 대로 그저 무턱대고 따라함
- 粉骨碎身(분골쇄신) : 뼈가 가루가 되고 몸이 부서지도록 힘을 다하고 고생하며 일함
- 不共戴天之讐(불공대천지수) : 세상을 같이 살 수 없는 원수, 즉 어버이의 원수
- 不問可知(불문가지) : 묻지 않아도 가히 알 수 있음
- 不問曲直(불문곡직) : 옳고 그름을 가리지 않고 함부로 일을 처리함
- 非夢似夢(비몽사몽) : 꿈인지 생시인지 알 수 없는 어렴풋함
- 氷炭之間(빙탄지간) : 얼음과 숯불처럼 서로 화합될 수 없음

- 四顧無親(사고무친) : 친척이 없어 의지할 곳 없이 외로움[四顧無人(사고무인)]
- 四面楚歌(사면초가) : 한 사람도 도우려는 자가 없이 고립되어 곤경에 처해 있음
- 四面春風(사면춘풍) : 항상 좋은 얼굴로 남을 대하여 누구에게나 호감을 삼
- 事必歸正(사필귀정) : 무슨 일이든지 결국은 옳은 대로 돌아간다는 뜻
- 死後藥方文(사후약방문) : 이미 때가 늦음
- 山海珍味(산해진미) : 산과 바다의 산물(產物)을 다 갖추어 썩 잘 차린 귀한 음식
- 殺身成人(살신성인) : 자기의 몸을 희생하여 옳은 도리를 행함
- 三顧草廬(삼고초려) : 유비가 제갈량을 세 번이나 찾아가 군사로 초빙한 데에서 유래한 말로 인재를 얻기 위해 끈기 있게 노력한다는 말
- 三遷之敎(삼천지교) : 맹자의 어머니가 아들의 교육을 위하여 세 번 거처를 옮겼다는 고사에서 유래하는 말로 생활 환경이 교육에 있어 큰 구실을 한다는 말
- 桑田碧海(상전벽해) : 뽕나무밭이 변하여 바다가 된다는 뜻으로 세상일의 변천이 심하여 사물이 바뀜을 비유하는 말
- 塞翁之馬(새옹지마) : 세상일은 복이 될지 화가 될지 예측할 수 없다는 말
- 黍離之歎(서리지탄) : 세상의 영고성쇠가 무상함
- 仙姿玉質(선자옥질) : 용모가 아름답고 재질도 뛰어남
- 雪膚花容(설부화용) : 눈처럼 흰 살결과 꽃같이 예쁜 얼굴이라는 뜻으로 아름다운 여인의 모습을 이르는 말
- 雪上加霜(설상가상) : 눈 위에 또 서리가 덮인다는 뜻으로 불행이 엎친 데 덮친 격으로 거듭 생김을 이르는 말
- 說往說來(설왕설래) : 서로 변론(辯論)을 주고 받으며 옥신각신함
- 小隙沈舟(소극침주) : 작은 일을 게을리하면 큰 재앙이 닥치게 됨을 비유하는 말
- 首丘初心(수구초심) : 고향을 그리워하는 마음을 일컫는 말
- 壽福康寧(수복강녕) : 오래 살고 복되며 건강하고 편안함
- 袖手傍觀(수수방관) : 팔짱을 끼고 보고만 있다는 뜻으로 마땅히 해야 할 일에 그저 옆에서 보고만 있는 것을 이르는 말
- 水深可知 人心難知(수심가지 인심난지) : 물의 깊이는 알 수 있으나 사람의 속마음은 헤아리기가 어렵다는 뜻
- 水魚之交(수어지교) : 교분이 매우 깊은 것을 말함[君臣水魚(군신수어)]
- 誰怨誰咎(수원수구) : 남을 원망하거나 책망할 것이 없음
- 脣亡齒寒(순망치한) : 입술이 없으면 이가 시린 것처럼 서로 돕던 이가 망하면 다른 한쪽 사람도 함께 위험하다는 말

- 是是非非(시시비비) : 옳고 그름을 가림
- 識字憂患(식자우환) : 아는 것이 탈이라는 말로 학식이 있는 것이 도리어 근심을 사게 됨을 이름
- 身言書判(신언서판) : 사람됨을 판단하는 네 가지 기준, 즉 신수(身手)와 말씨와 문필과 판단력을 일컬음
- 心心相人(심심상인) : 마음에서 마음을 전한다는 뜻으로, 묵묵한 가운데 서로 마음이 통함.
- 十匙一飯(십시일반) : 열 사람이 한 술씩 보태면 한 사람 먹을 분량이 된다는 뜻으로 여러 사람이 힘을 합하면 한 사람을 쉽게 도울 수 있다는 말

- 阿叫喚(아비규환) : 지옥 같은 고통에 못 견디어 구원을 부르짖는 소리라는 뜻으로 참혹한 고통 가운데에서 살려 달라고 울부짖는 상태를 이르는 말
- 我田引水(아전인수) : 제 논에 물대기. 자기에게 유리하도록 행동하는 것
- 安貧樂道(안빈낙도) : 빈궁한 가운데 편안하게 생활하여 도(道)를 즐김
- 眼下無人(안하무인) : 태도가 몹시 거만하여 모든 사람을 업신여김
- 暗中摸索(암중모색) : 물건을 어둠 속에서 더듬어 찾는다는 뜻으로, 확실한 방법을 모르는 채 이리저리 시도해 본다는 말
- 羊頭狗肉(양두구육) : 양의 머리를 내걸고 개고기를 판다는 뜻으로 겉모양은 훌륭하나 속은 변변치 않음을 이르는 말
- 梁上君子(양상군자) : 들보 위에 있는 군자라는 뜻으로 도둑을 미화(美化)한 말
- 漁父之利(어부지리) : 도요새가 조개를 쪼아 먹으려다가 둘 다 물리어 서로 다투고 있을 때 어부가 와서 둘을 잡아갔다는 고사에서 나온 말로 둘이 다투는 사이에 제3자가 이득을 보는 것
- 言中有骨(언중유골) : 예사로운 말 속에 깊은 뜻이 있음
- 如履薄氷(여리박빙) : 살얼음을 밟는 듯 아슬아슬하고 불안한 지경을 비유하여 이르는 말
- 如反掌(여반장) : 손바닥을 뒤집는 것과 같이 매우 쉬움
- 緣木求魚(연목구어) : 나무에 올라가 물고기를 구하듯 불가능한 일을 하고자 할 때를 비유하는 말
- 寤寐不忘(오매불망) : 자나깨나 잊지 못함
- 烏飛梨落(오비이락) : 까마귀 날자 배 떨어진다는 뜻으로 공교롭게도 어떤 일이 같은 때에 일어나 남의 의심을 받게 됨을 이르는 말
- 傲霜孤節(오상고절) : 서릿발 속에서도 굴하지 않고 외로이 지키는 절개라는 뜻으로 충신 또는 국화를 두고 하는 말
- 五十步百步(오십보백보) : 양자 간에 차이는 있으나 본질적으로는 같다는 뜻
- 吳越同舟(오월동주) : 사이가 좋지 못한 사람끼리도 자기의 이익을 위해서는 행동을 같이 한다는 말

- 溫故知新(온고지신) : 옛 것을 익히고 나아가 새 것을 앎
- 臥薪嘗膽(와신상담) : 섶에 누워 자고 쓴 쓸개를 씹는다는 뜻으로 원수를 갚고자 고생을 참고 견딤을 이르는 말
- 樂山樂水(요산요수) : '智者樂水 仁者樂山(지자요수 인자요산)'의 준말로 지혜 있는 자는 사리에 통달하여 물과 같이 막힘이 없으므로 물을 좋아하고, 어진 자는 의리에 밝고 산과 같이 중후하여 변하지 않으므로 산을 좋아한다는 말
- 窈窕淑女(요조숙녀) : 마음씨가 얌전하고 자태가 아름다운 여자
- 欲速不達(욕속부달) : 일을 속히 하려고 하면 도리어 이루지 못한다는 말
- 龍頭蛇尾(용두사미) : 처음엔 그럴 듯하다가 끝이 흐지부지되는 것
- 雲泥之差(운니지차) : 구름과 진흙의 차이란 뜻으로 주로 사정이 크게 다를 경우나 서로의 차이가 클 때 사용한다.
- 有備無患(유비무환) : 어떤 일에 미리 준비가 있으면 걱정이 없다는 말
- 唯我獨尊(유아독존) : 이 세상에는 나보다 더 잘난 사람이 없다고 뽐냄
- 流言蜚語(유언비어) : 근거 없는 좋지 못한 말
- 泣斬馬謖(읍참마속) : 큰 목적을 위해 아끼는 사람을 버림
- 以心傳心(이심전심) : 마음과 마음이 서로 통함
- 二律背反(이율배반) : 서로 모순되는 명제(命題), 즉 정립(定立)과 반립(反立)이 동등한 권리를 가지고 주장되는 일
- 李下不整冠(이하부정관) : 자두나무 아래에서는 갓을 고쳐 쓰지 말라는 뜻으로 남에게 의심받을 일을 하지 않도록 주의하라는 말
- 耳懸令 鼻懸令(이현령 비현령) : 귀에 걸면 귀걸이, 코에 걸면 코걸이라는 뜻으로 이렇게도 저렇게도 될 수 있음을 비유하는 말
- 益者三友(익자삼우) : 사귀어 이롭고 보탬이 되는 세 벗으로 정직한 사람, 신의 있는 사람, 학식 있는 사람을 가리킴
- 因果應報(인과응보) : 좋은 일에는 좋은 결과가, 나쁜 일에는 나쁜 결과가 따름
- 一擧兩得(일거양득) : 하나의 행동으로 두 가지의 성과를 거두는 것
- 一網打盡(일망타진) : 한꺼번에 모조리 다 잡음
- 一魚濁水(일어탁수) : 물고기 한 마리가 큰 물을 흐리게 하듯 한 사람의 악행으로 인하여 여러 사람이 그 해를 입게 되는 것을 뜻함
- 一場春夢(일장춘몽) : 인생의 영화(榮華)는 한바탕의 봄꿈과 같이 헛됨
- 日就月將(일취월장) : 나날이 다달이 진보함
- 一筆揮之(일필휘지) : 단숨에 글씨나 그림을 줄기차게 쓰거나 그림

- 自家撞着(자가당착) : 자기의 언행이 전후 모순되어 들어맞지 않음
- 自繩自縛(자승자박) : 자기의 줄로 자기를 묶는다는 뜻으로 자신이 한 말이나 행동 때문에 자기가 얽매이게 된다는 말
- 張三李四(장삼이사) : 장씨(張氏)의 삼남(三男)과 이씨(李氏)의 사남(四男)이라는 뜻으로 평범한 사람을 가리키는 말
- 賊反荷杖(적반하장) : 도둑이 도리어 매를 든다는 뜻으로 잘못한 사람이 도리어 잘한 사람을 나무라는 경우에 쓰는 말
- 戰戰兢兢(전전긍긍) : 몹시 두려워 벌벌 떨면서 조심한다는 말
- 轉禍爲福(전화위복) : 화를 바꾸어 복이 되게 한다는 뜻으로 궂은 일을 당하였을 때 그것을 잘 처리하여 좋은 일이 되게 하는 것
- 切磋琢磨(절차탁마) : 학문과 덕행을 갈고 닦음을 가리키는 말
- 漸入佳境(점입가경) : 점점 더 재미있는 경지로 들어감
- 頂門一鍼(정문일침) : 정수리에 침을 놓는다는 뜻으로 따끔한 비판이나 충고를 뜻함
- 井底之蛙(정저지와) : 우물 안 개구리. 견문이 좁고 세상 형편을 모름
- 糟糠之妻(조강지처) : 가난을 참고 고생을 같이 하며 남편을 섬긴 아내
- 朝令暮改(조령모개) : 법령을 자꾸 바꾸어서 종잡을 수 없음을 비유하는 말
- 朝三暮四(조삼모사) : 간사한 꾀로 사람을 속여 희롱함. 눈앞에 당장 나타나는 차별만 알고 그 결과가 같음을 모름
- 鳥足之血(조족지혈) : 새 발의 피. 양이 아주 적음
- 左顧右眄(좌고우면) : 좌우를 자주 둘러본다는 뜻으로 무슨 일에 얼른 결정을 짓지 못함을 이르는 말[左右顧眄(좌우고면)]
- 坐不安席(좌불안석) : 마음에 불안이나 근심 등이 있어 한 자리에 오래 앉아 있지 못함
- 晝耕夜讀(주경야독) : 낮에 일하고 밤에 공부함. 바쁜 틈을 타서 어렵게 공부를 함
- 主客顚倒(주객전도) : 주인과 손님이 뒤바뀌다라는 뜻으로 주되는 것과 종속되는 것의 위치가 뒤바뀜을 말함
- 走馬加鞭(주마가편) : 달리는 말에 채찍을 더한다는 뜻으로 잘하는 사람에게 더 잘하도록 하는 것을 일컬음
- 走馬看山(주마간산) : 말을 달리면서 산을 본다는 말로 바빠서 자세히 보지 못하고 지나침을 뜻함
- 竹馬故友(죽마고우) : 죽마를 타고 놀던 벗, 즉 어릴 때 같이 놀던 친한 친구
- 竹杖芒鞋(죽장망혜) : 대지팡이와 짚신. 먼 길을 떠날 때의 간편한 차림
- 衆寡不敵(중과부적) : 적은 수효로는 많은 수효를 대적하지 못한다는 뜻
- 衆口難防(중구난방) : 여러 사람의 입을 막기 어렵다는 뜻으로, 막기 어려울 정도(程度)로 여럿이 마구

지껄임을 이르는 말

- 重言復言(중언부언) : 한 말을 자꾸 되풀이 함
- 指鹿爲馬(지록위마) : 중국 진나라의 조고(趙高)가 이세 황제(二世皇帝)의 권력을 농락하려고 일부러 사슴을 말이라고 속여 바쳤다는 고사에서 유래한 것으로 윗사람을 농락하여 권세를 마음대로 함을 가리킴
- 支離滅裂(지리멸렬) : 갈갈이 흩어지고 찢기어 갈피를 잡을 수 없음
- 知足不辱(지족불욕) : 모든 일에 분수를 알고 만족하게 생각하면 모욕을 받지 않는다는 말
- 盡人事待天命(진인사대천명) : 노력을 다한 후에 천명을 기다림
- 進退維谷(진퇴유곡) : 앞으로 나아갈 수도 뒤로 물러설 수도 없이 꼼짝할 수 없는 궁지에 빠짐[進退兩難(진퇴양난)]
- 嫉逐排斥(질축배척) : 시기하고 미워하여 물리침

- 創業易守成難(창업이수성난) : 어떤 일을 시작하기는 쉬우나, 이룬 것을 지키기는 어렵다는 말
- 滄海桑田(창해상전) : 푸른 바다가 변하여 뽕밭으로 된다는 뜻으로 세상일이 덧없이 바뀜을 이르는 말[桑田碧海(상전벽해)]
- 滄海一粟(창해일속) : 넓은 바다에 떠 있는 한 알의 좁쌀이라는 뜻으로 아주 큰 물건 속에 있는 아주 작은 물건을 이르는 말
- 天高馬肥(천고마비) : 하늘이 높고 말이 살찐다는 뜻으로 가을철을 일컫는 말
- 千慮一得(천려일득) : 천 번을 생각하면 한 번 얻는 것이 있다는 뜻으로, 많이 생각할수록 좋은 것을 얻음을 비유하는 말
- 千慮一失(천려일실) : 여러 번 생각하여 신중하고 조심스럽게 한 일에도 때로는 한 가지 실수가 있음을 이르는 말
- 天方地軸(천방지축) : 너무 바빠서 두서를 잡지 못하고 허둥대는 모습. 어리석은 사람이 갈 바를 몰라 두리번거리는 모습
- 泉石膏肓(천석고황) : 고질병이 되다시피 산수 풍경을 좋아함
- 天衣無縫(천의무봉) : 천사의 옷은 기울 데가 없다는 뜻으로 문장이 훌륭하여 손댈 곳이 없을 만큼 잘 되었음을 일컫는 말
- 千仞斷崖(천인단애) : 천 길이나 되는 깎아지른 듯한 벼랑
- 千紫萬紅(천자만홍) : 여러 가지 빛깔의 꽃이 만발함
- 千載一遇(천재일우) : 천 년에나 한번 만날 수 있는 기회, 즉 좀처럼 얻기 어려운 기회
- 徹頭徹尾(철두철미) : 머리에서 꼬리까지 투철함, 즉 처음부터 끝까지 투철함
- 靑天霹靂(청천벽력) : 맑게 갠 하늘에서 치는 벼락, 즉 뜻밖에 생긴 변을 일컫는 말

- 靑出於藍(청출어람) : 쪽에서 우러난 푸른 빛이 쪽보다 낫다는 뜻으로 제자가 스승보다 더 뛰어남을 이르는 말
- 草綠同色(초록동색) : 풀과 녹색은 같은 빛임. 같은 처지나 같은 유의 사람들은 그들끼리 함께 행동함
- 寸鐵殺人(촌철살인) : 조그만 쇠붙이로 사람을 죽인다는 뜻으로 간단한 말이나 문장으로 사물의 가장 요긴한 데를 찔러 듣는 사람을 감동하게 하는 것
- 春秋筆法(춘추필법) : 5경의 하나인 춘추와 같이 비판의 태도가 썩 엄정함을 이르는 말. 대의명분을 밝히어 세우는 사실의 논법
- 醉生夢死(취생몽사) : 아무 뜻과 이룬 일도 없이 한평생을 흐리멍텅하게 살아감
- 七顚八起(칠전팔기) : 여러 번 실패해도 굽히지 않고 분투함을 일컫는 말
- 七縱七擒(칠종칠금) : 제갈량의 전술로 일곱 번 놓아 주고 일곱 번 잡는다는 뜻으로 자유자재로운 전술을 일컬음
- 針小棒大(침소봉대) : 바늘을 몽둥이라고 말하듯 과장해서 말하는 것

- 他山之石(타산지석) : 다른 산에서 나는 하찮은 돌도 자기의 옥(玉)을 가는 데에 도움이 된다는 뜻으로 다른 사람의 하찮은 언행일지라도 자기의 지덕을 연마하는 데에 도움이 된다는 말
- 卓上空論(탁상공론) : 실현성이 없는 허황된 이론
- 太剛則折(태강즉절) : 너무 강하면 부러지기 쉽다는 말
- 泰山北斗(태산북두) : 태산과 북두칠성을 여러 사람이 우러러 보는 것처럼 남에게 존경받는 뛰어난 존재
- 兎營三窟(토영삼굴) : 자신의 안전을 위하여 미리 몇 가지 술책을 마련함
- 吐盡肝膽(토진간담) : 솔직한 심정을 숨김없이 모두 말함

- 波瀾萬丈(파란만장) : 물결이 만 길 높이로 인다는 뜻으로 인생을 살아가는 데 있어 기복과 변화가 심함을 이르는 말
- 波瀾重疊(파란중첩) : 일의 진행에 있어서 온갖 변화나 난관이 많음
- 破竹之勢(파죽지세) : 대를 쪼개는 것처럼 거침없이 나아가는 세력
- 弊袍破笠(폐포파립) : 해진 옷과 부서진 갓, 즉 너절하고 구차한 차림새를 말함
- 抱腹絶倒(포복절도) : 배를 안고 몸을 가누지 못할 정도로 몹시 웃음
- 風樹之嘆(풍수지탄) : 부모가 이미 세상을 떠나 효도할 수 없음을 한탄함
- 風前燈火(풍전등화) : 바람 앞의 등불처럼 매우 위급한 경우에 놓여 있음을 일컫는 말

- 風餐露宿(풍찬노숙) : 바람과 이슬을 무릅쓰고 한 데에서 먹고 잠, 즉 큰 일을 이루려는 사람이 고초를 겪는 모양
- 匹夫匹婦(필부필부) : 평범한 남자와 평범한 여자
- 必有曲折(필유곡절) : 반드시 어떠한 까닭이 있음

- 夏爐冬扇(하로동선) : 여름의 화로와 겨울의 부채라는 뜻으로 쓸모없는 재능을 말함
- 下石上臺(하석상대) : 아랫돌을 빼서 윗돌을 괴고 윗돌을 빼서 아랫돌을 괸다는 뜻으로 임시변통으로 이리저리 둘러 맞춤을 말함
- 鶴首苦待(학수고대) : 학의 목처럼 목을 길게 늘여 몹시 기다린다는 뜻
- 漢江投石(한강투석) : 한강에 돌 던지기라는 뜻으로 지나치게 미미하여 전혀 효과가 없음을 이르는 말
- 緘口無言(함구무언) : 입을 다물고 아무런 말이 없음
- 含哺鼓腹(함포고복) : 배불리 먹고 즐겁게 지냄
- 咸興差使(함흥차사) : 심부름을 시킨 뒤 아무 소식이 없거나 회답이 더디 올 때 쓰는 말
- 孑孑單身(혈혈단신) : 의지할 곳 없는 외로운 홀몸
- 螢雪之功(형설지공) : 중국 진나라의 차윤(車胤)이 반딧불로 글을 읽고 손강(孫康)은 눈(雪)의 빛으로 글을 읽었다는 고사에서 유래된 말로 고생하면서도 꾸준히 학문을 닦은 보람을 이르는 말
- 糊口之策(호구지책) : 살아갈 방법. 그저 먹고 살아가는 방책
- 好事多魔(호사다마) : 좋은 일에는 방해가 되는 일이 많다는 뜻
- 虎死留皮(호사유피) : 범이 죽으면 가죽을 남김과 같이 사람도 죽은 뒤 이름을 남겨야 한다는 말[豹死留皮(표사유피)]
- 浩然之氣(호연지기) : 잡다한 일에서 해방된 자유로운 마음. 하늘과 땅 사이에 넘치게 가득찬 넓고도 큰 원기. 공명정대하여 조금도 부끄러울 바 없는 도덕적 용기
- 魂飛魄散(혼비백산) : 몹시 놀라 넋을 잃음
- 和而不同(화이부동) : 남과 화목하게 지내지만 자신의 중심과 원칙을 잃지 않음
- 畵龍點睛(화룡점정) : 용을 그려 놓고 마지막으로 눈을 그려 넣음, 즉 가장 긴요한 부분을 완성시킴
- 換骨奪胎(환골탈태) : 얼굴이 이전보다 더 아름다워짐. 선인의 시나 문장을 살리되, 자기 나름의 새로움을 보태어 자기 작품으로 삼는 일
- 會者定離(회자정리) : 만나면 반드시 헤어짐
- 後生可畏(후생가외) : 후진들이 젊고 기력이 있어 두렵게 여겨짐
- 橫說竪說(횡설수설) : 조리가 없는 말을 함부로 지껄임 또는 그 말
- 興盡悲來(흥진비래) : 즐거운 일이 다하면 슬픔이 옴, 즉 흥망과 성쇠가 엇바뀜을 일컫는 말

대표유형 5 글의 중심 내용 파악

(1) 주제어 파악

① 글 전체를 읽어가면서 화제(話題)가 되는 말을 확인하고, 화제어 중에서 가장 중심이 되는 말을 선별해야 한다.

② 주제어 파악 방법

㉠ 추상어 중 반복되는 말에 주목한다.

㉡ 그 말을 중심으로 글을 전개해 나가는 말을 찾는다.

(2) 중심 내용 파악

① 글을 제대로 이해하려면 글을 간추려 중심 내용을 파악해야 한다. 특히, 글에 나타나 있는 여러 정보 상호 간의 위상이나 집필 의도 등을 고려해 핵심 내용을 선별해야 한다.

② 정보의 위상

㉠ **전제와 주지** : 글의 핵심이 되는 정보를 주지(主旨)라 하고, 이를 도출해 내기 위해 미리 제시하는 사전 정보를 전제(前提)라 한다.

㉡ **일화와 개념** : 일화적 정보와 개념적 정보가 함께 어우러져 있으면, 개념적 정보가 더 포괄적이고 종합적이므로 우위에 놓인다.

㉢ **설명과 설득** : 설명은 어떤 주지적인 내용을 해명하여 이해하도록 하는 것이며, 설득은 보다 더 적극성을 부여하여 이해의 차원을 넘어 동의하고 공감하여 글쓴이의 의견에 동조하거나 행동으로 옮기도록 하는 것이다.

③ 주제문 파악의 방법

㉠ 집필 의도 등을 고려하여 글의 내용을 입체화시켜 본다.

㉡ 추상적 진술의 문장 등 화제를 집중적으로 해명한 문장을 찾는다.

㉢ 배제(排除)이 방법을 이용하여 정보의 중요도를 따져본다.

④ 중심 내용 찾기의 과정

㉠ 문장을 꼼꼼히 읽는다.

㉡ 문단의 중심 내용을 파악한다.

㉢ 글 전체의 중심 내용을 파악한다.

⑤ 문단을 꼼꼼히 읽는 방법

㉠ 문장의 주어에 주목한다.
㉡ 접속어와 지시어 사용에 유의한다.
㉢ 문장을 읽을 때는 항상 펜을 들고 문장의 중심 내용에 밑줄을 긋는 습관을 들인다.

⑥ 문단의 중심 내용을 찾는 방법
㉠ 문단에서 반복되는 어휘에 주목한다.
㉡ 문장과 문장 간의 관계에 유의해서 읽는다.
㉢ 글쓴이가 그 문단에서 궁극적으로 말하고자 하는 바를 생각해 본다.

대표유형 6 글의 구조 파악 

(1) 구조의 뜻

① 한 편의 글은 하나 이상의 문단이, 하나의 문단은 하나 이상의 문장이 모여서 이루어진다.

② 이러한 성분들은 하나의 주제를 나타내기 위해 짜임새 있게 연결되어 있다.

③ 이러한 글의 짜임새를 글의 구조라고 한다.

(2) 글의 구조 파악하기의 의의

단순히 글의 정보를 확인하고 이해하는 것에서 나아가 정보의 조직 방식과 정보 간의 관계까지 파악하는 것을 포함한다.

(3) 글의 구조 파악하기의 방법

① 문단의 중심 내용 파악
㉠ 글의 구조를 파악하기 위해서는 문단의 중심 내용을 먼저 파악해야 한다.
㉡ 글의 구조는 글의 내용과 밀접한 관련이 있기 때문이다.

② 문단의 기능 파락
㉠ 한 편의 글은 여러 개의 형식 문단이 모여 이루어지는데. 이 때 각 문단은 각각의 기능을 지닌 채 유기적인 짜임으로 이루어져 있다.
㉡ 글의 구조를 파악하기 위해서는 각 문단이 수행하는 기능과 역할을 파악해야 한다.

③ 문단의 기능을 파악하는 방법

㉠ 문단의 기능을 나타내는 표현에 주목한다.

㉡ 문단의 중심 내용을 글 전체의 주제와 비교하여 어떤 관계를 맺고 있는지 판단한다.

㉢ 문단의 위치도 문단의 기능과 관련이 있으므로 문단의 기능에 따른 문단의 종류와 위치 등을 알아 둔다.

④ 기능에 따른 문단의 유형

㉠ 도입 문단 : 본격적으로 글을 써 나가기 위하여 글을 쓰는 동기나 목적, 과제 등을 제시하는 문단이다. 화제를 유도하며, 무엇보다도 독자의 흥미와 관심을 잡아끌어 글의 내용에 주목하게 한다.

㉡ 전제 문단 : 논리적 전개의 바탕을 이루는 문단이다. 연역적 방법으로 전개되는 글에서 전제를 설정하는 경우와 비판적 관점으로 발전하기 위해 먼저 상식적 편견을 제시하는 경우가 많다.

㉢ 발전 문단 : 앞 문단의 내용을 심화시켜 주제를 형상화하는 문단이다.

㉣ 강조 문단 : 어떤 특정한 내용을 강조하는 문단이다. 어떤 문단을 독립시켜 강조하거나, 결론에서 특정한 내용을 반복하여 지적하는 경우가 많다.

⑤ 문단과 문단의 관계 파악 … 한 편의 글을 구성하고 있는 각각의 문단은 독립적으로 존재하는 것이 아니라 앞뒤 문단과 밀접한 관련이 있으므로 문단과 문단의 관계를 파악하는 것이 중요하다.

⑥ 문단과 문단의 관계를 파악하는 방법

㉠ 글 전체의 주제를 염두에 두고 인접한 문단끼리 중심 내용을 비교해 본다.

㉡ 첫째, 둘째, 셋째 등의 내용 열거를 위한 표현들을 찾아 확인한다.

㉢ 문단과 문단을 잇는 접속어에 유의한다.

대표유형 7 글의 핵심정보 파악

(1) 핵심정보의 파악

① 설명하는 글은 글쓴이가 알고 있는 사실이나 정보를 독자에게 쉽게 전달하기 위해 쓴 글이기 때문에 글쓴이의 의견은 거의 배제되기 쉽고 객관성이 강하다는 특징이 있다.

② 이런 종류의 글은 새로운 정보를 전달하는 글이므로 설명하고자 하는 핵심 정보를 파악하는 일이 글을 이해하는 데에 무엇보다 중요하다.

(2) 핵심정보 파악하기 방법

① 글의 첫머리에 유의하기

㉠ 글쓴이는 말하고자 하는 부분 즉, 핵심 내용을 효과적으로 전달하기 위해 여러 가지 방법을 사용한다.

㉡ 가장 일차적인 방법은 글의 첫머리에 자신이 설명하고자 하는 대상을 제시하는 것이다.

㉢ 글의 첫머리는 독자에게 인상적으로 다가오기 때문에 글쓴이는 대상의 개념이나 글의 핵심 정보와 관련된 내용을 주로 이 부분에 배치한다.

② 반복되는 표현에 집중하기

㉠ 문단의 중심 내용은 자주 반복되어 진술된다.

㉡ 글 전체에서도 중점적으로 설명하고자 하는 대상을 자주 반복하여 독자에게 강조하고자 한다.

㉢ 반복되는 내용을 통해 문단의 중심 내용을 파악하고 다른 문단과의 관계를 파악하면, 글 전체의 핵심 내용을 파악하는데 많은 도움이 된다.

③ 문단의 중심 내용 종합하기

㉠ 하나의 문단에는 하나의 중심 내용과 이를 뒷받침하는 여러 문장들이 배치되어 있듯이 한 편의 글도 핵심 정보를 위해 관련된 문단이 유기적으로 조직되어 있다.

㉡ 문단의 중심 내용을 찾은 후에는 그 중요성을 파악하고, 문단의 중심 내용을 모아 그 중요도를 따져보면 글 전체의 핵심 내용을 찾을 수 있다.

대표유형 8 글의 추론

(1) 추론

이미 알려진 판단(전제)를 근거로 하여 새로운 판단(결론)을 이끌어 내기 위하여, 글 속에 명시적으로 드러나 있지 않은 내용, 과정, 구조에 관한 정보를 논리적 비약 없이 추측하거나 상상하는 것을 말한다.

(2) 추론의 방법

① 글의 결론 파악 … 글의 결론은 추론 과정의 산물이므로 추론 과정을 이해하기 위해서는 먼저 글의 결론이나 글쓴이의 주장을 파악해야 한다.

② 전제나 근거 파악

㉠ 전제란 결론을 이끌어 내는 과정에서 필요한 논리적 근거로서 주장이나 결론과 밀접한 관련이 있으며, 전제가 달라지면 주장이나 결론도 달라진다.

㉡ 전제를 결론이나 주장과 따로 떼어서 다루는 것은 의미가 없다.

③ 전제나 근거 파악하는 방법

㉠ 전제나 근거는 대개 결론이나 주장을 담은 문단 앞에 위치하므로 중심 문단 바로 앞 문단의 주제문을 찾아 결론과의 관계를 확인한다.

㉡ 전제를 파악할 때는 인과 관계가 성립되는지를 확인한다.

㉢ 전제에는 원인 외에도 가정과 조건 등의 전제를 생각할 수 있어야 한다.

④ 추론 방식 파악

㉠ 연역 추리

- 일반적인 원리를 전제로 하여 특수한 사실에 대한 판단이 옳고 그름을 증명하는 추리이다.
- 어떤 특정한 대상에 대한 판단은 연역 추리에 의한 결론이 된다.
- 전제를 인정하면 필연적으로 결론을 인정하게 된다.

㉡ 귀납 추리

- 충분한 수효의 특수한 사례에서 일반적인 원리를 이끌어 내는 사례 전체를 설명하는 추리이다.
- 여러 사례에 두루 적용할 수 있는 일반적인 판단은 귀납 추리에 의한 결론이 된다.
- 전제를 다 인정하여도 결론을 필연적으로 인정하지 않을 수도 있다.

㉢ 유비 추리
- 범주가 다른 대상 사이의 유사성을 바탕으로 하나의 대상을 다른 대상의 특성에 비추어 설명하는 추리이다.
- 두 대상이 어떤 점에서 공통된다는 것을 바탕으로 다른 측면도 같다고 판단하면 이것이 곧 추리의 결론이 된다.
- 한 쪽의 대상만 특수하게 지닌 속성을 다른 대상도 지니고 있다고 판단하면 오류가 된다.

㉣ 가설 추리
- 어떤 현상을 설명할 수 있는 원인을 잠정적으로 판단하고, 현상을 검토하여 그 판단의 정당성을 밝히는 추리이다.
- 현상의 원인에 대한 판단은 가설 추리에 의한 결론이 된다.
- 누군가 더 적절한 다른 가설을 제시할 수 있고, 가설로 설명할 수 없는 다른 사례가 발견되면, 그 가설은 틀린 것이 될 수 있다.

대표유형 9 글의 주제 파악

(1) 핵심어

① 설명문의 내용 또는 제목 내의 중요한 내용을 요약한 핵심적인 단어 또는 문구를 핵심어라고 한다.

② 글의 처음이나 마지막 부분의 문장이 열쇠가 되는 경우가 많다.

③ 핵심어는 반복 사용되는 경향이 있다.

(2) 주제 파악하기 과정

① 형식 문단의 내용을 요약한다.

② 내용 문단으로 묶어 중심 내용을 파악한다.

③ 각 내용 문단의 중심 내용 간의 관계를 이해한다.

④ 전체적인 주제를 파악한다.

(3) 주제 찾는 방법

① 주제가 겉으로 드러난 글(설명문, 논설문 등)

㉠ 글의 주제 문단을 찾는다. 주제 문단의 요지가 주제이다.

㉡ 대개 3단 구성이므로 끝 부분의 중심 문단에서 주제를 찾는다.

㉢ 중심 소재(제재)에 대한 글쓴이의 입장이 나타난 문장이 주제문이다.

㉣ 제목과 밀접한 관련이 있음에 유의한다.

② 주제가 겉으로 드러나지 않는 글(문학적인 글)

㉠ 글의 제재를 찾아 그에 대한 글쓴이의 의견이나 생각을 연결시키면 바로 주제를 찾을 수 있다.

㉡ 제목이 상징하는 바가 주제가 될 수 있다.

㉢ 인물이 주고받는 대화의 화제나 화제에 대한 의견이 주제일 수도 있다.

㉣ 글에 나타난 사상이나 내세우는 주장이 주제가 될 수도 있다.

㉤ 시대적 · 사회적 배경에서 글쓴이가 추구하는 바를 찾을 수 있다.

대표유형 10 문장배열

(1) 글의 구성요소

단어 → 문장 → 문단 → 글

① **단어** … 분리하여 자립적으로 쓸 수 있는 말이나 이에 준하는 말이나 그 말의 뒤에 붙어서 문법적 기능을 나타내는 말이다.

② **문장** … 생각이나 감정을 말로 표현할 때 완결된 내용을 나타내는 최소의 단위로, 주어와 서술어를 갖추고 있는 것이 원칙이나 생략될 수도 있다.

③ **문단** … 글에서 하나로 묶을 수 있는 짤막한 단위로, 한 편의 글은 여러 개의 문단으로 구성된다.

④ **글** … 어떤 생각이나 일 따위의 내용을 문자로 나타낸 기록이다.

(2) 문단의 짜임

① 중심 문장 … 하나의 문단에서 나타내고자 하는 중심 내용이 담긴 문장

② 뒷받침 문장 … 중심 문장의 내용을 효과적으로 전달하기 위해 보조적으로 쓰인 문장

(3) 설명문과 논설문의 구조

① 설명문 … 처음 – 중간 – 끝

㉠ 처음 : 설명할 대상, 배경, 동기, 목적, 방법 등을 제시하는 단계로, 독자의 관심을 불러 일으키는 역할을 한다.

㉡ 중간 : 다양한 설명 방법을 활용하여 설명하고자 하는 지식과 정보를 이해하기 쉽게 풀이하는 단계이다.

㉢ 끝 : 중간 부분에서 설명한 내용을 요약 · 정리하고 마무리하는 단계이다.

② 논설문 … 서론 – 본론 – 결론

㉠ 서론 : 글을 쓰는 동기와 목적을 밝히고, 문제를 파악하는 단계이다.

㉡ 본론 : 여러 가지 근거를 들어 자신이 주장하려는 바를 증명하는 단계로, 제시하는 근거의 타당성에 대한 검증이 필요하다.

㉢ 결론 : 주장하는 내용을 요약하고 확인 · 강조하는 단계이다.

(4) 접속어

관계	내용	접속어의 예
순접	앞의 내용을 이어받아 연결시킴	그리고, 그리하여, 이리하여
역접	앞의 내용과 상반되는 내용을 연결시킴	그러나, 하지만, 그렇지만, 그래도
인과	앞뒤의 문장을 원인과 결과로 또는 결과와 원인으로 연결시킴	그래서, 따라서, 그러므로, 왜냐하면
전환	뒤의 내용이 앞의 내용과는 다른 새로운 생각이나 사실을 서술하여 화제를 바꾸며 이어줌	그런데, 그러면, 다음으로, 한편, 아무튼
예시	앞의 내용에 대해 구체적인 예를 들어 설명함	예컨대, 이를테면, 예를 들면
첨가 · 보충	앞의 내용에 새로운 내용을 덧붙이거나 보충함	그리고, 더구나, 게다가, 뿐만 아니라
대등 · 병렬	앞뒤의 내용을 같은 자격으로 나열하면서 이어줌	그리고, 또는, 및, 혹은, 이와 함께
확언 · 요약	앞의 내용을 바꾸어 말하거나 간추려 짧게 요약함	요컨대, 즉, 결국, 말하자면

출제예상문제

▌1 ~ 2▐ 다음 제시된 단어와 의미가 유사한 단어를 고르시오.

1

승인

① 수용
② 차별
③ 거부
④ 절교

✔해설 승인 … 어떤 사실을 마땅하다고 받아들임
① 수용 : 어떠한 것을 받아들임
② 차별 : 둘 이상의 대상을 각각 등급이나 수준 따위의 차이를 두어서 구별함
③ 거부 : 요구나 제의 따위를 받아들이지 않고 물리침
④ 절교 : 서로의 교제를 끊음

2

사상

① 순속
② 견해
③ 이설
④ 준수

✔해설 사상 … 어떤 사물에 대해 가지고 있는 구체적인 사고나 생각
① 그 시대의 풍속에 따름
③ 통용되는 것과는 다른 주장이나 의견
④ 전례나 규칙, 명령 따위를 그대로 좇아서 지킴

▌3 ~ 4▐ 다음 중 나머지 세 개의 단어의 의미로 사용될 수 있는 단어를 고르시오.

3 ① 적다
② 부리다
③ 쓰다
④ 사용하다

✔해설 ① 글을 적다(= 쓰다).
② 사람을 부리다(= 쓰다).
④ 물건을 사용하다(= 쓰다).

4 ① 바르다 ② 붙이다
③ 묻히다 ④ 정하다

해설 ② 종이나 헝겊 따위를 표면에 붙이다(= 바르다).
③ 물이나 화장품 따위를 문질러 묻히다(= 바르다).
④ 몸과 마음이 정하다(= 바르다).

▌5～6▌ 다음 제시된 단어와 의미가 상반된 단어를 고르시오.

5

왕왕

① 항용 ② 축전
③ 융통 ④ 이따금

해설 왕왕 … 간의 간격을 두고 이따금
① 흔히 늘
② 일정한 액수에서 모자라는 돈
③ 금전, 물품 따위를 돌려씀
④ 얼마쯤씩 있다가 가끔

6

후안무치

① 염치 ② 철면피
③ 백치미 ④ 버릇

해설 후안무치(厚顔無恥) … 뻔뻔스러워 부끄러움이 없음
① 체면을 차릴 줄 알며 부끄러움을 아는 마음
② 염치가 없고 뻔뻔스러운 사람을 낮잡아 이르는 말
③ 지능이 낮은 듯하고 단순한 표정을 지닌 사람이 풍기는 아름다움
④ 오랫동안 자꾸 반복하여 몸에 익어버린 행동

Answer 1.① 2.② 3.③ 4.① 5.① 6.①

❙7～8❙ 다음 중 빈칸에 공통으로 들어갈 말로 적절한 것을 고르시오.

7

• 바깥바람이 (　　).
• 공연장이 (　　).
• 마음에 (　　).
• 팔찌를 (　　).

① 차갑다
② 가득하다
③ 차다
④ 흡족하다

해설
• 바깥바람이 차다(=차갑다).
• 공연장이 차다(=가득하다).
• 마음에 차다(=들다).
• 팔찌를 차다(=지니다).

8

• 음식이 입맛에 (　　).
• 물기를 (　　).
• 털실로 스웨터를 (　　).
• 월급이 (　　).

① 짜다
② 만들다
③ 인색하다
④ 오르다

해설
• 음식이 입맛에 짜다.
• 물기를 짜다(=빼내다).
• 털실로 스웨터를 짜다(=만들다).
• 월급이 짜다(=인색하다).

❙9～10❙ 다음 제시된 단어의 의미로 옳은 것을 고르시오.

9

암팡지다

① 몸은 작아도 힘차고 다부지다.
② 엉뚱한 욕심을 품고 분수에 넘치는 짓을 하고자 하는 태도가 있다.
③ 겉으로는 부드러워 보이나 속으로는 흉악하다.
④ 아주 심하거나 지독한 데가 있다.

해설 ② 앙큼하다 ③ 음흉하다 ④ 옴팡지다

10

경장하다

① 그릇된 행동을 하지 않도록 타일러 깨우치다.
② 고쳐서 확장하다.
③ 헤어나지 못할 만큼 술에 빠지다.
④ 토지 따위를 경계 지어 가르다.

해설 ① 경성하다 ③ 황주하다 ④ 구획하다

▌11 ~ 12 ▌ 다음 제시된 어구 풀이의 의미와 가장 잘 부합하는 어휘를 고르시오.

11

불순물이 섞이지 아니하여 깨끗하고 순수하다

① 정수하다
② 징수하다
③ 진거하다
④ 진부하다

해설 ② 나라, 공공 단체, 지주 등이 돈, 곡식, 물품 따위를 거두어들이다.
③ 앞으로 나아가다.
④ 사상, 표현, 행동 따위가 낡아서 새롭지 못하다.

12

얼굴에 핏기가 없고 파리하다

① 핼쑥하다
② 수척하다
③ 스산하다
④ 완뢰하다

해설 ② 몸이 몹시 야위고 마른 듯하다.
③ 마음이 가라앉지 아니하고 뒤숭숭하다.
④ 굳세고 튼튼하다.

Answer 7.③ 8.① 9.① 10.② 11.① 12.①

▌13 ~ 14▐ 다음 중 제시된 문장의 밑줄 친 어휘와 같은 의미로 사용된 것을 고르시오.

13

나는 우리 회사의 장래를 너에게 걸었다.

① 이 작가는 이번 작품에 생애를 걸었다.

② 우리나라는 첨단 산업에 승부를 걸었다.

③ 마지막 전투에 주저 없이 목숨을 걸었다.

④ 그는 관객들에게 최면을 걸었다.

✔해설 주어진 문장과 보기②의 '걸었다'는 '앞으로의 일에 대한 희망 따위를 품거나 기대하다'라는 뜻으로 쓰였다. ①③의 '(생애를, 목숨을) 걸었다'에서는 '목숨, 명예 따위를 담보로 삼거나 희생할 각오를 하다'라는 뜻이다. ④의 '걸었다'는 '어떤 상태에 빠지도록 하다'의 뜻으로 쓰인 경우이다.

14

그렇게 강조해서 시험 문제를 짚어 주었는데도 성적이 그 모양이냐.

① 이마를 짚어 보니 열이 있었다.

② 목발을 짚는 것만으로도 그는 감사한 마음으로 쾌유를 기다려야한다.

③ 그거야말로 땅 짚고 헤엄치기 아닌가.

④ 손가락으로 글자를 짚어 가며 가르쳐주었다.

✔해설 ① 손으로 이마나 머리 따위를 가볍게 눌러 대다.
②③ 바닥이나 벽, 지팡이 따위에 몸을 의지하다.
④ 여럿 중 하나를 꼭 집어 가리키다

▌15 ~ 16 ▌ 다음 빈칸에 들어갈 어휘로 가장 적절한 것을 고르시오.

15

팀장님은 프로젝트가 끝나면 ______ 팀원들과 함께 술을 한잔 했다.

① 진즉
② 파투
③ 한갓
④ 으레

✔ 해설 ① 좀 더 일찍이
② 일이 잘못되어 흐지부지됨
③ 다른 것 없이 겨우
④ 두말할 것 없이 당연히, 틀림없이 언제나

16

다시 한 번 이 행사를 위해 힘써 주신 여러분께 감사드리며, 이것으로 인사말을 ______하겠습니다.

① 갈음
② 가름
③ 가늠
④ 갸름

✔ 해설 ① 본디 것을 대신에 다른 것으로 가는 일
② 따로따로 갈라놓는 일
③ 목표나 기준에 맞고 안 맞음을 헤아리는 일
④ 보기 좋을 정도로 조금 가늘고 긴 듯함

▌17 ~ 18 ▌ 다음 제시어 중 서로 관련 있는 세 개의 단어를 찾아 연상되는 것을 고르시오.

17

연극, 오페라의 유령, 브로드웨이, 충무로, 아리아, 놀이공원, 가면, 별, 심리학

① 할리우드
② 중세유럽
③ 발레
④ 뮤지컬

✔ 해설 제시된 단어 중 오페라의 유령, 브로드웨이, 아리아를 통해 '뮤지컬'을 유추해볼 수 있다.
- 4대 뮤지컬 … 캣츠, 레미제라블, 미스사이공, 오페라의 유령
- 아리아 … 작품의 주제 혹은 주인공의 환희나 비극을 담고 있는 뮤지컬의 클라이맥스

Answer 13.② 14.④ 15.④ 16.① 17.④

18

동화, 링컨, 셜록홈즈, 게임, 극장, 이순신, 거북선, 햄릿, 간디

① 한국사
② 업적
③ 위인
④ 관광지

해설 제시된 단어 중 링컨, 이순신, 간디를 통해 '위인'을 유추해볼 수 있다.

▌19 ~ 20 ▌ 단어의 상관관계를 파악하고 (   ) 안에 알맞은 단어를 넣으시오.

19

부족 : 결핍 = 불운 : (   )

① 행운
② 비운
③ 속박
④ 실종

해설 부족과 결핍은 모두 어떠한 것이 없거나 모자란 것을 이르는 말로 서로 유의어 관계에 있다. 따라서 괄호 안에 알맞은 단어는 불운과 유의어 관계에 있는 비운이다.

20

김밥 : 단무지 = 잡채 : (   )

① 명절
② 잔치
③ 당면
④ 한식

해설 단무지는 김밥에 들어가는 재료 중 하나이다. 따라서 비례식이 성립하기 위해서는 괄호 안에 잡채의 재료 중 하나인 당면이 들어가는 것이 맞다.

▌21 ~ 22 ▌ 다음 중 제시된 문장의 빈칸에 들어갈 단어로 알맞은 것을 고르시오.

21

- 정부는 저소득층을 위한 새로운 경제 정책을 (　　)했다.
- 불우이웃돕기를 통해 총 1억 원의 수익금이 (　　)되었다.
- 청소년기의 중요한 과업은 자아정체성을 (　　)하는 것이다.

① 수립(樹立) – 정립(正立) – 확립(確立)

② 수립(樹立) – 적립(積立) – 확립(確立)

③ 확립(確立) – 적립(積立) – 수립(樹立)

④ 기립(起立) – 적립(積立) – 수립(樹立)

해설 ※ 수립(樹立) : 국가나 정부, 제도, 계획 따위를 이룩하여 세움
※ 적립(積立) : 모아서 쌓아 둠
※ 확립(確立) : 체계나 견해, 조직 따위가 굳게 섬. 또는 그렇게 함

22

- 환전을 하기 위해 현금을 (　　)했다.
- 장기화 되던 법정 다툼에서 극적으로 합의가 (　　)되었다.
- 회사 내의 주요 정보를 빼돌리던 스파이를 (　　)했다.

① 입출(入出) – 도출(導出) – 검출(檢出)

② 입출(入出) – 검출(檢出) – 도출(導出)

③ 인출(引出) – 도출(導出) – 색출(索出)

④ 인출(引出) – 검출(檢出) – 색출(索出)

해설 ※ 인출(引出) : 예금 따위를 찾음
※ 도출(導出) : 판단이나 결론 따위를 이끌어 냄
※ 색출(索出) : 샅샅이 뒤져서 찾아냄

Answer 18.③ 19.② 20.③ 21.② 22.③

23 다음에 제시된 단어가 나타내는 뜻을 모두 포괄할 수 있는 단어를 고르면?

열다 떼다 서다 제하다

① 열다 ② 떼다
③ 사다 ④ 제하다

해설 ① 그는 좀처럼 입을 떼지(열지) 않았다.
③ 어떤 사람에게 물건을 떼느냐(사느냐)에 따라 가격 차이가 난다.
④ 월급에서 식대를 떼다.

24 다음 밑줄 친 부분의 띄어쓰기가 바른 문장은?

① 마을 사람들은 어느 말을 정말로 믿어야 옳은 지 몰라서 멀거니 두 사람의 입을 쳐다보고만 있었다.
② 강아지가 집을 나간 지 사흘만에 돌아왔다.
③ 그냥 모르는 척 살만도 한데 말이야.
④ 자네, 도대체 이게 얼마 만인가.

해설 ① 옳은 지→옳은지, 막연한 추측이나 짐작을 나타내는 어미이므로 붙여서 쓴다.
② 사흘만에→사흘 만에, '시간의 경과'를 의미하는 의존명사이므로 띄어서 사용한다.
③ 살만도→살 만도, 붙여 쓰는 것을 허용하기도 하나(살 만하다) 중간에 조사가 사용된 경우 반드시 띄어 써야 한다(살 만도 하다).

25 다음 중 표준어로만 묶인 것은?

① 사글세, 멋쟁이, 아지랭이, 윗니
② 웃어른, 으레, 상판때기, 고린내
③ 딴전, 어저께, 가엽다, 귀이개
④ 주근깨, 코빼기, 며칠, 가벼히

해설 ③'가엽다'는 '가엾다'와 함께 표준어로 쓰인다.
①아지랭이→아지랑이
②상판때기→상판대기
④가벼히→가벼이

26 밑줄 친 단어 중 우리말의 어문 규정에 따라 맞게 쓴 것은?

① 윗층에 가 보니 전망이 정말 좋다.
② 뒷편에 정말 오래된 감나무가 서 있다.
③ 그 일에 익숙지 못하면 그만 두자.
④ 생각컨대, 그 대답은 옳지 않을 듯하다.

해설 어간의 끝음절 '하'가 아주 줄 적에는 준 대로 적는다〈한글맞춤법 제40항 붙임2〉.
① 윗층→위층
② 뒷편→뒤편
④ 생각컨대→생각건대

27 외래어 표기가 바르지 않은 것은?

① 글라스에 물 대신 포도를 담았다.
② 이번 강의는 제출해야 할 레포트가 많다.
③ 내일 회사 워크숍이 있어서 일찍 자야한다.
④ 나는 쉬림프 파스타를 점심으로 먹었다.

해설 ② 레포트→리포트

28 다음 중 표준 발음으로 옳지 않은 것은?

① 대관령[대괄령]
② 무릎맞춤[무릅맏춤]
③ 압력[암녁]
④ 맡기다[맏기다]

해설 [맏끼다]가 표준 발음이다.

Answer 23.② 24.④ 25.③ 26.③ 27.② 28.④

29 다음을 나타내는 사자성어는?

> 소금장수는 상인에게서 저렴한 가격에 소금을 사들였다. 기쁜 마음으로 다리를 건너고 있던 장수는 그만 발을 헛디뎌 강에 빠졌다. 급하게 소금이 담긴 보따리를 건져 내려고 했지만 이미 소금은 다 녹아버린 후였다. 그는 실망을 감추지 못한 채 집으로 돌아갈 수밖에 없었다.

① 파죽지세(破竹之勢) ② 학수고대(鶴首苦待)
③ 새옹지마(塞翁之馬) ④ 호가호위(狐假虎威)

✔해설 ① 대를 쪼개는 기세라는 뜻으로, 적을 거침없이 물리치고 쳐들어가는 기세
② 학처럼 목을 길게 빼고 기다린다는 뜻으로, 몹시 기다림을 이르는 말
③ 인생의 길흉화복은 변화가 많아 예측하기 어려움
④ 남의 세력을 빌어 위세를 부림

30 문맥으로 보아 다음 글의 ( ) 안에 알맞은 사자성어는?

> 이순신 장군은 왜군을 ( )로 몰아붙였다.

① 파죽지세(破竹之勢) ② 위풍당당(威風堂堂)
③ 진퇴유곡(進退維谷) ④ 진퇴양란(進退兩難)

✔해설 ① 파죽지세(破竹之勢) : 대를 쪼개는 기세라는 뜻으로, 적을 거침없이 물리치고 쳐들어가는 기세를 이르는 말.
② 위풍당당(威風堂堂) : 풍채나 기세가 위엄 있고 떳떳함.
③ 진퇴유곡(進退維谷) : 이러지도 저러지도 못하고 꼼짝할 수 없는 궁지.
④ 진퇴양난(進退兩難) : 이러지도 저러지도 못하는 어려운 처지.

31 밑줄 친 부분의 한자표기가 다른 하나는?

① 오십보백보 ② 백락일고
③ 백년하청 ④ 백절불굴

✔해설 ① 오십보백보(五十步百步) : 조금 낫고 못한 차이는 있지만 본질적으로 차이가 없음
② 백락일고(伯樂一顧) : 남이 자기 재능을 알고 잘 대우함
③ 백년하청(百年河淸) : 아무리 세월이 가도 일을 해결할 희망이 없음
④ 백절불굴(百折不屈) : 아무리 꺾으려 해도 굽히지 않음

32 관용 표현의 의미가 잘못 풀이된 것은?

① 귀가 뚫리다. : 세상 물정을 알게 되다.
② 귀 기울이다. : 남의 의견이나 이야기에 관심을 가지고 주의를 모으다.
③ 귀가 따갑다. : 너무 여러 번 들어서 듣기가 싫다.
④ 귀에 딱지가 앉다. : 같은 말을 여러 번 듣다.

✔ 해설 ① '귀가 뚫리다'라는 관용 표현은 '말을 알아듣게 되다'라는 의미이다.

33 다음 속담의 쓰임이 어색한 것은?

① '바늘 가는 데 실 간다'더니 저 두 사람은 떨어질 수 없는 사이로구나.
② '못된 송아지 엉덩이에 뿔 난다'더니 성격이 좋지 않던 저 녀석은 커서도 여전히 말썽이구나.
③ '바늘허리에 실 매어 쓸까'라더니 좋은 것도 쓸모를 찾지 못하면 무용지물이구나.
④ '굽은 나무가 선산을 지킨다'더니 저 녀석도 나이를 먹으니 제 구실을 하는구나.

✔ 해설 ③ 아무리 급해도 밟아야 할 절차는 밟아야 한다는 뜻이다.

34 다음 글을 내용상 두 부분으로 나눌 때 어느 지점부터 나누는 것이 가장 적절한가?

> 우리나라는 전통적으로 농경 생활을 해 왔다. 이런 이유로 우리나라에서 소는 경작을 위한 주용한 필수품이지 식용 동물로 생각할 수가 없었으며, 단백질 섭취 수단으로 동네에 돌아다니는 개가 선택되었다. ㉠ 프랑스 등 유럽의 여러 나라에서도 우리처럼 농경 생활을 했음에 틀림없지만 그들은 오랜 기간 수렵을 했기 때문에 개가 우리의 소처럼 중요한 동물이 되었고 당연히 수렵한 결과인 소 등을 통해 단백질을 섭취했다. ㉡ 일반적으로 개고기를 먹는 데 혐오감을 나타내는 민족들은 서유럽의 나라이다. 그들은 쇠고기와 돼지고기를 즐겨먹는다. ㉢ 그러나 식생활 문화를 달리하는 힌두교도들은 쇠고기를 먹는 서유럽 사람들에게 혐오감을 느낄 것이다. ㉣ 또 이슬람교도나 유대교도들도 서유럽에서 돼지고기를 먹는 식생활에 대해 거부감을 느낄 것이다.

① ㉠
② ㉡
③ ㉢
④ ㉣

✔ 해설 이 글은 '문화의 다양성'을 말하고 있다. 따라서 개를 식용으로 하는 우리나라와 그렇지 않은 나라의 차이점을 언급하는 ㉡이 두 부분으로 나누는 지점이라고 볼 수 있다.

Answer 29.③ 30.① 31.② 32.① 33.③ 34.②

35 다음 글에 나타난 인간의 행동 양식과 가장 거리가 먼 것은?

> 우리는 무엇이 옳은가를 결정하기 위해 다른 사람들이 옳다고 생각하는 것이 무엇인지를 알아보기도 한다. 이것을 '사회적 증거의 법칙'이라고 한다. 이 법칙에 따르면 주어진 상황에서 어떤 행동이 옳고 그른가는 얼마나 많은 사람들이 같은 행동을 하느냐에 의해 결정된다고 한다.
>
> 다른 사람들이 하는 대로 행동하는 경향은 여러 모로 매우 유용하다. 일반적으로 다른 사람들이 하는 대로 행동하게 되면, 즉 사회적 증거에 따라 행동하면, 실수할 확률이 그만큼 줄어든다. 왜냐하면 다수의 행동이 올바르다고 인정되는 경우가 많기 때문이다. 그러나 이러한 사회적 증거의 특성은 장점인 동시에 약점이 될 수도 있다. 이런 태도는 우리가 주어진 상황에서 어떻게 행동해야 할 것인가를 결정하는 지름길로 사용될 수 있지만, 맹목적으로 이를 따르게 되면 그 지름길에 숨어서 기다리고 있는 불로소득자들에 의해 이용당할 수도 있기 때문이다.

① 영희는 고속도로에서 주변의 차들과 같은 속도로 달리다가 속도위반으로 범칙금을 냈다.
② 철수는 검색 우선순위에 따라 인터넷 뉴스를 본다.
③ 순이는 발품을 팔아 값이 가장 싼 곳에서 물건을 산다.
④ 명수는 여행을 가서 밥을 먹을 때 구석진 곳이라도 주차장에 차가 가장 많은 식당에서 밥을 먹는다.

✔ 해설 지문은 무엇인가를 판단할 때 다른 사람의 판단을 일차적으로 고려하는 것에 대한 내용이다.
③ 순이 자신이 발품을 팔아 얻은 정보를 이용하여 값이 싼 곳에서 물건을 사는 것은 자신의 판단을 기준으로 하는 것이다.

36 다음 제시된 글의 다음에 올 문장의 배열이 차례로 나열된 것은?

조사, 문서 작성이야말로 교양교육에서 가장 중요한 포인트라고 생각했고 지금도 그렇게 생각한다. 이 '다치바나 세미나'의 과정에서 완성된 것이 '20세 무렵'의 머리말에서 왜 '조사. 문서 작성'을 선택했는지, 그 이유에 대해 다음과 같이 설명했다.

㉠ 조사하고 글을 쓴다는 것은 그렇게 중요한 기술이지만, 그것을 대학교육 안에서 조직적으로 가르치는 장면은 보기 힘들다. 이것은 대학교육의 거대한 결함이라고 말하지 않을 수 없다. 단 조사하고 글을 쓴다는 것은 그렇게 쉽게 다른 사람에게 가르칠 수 있는 부분이 아니다. 추상적으로 강의하는 것만으로는 가르칠 수 없으며 OJT(현장교육)가 필요하다.

㉡ '조사, 문서 작성'을 타이틀로 삼은 이유는 대부분의 학생에게 조사하는 것과 글을 쓰는 것이 앞으로의 생활에서 가장 중요하다고 여겨질 지적 능력이기 때문이다. 조사하고 글을 쓰는 것은 이제 나 같은 저널리스트에게만 필요한 능력이 아니다. 현대 사회의 거의 모든 지적 직업에서 일생 동안 필요한 능력이다. 저널리스트든 관료든 비즈니스맨이든 연구직, 법률직, 교육직 등의 지적 노동자든, 대학을 나온 이후에 활동하게 되는 대부분의 직업 생활에서 상당한 부분이 조사하는 것과 글을 쓰는 데 할애될 것이다. 근대 사회는 모든 측면에서 기본적으로 문서화시키는 것으로 조직되어 있기 때문이다.

㉢ 무엇인가를 전달하는 문장은 우선 이론적이어야 한다. 그러나 이론에는 내용(콘텐츠)이 수반되어야 한다. 이론보다 증거가 더 중요한 것이다. 이론을 세우는 쪽은 머리 속의 작업으로 끝낼 수 있지만, 콘텐츠 쪽은 어디에선가 자료를 조사하여 가져와야 한다. 좋은 콘텐츠에 필요한 것은 자료가 되는 정보이다. 따라서 조사를 하는 작업이 반드시 필요하다.

㉣ 인재를 동원하고 조직을 활용하고 사회를 움직일 생각이라면 좋은 문장을 쓸 줄 알아야 한다. 좋은 문장이란 명문만을 가리키는 것이 아니다. 멋진 글이 아니라도 상관없지만, 전달하는 사람의 뜻을 분명하게 이해시킬 수 있는 문장이어야 한다. 문장을 쓴다는 것은 무엇인가를 전달한다는 것이다. 따라서 자신이 전달하려는 내용이 그 문장을 읽는 사람에게 분명하게 전달되어야 한다.

① ㉠㉡㉢㉣
② ㉡㉣㉢㉠
③ ㉢㉡㉠㉣
④ ㉢㉠㉡㉣

해설 ㉡ '조사, 문서 작성'을 선택한 이유에 대한 설명
㉣ 모든 것을 문서화하고 있음에 주목
㉢ 분명하게 전달되기 위한 정보의 필요성
㉠ 조사하고 글을 쓰기 위한 현장교육의 필요성

Answer 35.③ 36.②

37 다음 글의 전개 순서로 가장 자연스러운 것은?

> ㉠ 이 세상에서 가장 결백하게 보이는 사람일망정 스스로나 남이 알아차리지 못하는 결함이 있을 수 있고, 이 세상에서 가장 못된 사람으로 낙인이 찍힌 사람일망정, 결백한 사람에서마저 찾지 못할 아름다운 인간성이 있을지도 모른다.
>
> ㉡ 소설만 그런 것이 아니다. 우리의 의식 속에는 은연중 이처럼 모든 사람을 좋은 사람과 나쁜 사람 두 갈래로 나누는 버릇이 도사리고 있다. 그래서인지 흔히 사건을 다루는 신문 보도에는 모든 사람이 '경찰' 아니면 도둑놈인 것으로 단정한다. 죄를 저지른 사람에 관한 보도를 보면 마치 그 사람이 죄의 화신이고, 그 사람의 이력이 죄만으로 점철되었고, 그 사람의 인결에 바른 사람으로서의 흔적이 하나도 없는 것으로 착각하게 된다.
>
> ㉢ 이처럼 우리는 부분만을 보고, 또 그것도 흔히 잘못 보고 전체를 판단한다. 부분만을 제시하면서도 보는 이가 그것이 전체하고 잘못 믿게 만들 뿐만이 아니라, '말했다'를 '으스댔다', '우겼다', '푸념했다', '넋두리했다', '뇌까렸다', '잡아뗐다', '말해서 빈축을 사고 있다' 같은 주관적 서술로 감정을 부추겨서, 상대방으로 하여금 이성적인 사실 판단이 아닌 감정적인 심리 반응으로 얘기를 들을 수밖에 없도록 만든다.
>
> ㉣ '춘향전'에서 이도령과 변학도는 아주 대조적인 사람들이었다. 흥부와 놀부가 대조적인 것도 물론이다. 한 사람은 하나부터 열까지가 다 좋고, 다른 사람은 모든 면에서 나쁘다. 적어도 이 이야기에 담긴 '권선징악'이라는 의도가 사람들을 그렇게 믿게 만든다.

① ㉠㉡㉢㉣
② ㉣㉡㉢㉠
③ ㉠㉢㉣㉡
④ ㉣㉢㉡㉠

해설 ㉡의 '소설만 그런 것이 아니다'라는 문장을 통해 앞 문장에 소설에 대한 내용이 와야 함을 유추할 수 있으므로 ㉣이 ㉡ 앞에 와야 한다. 또한 '이처럼'이라는 지시어를 통해 ㉣㉡의 부연으로 ㉢이 와야 함을 유추할 수 있으므로 제시된 글의 순서는 ㉣㉡㉢㉠가 적절하다.

38 다음 중 (A)가 들어갈 위치로 가장 적절한 것은?

(A) 일어난 일에 대한 묘사는 본 사람이 무엇을 중요하게 판단하고, 무엇에 흥미를 가졌느냐에 따라 크게 다르다.

기억이 착오를 일으키는 프로세스는 인상적인 사물을 받아들이는 단계부터 이미 시작된다. ㈎ 감각적인 지각의 대부분은 무의식중에 기록되고 오래 유지되지 않는다. ㈏ 대개는 수 시간 안에 사라져 버리며, 약간의 본질만이 남아 장기 기억이 된다. 무엇이 남을지는 선택에 의해서이기도 하고, 그 사람의 경해에 따라서도 달라진다. ㈐ 분주하고 정신이 없는 장면을 보여 주고, 나중에 그 모습에 대해서 이야기하게 해 보자. ㈑ 어느 부분에 주목하고, 또 어떻게 그것을 해석했는지에 따라 즐겁기도 하고 무섭기도 하다. 단순히 정신 사나운 장면으로만 보이는 경우도 있다. 기억이란 원래 일어난 일을 단순하게 기록하는 것이 아니다.

① ㈎
② ㈏
③ ㈐
④ ㈑

해설 ㈐ 뒤에 '분주하고 정신이 없는 장면을 보여 주고, 나중에 그 모습에 대해서 이야기하게 해 보자.'라는 문장이 언급되고 바로 ㈑ 뒤에서 '어느 부분에 주목하고, 또 어떻게 그것을 해석했는지에 따라 즐겁기도 하고 무섭기도 하다.'라는 내용이 나온다. 따라서 이 두 문장을 논리적 흐름에 맞게 연결하면서 뒤의 내용을 전체적으로 포괄하기 위해 두 문장 사이에 (A)가 들어가는 것이 적절하다.

Answer 37.② 38.④

39 다음 글의 연결 순서로 가장 적절한 것은?

> ㉠ 과학은 현재 있는 그대로의 실재에만 관심을 두고 그 실재가 앞으로 어떠해야 한다는 당위에는 관심을 가지지 않는다.
> ㉡ 그러나 각자 관심을 두지 않는 부분에 대해 상대방으로부터 도움을 받을 수 있기 때문에 상호 보완적이라고 보는 것이 더 합당하다.
> ㉢ 과학과 종교는 상호 배타적인 것이 아니며 상호 보완적이다.
> ㉣ 반면 종교는 현재 있는 그대로의 실재보다는 당위에 관심을 가진다.
> ㉤ 이처럼 과학과 종교는 서로 관심의 영역이 다르기 때문에 배타적이라고 볼 수 있다.

① ㉠ - ㉣ - ㉡ - ㉢ - ㉤
② ㉠ - ㉣ - ㉤ - ㉢ - ㉡
③ ㉢ - ㉠ - ㉣ - ㉤ - ㉡
④ ㉢ - ㉡ - ㉠ - ㉣ - ㉤

✔ 해설 ㉢은 위 글의 중심문장으로 맨 앞에 와야 하고 ㉢의 뒤를 이어 과학과 종교에 대해 이야기 하고 있는 ㉠과 ㉣이 와야 한다. 하지만 ㉣이 '반면 ~'으로 시작함으로 ㉣ 앞에 ㉠이 옴을 알 수 있다. 그리고 ㉤은 앞에 나온 과학과 종교에 대한 내용을 한 문장으로 요약하였기 때문에 ㉣ 뒤에 와야 한다. 끝으로 ㉡은 다시 앞에 나온 ㉤의 내용의 반론이자 저자의 중심 생각을 강조한 내용이므로 마지막 부분에 온다. 따라서 ③이 옳은 정답이다.

40 다음 글의 전개 순서로 가장 자연스러운 것은?

> (가) 상품 생산자, 즉 판매자는 화폐를 얻기 위해 자신의 상품을 시장에 내놓는다. 하지만 생산자가 만들어 낸 상품이 시장에 들어서서 다른 상품이나 화폐와 관계를 맺게 되면, 이제 그 상품은 주인에게 복종하기를 멈추고 자립적인 삶을 살아가게 된다.
>
> (나) 이처럼 상품이나 시장 법칙은 인간에 의해 산출된 것이지만, 이제 거꾸로 상품이나 시장 법칙이 인간을 지배하게 된다. 이때 인간 및 인간들 간의 관계가 소외되는 현상이 나타난다.
>
> (다) 상품은 그것을 만들어 낸 생산자의 분신이지만, 시장 안에서는 상품이 곧 독자적인 인격체가 된다. 사람이 주체가 아니라 상품이 주체가 된다.
>
> (라) 또한 사람들이 상품들을 생산하여 교환하는 과정에서 시장의 경제 법칙을 만들어 냈지만, 이제 거꾸로 상품들은 인간의 손을 떠나 시장 법칙에 따라 교환된다. 이런 시장 법칙의 지배 아래에서는 사람과 사람 간의 관계가 상품과 상품, 상품과 화폐 등 사물과 사물 간의 관계에 가려 보이지 않게 된다.

① (가) – (다) – (나) – (라)
② (가) – (다) – (라) – (나)
③ (다) – (라) – (가) – (나)
④ (다) – (라) – (나) – (가)

해설 (가) 시장에 나온 상품의 자립성→(다) 주체가 된 상품→(라) 시장 법칙에 지배를 받는 상품→(나) 인간을 지배하게 된 상품

Answer 39.③ 40.②

41 다음 글의 논증 구조를 옳게 파악한 것은?

㉠ 동물들의 행동을 잘 살펴보면 동물들도 우리가 사용하는 말 못지않은 의사소통 수단을 가지고 있는 듯이 보인다. ㉡ 즉, 동물들도 여러 가지 소리를 내거나 몸짓을 함으로써 자신들의 감정과 기분을 나타낼 뿐 아니라 경우에 따라서는 인간과 다를 바 없이 의사를 교환하고 있는 듯하다. ㉢ 그러나 그것은 단지 겉모습의 유사성에 지나지 않을 뿐이고 사람의 말과 동물의 소리에는 아주 근본적인 차이가 존재한다는 점을 잊어서는 안 된다. ㉣ 동물들이 사용하는 소리는 단지 배고픔이나 고통 같은 생물학적인 조건에 대한 반응이거나, 두려움이나 분노 같은 본능적인 감정들을 표현하기 위한 것에 지나지 않는다. ㉤ 따라서, 동물들이 내는 소리가 때때로 의사소통의 수단으로 이용된다고 해서 그것을 대화나 토론이나 회의와 같은 언어활동이라고 할 수는 없다.

① ㉠은 논증의 결론으로 주제문이다.
② ㉡은 ㉠의 논리적 결함을 지적한 것이다.
③ ㉢은 ㉠, ㉡을 부정하고 새로운 논점을 제시한 것이다.
④ ㉤은 ㉢, ㉣에 대한 근거이다.

✔ 해설 ㉢의 '그러나' 앞뒤로 내용을 나눠서 볼 수 있다. ㉠과 ㉡은 글쓴이가 말하고자 하는 바와 반대되는 내용으로, ㉠, ㉡을 먼저 제시하고 ㉢, ㉣로 이를 반박한 후 결론인 ㉤을 이끌어 내고 있다.

42 다음 글에서 〈보기〉가 들어가기에 가장 적절한 곳은?

〈보기〉

아침기도는 간략한 아침 뉴스로, 저녁기도는 저녁 종합 뉴스로 바뀌었다.

철학자 헤겔이 주장했듯이, 삶을 인도하는 원천이자 권위의 시금석으로서의 종교를 뉴스가 대체할 때 사회는 근대화된다. 선진 경제에서 뉴스는 이제 최소한 예전에 신앙이 누리던 것과 동등한 권력의 지위를 차지한다. 뉴스 타전은 소름이 돋을 정도로 정확하게 교회의 시간 규범을 따른다. (㉠) 뉴스는 우리가 한때 신앙심을 품었을 때와 똑같은 공손한 마음을 간직하고 접근하기를 요구하기도 한다. (㉡) 우리 역시 뉴스에서 계시를 얻기 바란다. (㉢) 누가 착하고 누가 악한지 알기를 바라고, 고통을 헤아려 볼 수 있기를 바라며, 존재의 이치가 펼쳐지는 광경을 이해하길 희망한다. (㉣) 그리고 이 의식에 참여하길 거부하는 경우 이단이라는 비난을 받기도 한다.

① ㉠
② ㉡
③ ㉢
④ ㉣

✔ 해설 문단의 구성 원리를 보면 중심 문장과 뒷받침 문장 간의 관계를 통해 중심 문장의 중심내용을 잘 이해하도록 하거나 설득할 수 있도록 글을 쓰게 되어 있다. 〈보기〉는 비유적인 내용으로, 복잡하거나 어려운 내용을 비유를 통해 이해를 도우려는 것으로 볼 수 있다. 즉, 뉴스 타전이 교회의 시간 규범을 따른다는 내용을 이해하기 쉽게 설명하기 위해 아침기도는 아침 뉴스로, 저녁기도는 저녁 종합 뉴스로 바뀌었다고 비유하는 것이다.

Answer 41.③ 42.①

43 다음 글의 중심 내용은?

> 헤르만 헤세는 어느 책이 유명하다거나 그것을 모르면 수치스럽다는 이유만으로 그 책을 무리하게 읽으려는 것은 참으로 그릇된 일이라 했다. 그는 이어서, "그렇게 하기보다는 모든 사람은 자기에게 자연스러운 면에서 읽고, 알고, 사랑해야 할 것이다. 어느 사람은 학생 시절의 초기에 벌써 아름다운 시구의 사랑을 자기 안에서 발견할 수 있으며, 혹은 어느 사람은 역사나 자기 고향의 전설에 마음이 끌리게 되고 또는 민요에 대한 기쁨이나 우리의 감정이 정밀하게 연구되고 뛰어난 지성으로써 해석된 것에 독서의 매력 있는 행복감을 가질 수 있을 것이다."라고 말한 바 있다.

① 문학 작품을 많이 읽으면 정서 함양에 도움이 된다.
② 학생 시절에 고전과 명작을 많이 읽어 교양을 쌓아야 한다.
③ 남들이 읽어야 한다고 말하는 책보다 자신이 읽고 싶은 책을 읽는 것이 좋다.
④ 자신이 속한 사회의 역사나 전설에 관한 책을 읽으면 애향심을 기를 수 있다.

✔ 해설 제시된 글은 헤르만 헤세의 말을 인용하여 유명하다거나 그것을 모르면 수치스럽다는 이유로 무리하게 독서를 하는 것은 그릇된 일이며, 자기에게 자연스러운 면에 따라 행동하라고 언급하고 있다. 이는 남들의 기준이 아닌 자신의 기준에 따라 하는 독서가 좋은 독서라고 주장하는 것이라고 볼 수 있다.

44 다음 글의 주된 논지는?

> 당신이 미국 중앙정보국의 직원인데, 어느 날 테러 용의자를 체포했다고 가정하자. 이 사람은 뉴욕 맨해튼 중심가에 대규모 시한폭탄을 설치한 혐의를 받고 있다. 시한폭탄이 터질 시각은 다가오는데 용의자는 입을 열지 않고 있다. 당신을 고문을 해서라도 폭탄이 설치된 곳을 알아내겠는다, 아니면 고문은 원칙적으로 옳지 않으므로 고문을 하지 않겠는가? 공리주의자들은 고문을 해서라도 폭탄이 설치된 곳을 알아내어, 무고한 다수 시민의 생명을 구해야 한다고 주장할 것이다. 공리주의는 최대 다수의 최대 행복을 추구하기 때문이다. 이 경우에는 이 주장이 일리가 있을 수 있다. 그러나 공리주의가 모든 경우에 항상 올바른 해갑을 줄 수 있는 것은 아니다. 구명보트를 타고 바다를 표류하던 4명의 선원이 그들 중 한 사람을 죽여서 그 사람의 고기를 먹으면 나머지 세 사람이 살 수 있다. 실제로 이런 일이 일어났고, 살아남은 세 사람은 재판을 받았다. 당신은 이 경우에도 다수의 생명을 구하기 위해 한 사람의 목숨을 희생한 행위가 정당했다고 주장하겠는가? 뉴욕의 시한폭탄 문제도 그리 간단치만은 않다. 폭탄이 설치된 곳이 한적한 곳이라 희생자가 몇 명 안 될 것으로 예상되는 경우에도 당신은 고문을 찬성하겠는가? 체포된 사람이 테러리스트 자신이 아니라 그의 어린 딸이라도, 그 딸이 폭탄의 위치를 알고 있다면 당신은 고문에 찬성하겠는가?

① 다수의 행복을 위해서 소수의 희생이 필요할 때가 있다.

② 인간의 생명은 어떤 경우에도 존중되어야 한다.

③ 고문이 정당화되는 경우도 있을 수 있다.

④ 공리주의가 절대선일 수 없는 것은 소수의 이익이라 하더라도 무시할 수 없는 것도 있기 때문이다.

✔ 해설 ④ 제시된 글 중후반부의 “그러나 공리주의가 모든 경우에 항상 올바른 대답을 줄 수 있는 것은 아니다.”, “다수의 생명을 구하기 위해 한 사람의 목숨을 희생한 행위가 정당했다고 주장하겠는가?”의 내용으로 미루어보아 알 수 있다.

Answer 43.③ 44.④

45 다음 글이 주장하고 있는 것은?

제아무리 대원군이 살아 돌아온다 하더라도 더 이상 타 문명의 유입을 막을 길은 없다. 어떤 문명들은 서로 만났을 때 충돌을 면치 못할 것이고, 어떤 것들은 비교적 평화롭게 공존하게 될 것이다. 결코 일반화할 수 있는 문제는 아니겠지만 스스로 아끼지 못한 문명은 외래 문명에 텃밭을 빼앗기고 말 것이라는 예측을 해도 큰 무리는 없을 듯싶다. 내가 당당해야 남을 수용할 수 있다.

영어만 잘하면 성공한다는 믿음에 온 나라가 야단법석이다. 배워서 나쁠 것 없고, 영어는 국제 경쟁력을 키우는 차원에서 반드시 배워야 한다. 하지만 영어보다 더 중요한 것은 우리의 말과 글이다. 한술 더 떠 영어를 공용어로 하자는 주장이 심심찮게 들리고 있다. 그러나 우리의 말과 글을 제대로 세우지 않고 영어를 들여오는 일은 우리 개구리들을 돌보지 않은 채 황소개구리를 들여온 우를 범하는 것과 같다.

영어를 자유롭게 구사하는 일은 새 시대를 살아가는 중요한 조건이다. 하지만 우리의 말과 글을 바로 세우는 일에도 소홀해서는 절대 안 된다. 황소개구리의 황소울음 같은 소리에 익숙해져 청개구리의 소리를 잊어서는 안 되는 것처럼.

① 세계화를 위해서는 세계 여러 나라의 언어를 골고루 받아들여 균형 있게 발전시켜야 한다.

② 우리가 설령 언어를 잃게 되더라도 우리 고유의 문화는 잃지 않도록 최선을 다하는 것이 필요하다.

③ 우리 문화에 대한 자신감이 부족할 경우에는 타문명의 유입을 최대한 막을 수 있도록 노력해야 한다.

④ 국제 경쟁력 강화를 위하여 영어 구사 능력도 필요하지만, 우리의 말과 글을 바로 세우는 일이 더 중요하다.

✔ 해설 윗글의 두 번째 문단에서 '영어는 국제 경쟁력을 키우는 차원에서 반드시 배워야 한다. 하지만 영어보다 더 중요한 것은 우리의 말과 글이다.'라는 부분과 세 번째 문단에 있는 '하지만 우리의 말과 글을 바로 세우는 일에도 소홀해서는 절대 안 된다.'라고 한 부분을 통해서 ④의 내용이 필자의 주장임을 알 수 있다.

▌46 ~ 47 ▌ 다음 중 주어진 글의 빈칸에 들어갈 문장으로 가장 적절한 것을 고르시오.

46

> 문화 상품의 저작권 보호를 위해 기본적으로 필요한 요소는 ______________. 하지만 우리 소비자들은 수년간의 면역 효과로 인해 공짜 문화 상품의 맛에서 헤어 나오지 못하고 있다. 저작권에 대한 소비자의 의식에 획기적인 변화가 없는 한 문화 상품에 대한 가치는 어디서고 인정받지 못하게 될 것이고 문화 산업계가 꿈꾸고 있는 장밋빛 미래도 없을 것이라고 단언한다.

① 제작자의 관대한 태도이다
② 제작자와 소비자의 대화와 화해이다
③ 저작권 가치에 대한 소비자의 인식이다
④ 수출업자의 적극적인 홍보이다

✔ 해설 빈칸 이후의 문장에서 소비자 의식의 문제점에 대해 이야기하고 있으므로 빈칸에 가장 적절한 문장은 ③이다.

47

> 세균과 바이러스는 질병을 일으키는 대표적인 병원체이다. 그런데 이 둘은 병을 유발한다는 공통점을 제외하고 너무나도 많은 차이점을 가지고 있다. 바이러스와 세균은 크기도 다르고 증식 방법도 다르다. 세균은 공기 중이나 사람의 몸 속 등 먹이가 있는 곳에서 증식할 수 있지만, 바이러스는 반드시 살아있는 생물의 세포를 숙주로 삼아야만 번식이 가능하다. 이런 병원체에 감염되었을 때의 대처법도 다르다. 바이러스는 백신(바이러스를 약하게 만들어 몸속에 주입하는 방법)을 통해 우리의 몸이 바이러스 정보를 기억하도록 하여 병원체에 대항할 수 있도록 한다. 이와 반대로 세균은 항생제를 통해 ______________.

① 감염된 세포를 약하게 만들어 죽인다.
② 몸에 침입한 세균에 대항 수 있도록 한다.
③ 우리 몸에서 증식할 수 있도록 한다.
④ 몸에 세균정보를 저장시켜 감염되면 기억을 통해 방어한다.

✔ 해설 지문은 세균과 바이러스의 차이점을 설명하고 있다. 세균의 대처법을 설명하기 전 바이러스의 대처법에서 '백신을 통해, 몸이 바이러스 정보를 기억하고 대항하는 힘을 만든다'라고 설명하고 있으므로 이와 동일한 ②, ④를 제외한 ①이 들어가는 것이 가장 적절하다.

Answer 45.④ 46.③ 47.①

▌48 ~ 50 ▌ 다음 글을 읽고 물음에 답하시오.

생활 속으로 사라지고, 보이지 않고, 조용한 컴퓨터가 바로 유비쿼터스라는 것이다. 이는 사람들이 공기를 마시면서 그 행위를 의식하지 않듯이 생활 속에서 언제, 어디서나 컴퓨터를 사용하지만 컴퓨터를 의식하지 않아야 한다. 컴퓨터가 생활과 아주 자연스럽게 연결되고 그 일부가 되어야 한다.

일반적으로 컴퓨터라고 하면 집에서 사용하는 PC를 떠올리게 되지만, 신호 처리 능력을 가진 디지털 기기 전부를 컴퓨터 부류로 포함시킬 수 있다. 휴대 전화, 디지털 카메라, MP3 플레이어, 세탁기, 에어컨도 모두 컴퓨터가 ㉠ 내장되어 있는 것이다. 이런 기기들은 생활 속에서 아주 쉽고 편리한 수단으로 사용되고 있다. 하지만 오히려 기능이 많아지면서 사용하기에 부담스러운 상황도 발생하고 있다. 이런 것을 보면 기술과 인간의 가치 추구가 똑같이 일치하지는 않는 것 같다. 기술적으로는 의미가 있으나 인간 관점으로는 별로 의미가 없을 수도 있고, 기술적으로 아주 간단한 것이나 생활에서는 너무나 필요하고 중요한 것일 수도 있다.

㉡ 그렇다면 어떻게 해야 컴퓨터가 사람들의 생활과 자연스럽게 어울릴 수 있을까. 가장 먼저 생각해 볼 수 있는 것은 디지털 기기들이 일상생활의 책상, 의자, 거울, 액자, 가방, 옷 등과 같은 사물의 형태를 띠는 수준으로 발전하는 것이다. 그리고 사용 방법도 기존의 사물을 사용하는 것과 그리 다를 바가 없어야 한다. 그렇게 된다면 사람들은 일상생활 환경의 큰 변화 없이 컴퓨터와 비교적 쉽게 가까워 질 수 있다. 좀더 나아가 사람들의 평소 생활 모습을 살펴보고 분석함으로써 컴퓨터가 어떤 형태와 역할로써 생활 속에 들어 와야 하는지 예측해 볼 수 있을 것이다. 사람들의 생활 패턴을 변화시키지 않거나, 새로운 변화에 적응이 가능한 수준의 연장선상에 컴퓨터가 존재한다면 훨씬 자연스럽고 빠른 시일 내에 컴퓨터가 인간의 삶 속에 스며들 수 있을 것이다. 또한, 디자인이나 인터페이스 부분도 사람들의 생활과 잘 어울릴 수 있도록 고려된다면 지금껏 알아 왔던 컴퓨터 모습과는 다른 컴퓨터가 그 자리를 대체하게 될지도 모른다.

사람들이 살아가는 행태, 즉 라이프스타일은 가정 및 사회에서 공통적인 모습이 있으며, 개인의 취향이나 성향에 따라 다른 형태를 나타내기도 한다. 경제적 여유에 따라서도 다양한 라이프스타일이 형성된다. 예를 들어 각종 제품들을 구매할 수 있는 구매력 있는 사람들과 그렇지 못한 사람들은 분명 그 차이가 있을 것이다. 또한 연령층이나 직업에 따라서도 다양한 특성을 보이기도 한다. X세대, Y세대, P세대, 보보스족, 코쿤족 등 다양한 라이프스타일을 분류해 놓은 용어들이 있다. 각각의 라이프스타일에 따라서 어떤 형태의 유비쿼터스 환경을 선호하고, 활용을 하게 될지 살펴볼 필요가 있을 것이며, 가정, 사무실, 거리, 공공 장소 등 장소에 따라 어떤 유비쿼터스 환경이 적합한지 고민해 볼 필요가 있을 것이다.

유비쿼터스 개념이 제안된 최초의 의도는 인간 중심적인 접근이다. 최근에는 유비쿼터스가 기술적인 측면에서 다루어지는 경향이 많이 있다. 유비쿼터스 네트워크라 하여 언제 어디서나 접속이 가능한 IT환경이라는 개념으로 해석되어 연구가 되고 있기도 하다. 다양한 분야와 새로운 개념의 확대로 많은 연구가 진행이 되는 것은 환영할 만한 것이나, 가장 기본적인 요소인 인간과 컴퓨터 관계에 대한 연구도 게을리 해서는 안 될 것이다.

48 이 글의 내용과 일치하지 않는 것은?

① 우리나라는 이미 본격적인 유비쿼터스 환경에 놓여 있다.
② 유비쿼터스는 원래 인간과 기술의 조화를 강조한 개념이다.
③ 고도의 기술 발전은 인간과 기술의 괴리를 불러올 수 있다.
④ 연령, 직업, 취향 등에 따라 사람들의 라이프스타일이 달라진다.

✔ 해설 이 글은 유비쿼터스의 본래 개념에는 컴퓨터와 인간의 자연스러운 조화가 강조되어 있다는 점을 지적하면서, 유비쿼터스의 개념이 언제 어디서나 접속 가능하다는 기술적인 측면으로 확대하고 있지만 여전히 인간적 요소는 중시되어야 한다고 주장하고 있다.
①에 대해서는 언급하지 않았다. 오히려 유비쿼터스는 현재의 환경이나 삶의 모습이 아니라 앞으로 다가올 환경이나 삶의 모습임을 추리할 수 있다.

49 다음 밑줄 친 단어 중에서 ㉠과 그 의미가 같은 것은?

① 생선 내장을 꺼내고 소금을 쳐서 냉동실에 넣었다.
② 자동 기어 변속 장치를 내장한 자동차가 더 비싸다.
③ 재개발 지역에 새로 솟은 빌딩들은 내장 공사가 한창이다.
④ 불교에서는 참선을 통해 내장을 줄이거나 없앨 수 있다고 보고 있다.

✔ 해설 ㉠의 '내장(內藏)'은 '밖으로 드러나지 않게 안에 간직함'을 뜻하며 ②의 '내장'도 같은 뜻으로 쓰였다.
① 내장(內臟) : 척추동물의 가슴 안이나 배 안 속에 있는 여러 가지 기관을 통틀어 이르는 말
③ 내장(內粧) : 건물의 내부를 꾸미는 일
④ 내장(內障) : 불교에서, 마음속에 일어나는 번뇌의 장애를 이르는 말

50 ㉡의 예로 알맞지 않은 것은?

① 음성 명령을 인식하고 음성으로 작동하는 세탁기를 만든다.
② 청소용 로봇의 외형을 친절한 이미지의 사람 모양으로 디자인한다.
③ 인터넷을 이용한 원격 진찰의 절차를 오프라인상의 절차와 유사하게 한다.
④ 컴퓨터의 업그레이드된 기능을 환기할 수 있게 외형을 첨단 이미지로 디자인한다.

✔ 해설 ④는 세 번째 문단에서 언급하고 있는 컴퓨터와 사람들의 생활이 자연스럽게 어울리는 여러 가지 예와 거리가 멀다. 또한 첨단 제품의 첨단 디자인이라고 해서 사람들의 생활과 잘 어울린다고 말할 수 없다.

Answer 48.① 49.② 50.④

CHAPTER

02 수리력

대표유형 1 단위변환 

길이, 넓이, 부피, 무게, 시간, 속도 등에 따른 단위를 이해하고, 단위가 달라짐에 따라 해당 값이 어떻게 변하는지 환산할 수 있는 능력을 평가한다. 소수점 계산 및 자릿수를 읽고 구분하는 능력을 요하기도 한다. 기본적인 단위환산을 기억해 두는 것이 좋다.

구분	단위환산
길이	1cm = 10mm, 1m = 100cm, 1km = 1,000m
넓이	$1cm^2$ = $100mm^2$, $1m^2$ = $10,000cm^2$, $1km^2$ = $1,000,000m^2$, $1m^2$ = 0.01a = 0.0001ha
부피	$1cm^3$ = $1,000mm^3$, $1m^3$ = $1,000,000cm^3$, $1km^3$ = $1,000,000,000m^3$
들이	1mℓ = $1cm^3$, 1dℓ = $100cm^3$, 1L = $1,000cm^3$ = 10dℓ
무게	1kg = 1,000g, 1t = 1,000kg = 1,000,000g
시간	1분 = 60초, 1시간 = 60분 = 3,600초
할푼리	1푼 = 0.1할, 1리 = 0.01할, 1모 = 0.001할

예제풀이

한 변의 길이가 4m인 정사각형 모양의 공원이 있다. 이 공원의 넓이를 잘못 표현한 것을 고르시오.

① $16m^2$
② $16,000cm^2$
③ $0.000016km^2$
④ 0.16a

[해설]
한 변이 길이가 4m인 정사각형 모양 공원의 넓이는 4m × 4m = $16m^2$이다.
② 1m는 100cm이므로 400cm × 400cm = $160,000cm^2$이다.
③ 1m는 0.001km이므로 0.004km × 0.004km = $0.000016km^2$이다.
④ $1m^2$는 0.01a이므로 $16m^2$ = 0.16a이다.

답 ②

대표유형 2 기초연산 및 대소비교

(1) 기초연산

덧셈, 뺄셈, 곱셈, 나눗셈의 사칙연산을 활용한 기본적인 계산 문제이다.

(2) 대소비교

① **분수와 소수** … 분수를 소수로, 또는 소수를 분수로 변환하여 둘을 같은 형태로 일치시킨 뒤 크기를 비교한다.

② **제곱근** … 어떤 수 x를 제곱하여 a가 되었을 때에, x를 a의 제곱근이라고 한다.

③ **방정식 및 부등식 비교** … 두 방정식 또는 부등식 A, B가 있을 때 A − B 값이 0보다 크면 A > B, 0보다 작으면 A < B, 0이면 A = B이다.

예제풀이

다음 A와 B의 대소 관계를 바르게 비교한 것을 고르시오.

$6a=2b+42$일 때, A : $10a+4b-14$ B : $4a+6b+28$

① A > B ② A < B
③ A = B ④ 알 수 없다.

[해설]
A − B
$=(10a+4b-14)-(4a+6b+28)$
$=6a-2b-42$에서 조건에 따라
$6a-2b-42=0$이므로 A = B이다.

답 ③

대표유형 3 응용계산

(1) 나이 · 금액 · 업무량

부모와 자식, 형제간의 나이를 계산하는 비례식 문제, 집합과 방정식을 이용한 인원 수, 동물의 수, 사물의 수를 구하는 문제 등이 출제된다.

① 나이 계산

㉠ 문제에 나오는 사람의 나이는 같은 수만큼 증감한다.

㉡ 모든 사람의 나이 차이는 바뀌지 않으며 같은 차이만큼 나이가 바뀐다.

② 금액 계산 … 총액 / 잔액 지불하는 상대 등의 관계를 정확히 하여 문제를 잘 읽고, 대차 등의 관계를 파악한다.

㉠ 정가=원가+이익=원가(원가 × 이율)

㉡ 원가 = 정가×(1−할인율)

㉢ x원에서 y원을 할인한 할인율 $=\frac{y}{x}\times 100=\frac{100y}{x}(\%)$

㉣ x원에서 $y\%$ 할인한 가격 $=x\times(1-\frac{y}{100})$

㉤ 단리 · 복리 계산

원금 : x, 이율 : y, 기간 : n, 원리금 합계 : S라고 할 때

- 단리 : $S=a(1+rn)$
- 복리 : $S=a(1+r)^n$

③ 손익 계산

㉠ 이익이 원가의 20%인 경우 : 원가 × 0.2

㉡ 정가가 원가의 20% 할증(20% 감소)의 경우 : 원가 × (1 + 0.2)

㉢ 매가가 정가의 20% 할인(20% 감소)의 경우 : 정가 × (1 − 0.2)

④ 업무량 계산

㉠ 인원수 × 시간 × 일수 = 전체 업무량

㉡ 일한 시간 × 개인의 시간당 능력 = 제품 생산개수

(2) 시간 · 거리 · 속도

① 날짜, 시계 계산

㉠ 1일=24시간=1,440원=86,400초

㉡ 날짜와 요일 문제는 나머지를 이용하여 계산한다.

㉢ 분침에서 1분의 각도는 360° ÷ 60 = 6°

㉣ 시침에서 1시간의 각도는 360° ÷ 12 = 30°

㉤ 1시간 각도에서 시침의 분당 각도는 30° ÷ 60 = 0.5°

② 시간 · 거리 · 속도

㉠ 거리 = 속도 × 시간

㉡ 시간 = $\frac{거리}{속도}$

㉢ 속도 = $\frac{거리}{시간}$

- 속도를 ν, 시간을 t, 거리를 s로 하면

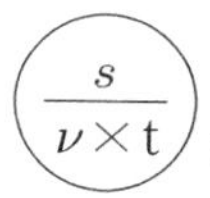

※ 거리는 반드시 분자로 둘 것

- 속도 · 시간 · 거리의 관계를 명확히 하며, '단위'를 착각하지 않도록 주의한다.

③ 물의 흐름

㉠ 강 흐름의 속도 = (내리막의 속도 − 오르막의 속도) ÷ 2

㉡ 오르막과 내리막의 흐르는 속도의 차이에 주목한다.

㉢ 오르막은 강의 흐름에 역행이므로 '배의 속도 − 강의 흐름'이며 내리막은 강의 흐름이 더해지므로 '배의 속도 + 강의 흐름'이 된다.

④ 열차의 통과

㉠ 열차의 이동거리는, '목적물 + 열차의 길이'가 된다.

㉡ 열차가 통과한다는 것은, 선두부터 맨 끝까지 통과하는 것이다.

㉢ 속도 · 시간 · 거리의 단위를 일치 시킨다(모두 m와 초(秒) 등으로 통일시켜 계산 한다).

㉣ 기차가 이동한 거리는 철교의 길이와 기차의 길이를 더한 것과 같다.

(3) 나무심기

① 직선위의 나무의 수는 최초에 심는 한 그루를 더하여 계산한다.

② 네 방향으로 심을 때는 반드시 네 모퉁이에 심어지도록 간격을 정한다.

③ 주위를 둘러싸면서 나무를 심을 경우에는 가로와 세로의 최대공약수가 나무사이의 간격이 된다.

(4) 농도

① 식염의 양을 구한 후에 농도를 계산한다.

② 식염의 양(g) = 농도(%) × 식염수의 양(g) ÷ 100

③ 구하는 농도 = $\dfrac{\text{식염①} \times 100(\%)}{\text{식염} + \text{물}(= \text{식염수})}(\%)$

- ㉠ **식염수에 물을 더할 경우** : 분모에 $(+xg)$의 식을 추가한다.
- ㉡ **식염수에서 물을 증발시킬 경우** : 분모에 $(-xg)$을 추가한다.
- ㉢ **식염수에 식염을 더한 경우** : 분모, 분자 각각에 $(+xg)$을 추가한다.

대표유형 4 확률

(1) 경우의 수

① 한 사건 A가 a가지 방법으로 일어나고 다른 사건 B가 b가지 방법으로 일어난다.

- ㉠ **사건 A, B가 동시에 일어난다** : 동시에 일어나는 경우가 C가지 있을 때 경우의 수는 $a+b-c$가지이다.
- ㉡ **사건 A, B가 동시에 일어나지 않는다** : 경우의 수는 $a+b$가지이다.

② 한 사건 A가 a가지 방법으로 일어나며 일어난 각각에 대하여 다른 사건 B가 b가지 방법으로 일어날 때 A, B 동시에 일어나는 경우의 수는 $a \times b$가지이다.

(2) 확률

사건 A가 일어날 수학적 확률을 $P(A)$라 하면

$$P(A) = \frac{A\text{에 속하는 근원사건의 개수}}{\text{근원사건의 총 개수}}$$

임의의 사건 A, 전사건 S, 공사건 ϕ라면

$0 \leq P(A) \leq 1$, $P(S) = 1$, $P(\phi) = 0$

대표유형 5 자료해석 

(1) 자료해석 문제 유형

① **자료읽기 및 독해력** … 제시된 표나 그래프 등을 보고 표면적으로 제공하는 정보를 정확하게 읽어내는 능력을 확인하는 문제가 출제된다. 특별한 계산을 하지 않아도 자료에 대한 정확한 이해를 바탕으로 정답을 찾을 수 있다.

② **자료 이해 및 단순계산** … 문제가 요구하는 것을 찾아 자료의 어떤 부분을 갖고 그 문제를 해결해야 하는지를 파악할 수 있는 능력을 확인한다. 문제가 무엇을 요구하는지 자료를 잘 이해해서 사칙연산부터 나오는 숫자의 의미를 알아야 한다. 계산 자체는 단순한 것이 많지만 소수점의 위치 등에 유의한다. 자료 해석 문제는 무엇보다도 꼼꼼함을 요구한다. 숫자나 비율 등을 정확하게 확인하고, 이에 맞는 식을 도출해서 문제를 푸는 연습과 표를 보고 정확하게 해석할 수 있는 연습이 필요하다.

③ **응용계산 및 자료추리** … 자료에 주어진 정보를 응용하여 관련된 다른 정보를 도출하는 능력을 확인하는 유형으로 각 자료의 변수의 관련성을 파악하여 문제를 풀어야 한다. 하나의 자료만을 제시하지 않고 두 개 이상의 자료가 제시한 후 각 자료의 특성을 정확히 이해하여 하나의 자료에서 도출한 내용을 바탕으로 다른 자료를 이용해서 문제를 해결하는 유형도 출제된다.

⑵ 대표적인 자료해석 문제 해결 공식

① 증감률

㉠ 전년도 매출 : P

㉡ 올해 매출 : N

㉢ 전년도 대비 증감률 : $\frac{N-P}{P} \times 100$

② 비례식

㉠ 비교하는 양 : 기준량 = 비교하는 양 : 기준량

㉡ 전항 : 후항 = 전항 : 후항

㉢ 외항 : 내항 = 내항 : 외항

③ 백분율 … 비율 × 100 = $\frac{\text{비교하는 양}}{\text{기준량}} \times 100$

출제예상문제

| 1 ~ 8 | 다음 식을 계산하여 알맞은 답을 고르시오.

1

3할5리 × 100

① 30.5
② 35
③ 3.05
④ 3.5

해설 3할5리 = 0.305
∴ 0.305 × 100 = 30.5

2

7.31+5.899

① 12.209
② 12.109
③ 13.209
④ 13.109

해설 7.31+5.899=13.209

3

$$\frac{5}{12}\times\frac{11}{13}\div\frac{5}{6}$$

① $\frac{5}{13}$
② $\frac{11}{26}$
③ $\frac{5}{26}$
④ $\frac{11}{25}$

해설 $\frac{5}{12}\times\frac{11}{13}\div\frac{5}{6}=\frac{5}{12}\times\frac{11}{13}\times\frac{6}{5}=\frac{11}{26}$

Answer 1.① 2.③ 3.②

4

$$6.02 \times 10^{23} \times 15$$

① 9.03×10^{23}
② 9.03×10^{24}
③ 9.03×10^{25}
④ 9.03×10^{26}

해설 $6.02 \times 10^{23} \times 15 = 90.3 \times 10^{23} = 9.03 \times 10^{24}$

5

$$4^3 - 5^2 \div \frac{20}{7}$$

① 55.025
② 55.25
③ 56.025
④ 56.25

해설 $4^3 - 5^2 \div \frac{20}{7} = 64 - 25 \times \frac{7}{20} = 64 - \frac{35}{4} = 55.25$

6

$$\frac{1}{6} + \frac{5}{13}$$

① $\frac{41}{78}$
② $\frac{43}{78}$
③ $\frac{45}{78}$
④ $\frac{47}{78}$

해설 $\frac{1}{6} + \frac{5}{13} = \frac{13+30}{78} = \frac{43}{78}$

7

$$84-\frac{29}{40}\times 2^4$$

① 70.4
② 71.4
③ 72.4
④ 73.4

✔ 해설 $84-\frac{29}{40}\times 2^4=84-11.6=72.4$

8

$$(7+7)\div 7+7\times 7-7$$

① 1
② 44
③ 50
④ 56

✔ 해설 사칙연산은 덧셈, 뺄셈 보다 곱셈, 나눗셈을 먼저 계산한다. ( )가 있다면 ( )를 먼저 계산한다.
$\{(7+7)\div 7\}+(7\times 7)-7=2+49-7=44$

▌9 ~ 13 ▌ 다음 계산식 중 괄호 안에 들어갈 알맞은 수를 고르시오.

9

$$\{\sqrt{36-11}-(1+2)\times 4\}\times(\quad)=14$$

① −2
② −1
③ 1
④ 2

✔ 해설 $\{\sqrt{36-11}-(1+2)\times 4\}\times(-2)=14$

Answer 4.② 5.② 6.② 7.③ 8.② 9.①

10

$$\{(3-6)\times 2\} \times (\quad) = 6$$

① -2　② -1
③ 1　④ 2

해설 $\{(3-6)\times 2\} \times (-1) = 6$

11

$$31 \times 2^5 \div (\quad) = 248$$

① 2^1　② 2^2
③ 2^3　④ 2^4

해설 $31 \times 2^5 \div (4) = 248$

12

$$576 = (\quad)$$

① $3^2 \times 2^7$　② 3×2^7
③ $3^2 \times 2^6$　④ 3×2^6

해설 $576 = 9 \times 64 = 3^2 \times 2^6$

13

$$2^5 \times 3^2 \div (\quad) = 24$$

① 8　② 12
③ 9　④ 15

해설 $2^5 \times 3^2 \div (12) = 24$

【14 ~ 22】 다음 주어진 수의 대소 관계를 바르게 비교한 것을 고르시오.

14

$A : 4\frac{39}{7}$	$B : 9\frac{5}{7}$

① $A > B$　② $A < B$
③ $A = B$　④ 알 수 없다.

해설 $A=\frac{67}{7}$, $B=\frac{68}{7}$
$\therefore A < B$

15

$A : 4\frac{3}{5}$	$B : 3\frac{5}{4}$

① $A > B$　② $A < B$
③ $A = B$　④ 알 수 없다.

해설 $A=\frac{23}{5}=\frac{92}{20}$, $B=\frac{17}{4}=\frac{85}{20}$
$\therefore A > B$

16

$A : \sqrt{8}-1$	$B : 2$

① $A > B$　② $A < B$
③ $A = B$　④ 알 수 없다.

해설 $2 < \sqrt{8} < 3$
$\Rightarrow 1 < \sqrt{8}-1 < 2$
$\therefore A < B$

Answer 10.② 11.② 12.③ 13.② 14.② 15.① 16.②

17

$A : 2+\sqrt{7}$	$B : \sqrt{5}+3$

① $A > B$　　② $A < B$

③ $A = B$　　④ 알 수 없다.

해설 $A : 2 < \sqrt{7} < 3$
$\Rightarrow 4 < 2+\sqrt{7} < 5$
$B : 2 < \sqrt{5} < 3$
$\Rightarrow 5 < \sqrt{5}+3 < 6$
$\therefore A < B$

18

$0.5a = b+3$일 때,

$A : a+b-5$	$B : 3(a-b)-17$

① $A > B$　　② $A < B$

③ $A = B$　　④ 알 수 없다.

해설 $A-B=4b-2a+12=0$
$\therefore A = B$

19

$3a = b+21$일 때,

$A : 5a+2b-7$	$B : 2a+3b+14$

① $A > B$　　② $A < B$

③ $A = B$　　④ 알 수 없다.

해설 $A-B=3a-b-21=0$
$\therefore A = B$

20

A : 주사위 2개를 던져서 나오는 수의 합이 10 이상이 되는 경우의 수
B : 주사위 1개를 던져서 나올 수 있는 경우의 수

① $A > B$
② $A < B$
③ $A = B$
④ 알 수 없다.

해설 A : (6,6), (6,5), (6,4), (5,6), (5,5), (4,6) → 6
B : 1, 2, 3, 4, 5, 6 → 6
$\therefore A = B$

21

A : 정팔면체의 모서리 수를 X, 꼭짓점 수를 Y라고 할 때, $3X+5Y$의 값
B : 144와 360의 최대공약수

① $A > B$
② $A < B$
③ $A = B$
④ 알 수 없다.

해설 A : 정팔면체의 모서리 수는 12, 꼭짓점 수는 6이므로 $3X+5Y=66$
B : $144=2^4\times3^2$, $360=2^3\times3^2\times5$ 이므로 최대공약수는 $2^3\times3^2=72$
$\therefore A < B$

22

A : 1, 2, 3, 4가 각각 적힌 카드 네 장을 한 번씩 사용하여 세 자리 수를 만들 때 140 이상이 되는 경우의 수
B : 21

① $A > B$
② $A < B$
③ $A = B$
④ 알 수 없다.

해설 1ㅁㅁ일 때 140 이상인 경우는 142, 143이고,
2ㅁㅁ, 3ㅁㅁ, 4ㅁㅁ은 무조건 140 이상이므로 $3(3\times2)=18$
∴ 총 경우의 수는 20이므로 $A < B$

Answer 17.② 18.③ 19.③ 20.③ 21.② 22.②

23 남자 7명, 여자 5명으로 구성된 프로젝트 팀의 원활한 운영을 위해 운영진 두 명을 선출하려고 한다. 남자가 한 명도 선출되지 않을 확률은?

① $\frac{1}{11}$

② $\frac{4}{33}$

③ $\frac{5}{33}$

④ $\frac{2}{11}$

✔ 해설 남자가 한 명도 선출되지 않을 확률은 여자만 선출될 확률과 같은 의미이다.

$\frac{{}_5C_2}{{}_{12}C_2} = \frac{5\times4}{12\times11} = \frac{5}{33}$

24 1일 날 8시간 동안 갑과 을이 함께 작업하여 일의 $\frac{1}{4}$을 마쳤고, 2일 날 8시간 동안 을과 병이 함께 작업하여 일의 $\frac{1}{3}$을 마쳤고, 3일 날 8시간 동안 갑과 병이 함께 작업하여 일을 마쳐 3일 만에 기계 1대를 만들었다. 갑, 을, 병이 모두 함께 일을 시작하여 하루 4시간씩 작업할 때, 기계 20대를 만드는데 걸리는 일수는?

① 20일

② 40일

③ 60일

④ 80일

✔ 해설 하루 8시간에 일하는 양은 갑+을 $= \frac{1}{4}$, 을+병 $= \frac{1}{3}$, 갑+병 $= \frac{5}{12}$ 이므로,

갑, 을, 병이 다 같이 작업할 때 8시간 만에 끝내는 양은 갑+을+병 $= \frac{1}{2}$ 이다.

8시간씩 이틀 동안 작업하여 기계 1대를 만들 수 있으므로 하루 4시간씩 작업하여 기계 20대를 만드는데 걸리는 시간은 80일이다.

25 대구에서 해운대까지 120km의 거리를 차를 타고 가는 데 처음에는 시속 100km로 가다가 정체구간을 만나 그 후로는 시속 40km로 달려서 해운대에 도착했다고 한다. 대구에서 해운대까지 가는데 걸린 시간이 총 1시간 30분이라고 할 때, 정체구간의 거리는 몇 km인가?

① 10km
② 20km
③ 30km
④ 40km

해설 비정체구간을 x km, 정체구간 y km라 하면

$x+y=120,\quad \frac{x}{100}+\frac{y}{40}=\frac{3}{2}$

$\frac{x}{100}+\frac{y}{40}=\frac{3}{2} \rightarrow 2x+5y=300$

두 식을 연립하여 계산하면

$x=100,\ y=20$이므로

정제구간은 20km이다.

26 어떤 물건의 정가는 원가에 x% 이익을 더한 것이라고 한다. 그런데 물건이 팔리지 않아 정가의 x%를 할인하여 판매하였더니 원가의 4%의 손해가 생겼다. 이때, x의 값은?

① 10
② 15
③ 20
④ 25

해설 물건의 원가를 a라 하자.

이때 정가는 $\left(1+\frac{x}{100}\right)a$이므로, 문제의 조건에 의하면

$\left(1-\frac{x}{100}\right)\left(1+\frac{x}{100}\right)a=\left(1-\frac{4}{100}\right)a$

$\Rightarrow\left(1-\frac{x}{100}\right)\left(1+\frac{x}{100}\right)=\frac{96}{100}$

$\Rightarrow 1-\left(\frac{x}{100}\right)^2=\frac{96}{100}$

$\Rightarrow\left(\frac{x}{100}\right)^2=\frac{4}{100}$

$\Rightarrow\frac{x}{100}=\frac{2}{10}$

$\therefore\ x=\frac{2}{10}\times 100=20$

Answer 23.③ 24.④ 25.② 26.③

27 소금 40g으로 5%의 소금물을 만들었다. 이 소금물에 새로운 소금물을 40g을 넣었더니 농도가 7%가 되었다. 이때 넣은 소금물의 농도는?

① 45%
② 47%
③ 49%
④ 51%

✔ 해설 처음 소금의 양이 40g, 농도가 5%이므로 소금물의 양을 x라 하면 $\frac{40}{x}\times 100=5\cdots x=800$이 된다. 여기에 첨가한 소금물 속 소금의 양을 y라 하면 최종 소금물의 농도가 7이므로
$\frac{40+y}{800+40}\times 100=7\rightarrow y=18.8$이 된다. 따라서 추가한 소금물의 농도는 $\frac{18.8}{40}\times 100=47\%$가 된다.

28 입구부터 출구까지의 총 길이가 840m인 터널을 초속 50m의 속도로 달린 열차가 완전히 통과할 때까지 걸린 시간이 25초라고 할 때, 이보다 긴 1,400m의 터널을 동일한 열차가 동일한 속도로 완전히 통과하는 데 걸리는 시간은 얼마인가?

① 34.5초
② 35.4초
③ 36.2초
④ 36.8초

✔ 해설 터널을 완전히 통과한다는 것은 터널의 길이에 열차의 길이를 더한 것을 의미한다. 따라서 열차의 길이를 x라 하면, '거리 = 시간 × 속력'을 이용하여 다음과 같은 공식이 성립한다.
$(840+x)\div 50=25$, $x=410$m가 된다. 이 열차가 1,400m의 터널을 통과하게 되면 $(1,400+410)\div 50=36.2$초가 걸리게 된다.

29 두 가지 메뉴 A, B를 파는 어느 음식점에서 지난주에 두 메뉴를 합하여 1000명분을 팔았다. 이번 주에는 지난 주에 비하여 A 메뉴는 5% 감소하고, B 메뉴는 10% 증가하여 전체적으로 4% 증가하였다. 이번 주에 판매된 A 메뉴는 몇 명분인가?

① 350명
② 380명
③ 400명
④ 415명

✔ 해설 지난 주 판매된 A 메뉴를 x, B 메뉴를 y라 하면
$\begin{cases} x+y=1000 \\ x\times(-0.05)+y\times 0.1=1000\times 0.04 \end{cases}$
두 식을 연립하면 $x=400$, $y=600$
따라서 이번 주에 판매된 A 메뉴는 $x\times 0.95=400\times 0.95=380$명분이다.

30 주어진 그림과 같은 게임 판에 지뢰를 클릭하면 게임이 끝나고, 한번 누른 칸은 다시 누를 수 없다. 두 번째 클릭에서 게임이 끝날 확률은 얼마인가?

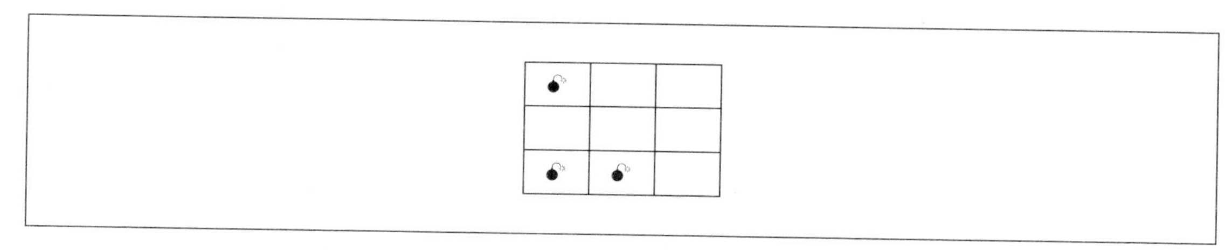

① 0.22
② 0.25
③ 0.28
④ 0.31

✔해설 두 번째 클릭에서 게임이 끝나려면, 첫 번째는 지뢰가 아닌 곳을 클릭하고, 두 번째에 지뢰를 클릭해야 한다.

$\therefore \frac{6}{9} \times \frac{3}{8} = \frac{3}{12} = 0.25$

31 페인트 한 통과 벽지 5묶음으로 51m^2의 넓이를 도배할 수 있고, 페인트 한 통과 벽지 3묶음으로는 39m^2를 도배할 수 있다고 한다. 이때, 페인트 2통과 벽지 2묶음으로 도배할 수 있는 넓이는?

① 45m^2
② 48m^2
③ 51m^2
④ 54m^2

✔해설 페인트 한 통으로 도배할 수 있는 넓이를 $x\text{m}^2$,
벽지 한 묶음으로 도배할 수 있는 넓이를 $y\text{m}^2$라 하면
$\begin{cases} x + 5y = 51 \\ x + 3y = 39 \end{cases}$이므로 두 식을 연립하면 $2y = 12 \Rightarrow y = 6,\ x = 21$
따라서 페인트 2통과 벽지 2묶음으로 도배할 수 있는 넓이는
$2x + 2y = 42 + 12 = 54(\text{m}^2)$이다.

Answer 27.② 28.③ 29.② 30.② 31.④

32 xx올림픽 축구 본선 경기는 리그전과 토너먼트로 진행된다. 리그전은 조별로 경기에 참가한 팀이 돌아가면서 모두 경기하는 방식이고, 토너먼트는 이긴 팀만이 다음 경기에 진출하고 진 팀은 탈락하는 방식이다. 경기가 다음과 같이 진행된다고 할 때 전체 경기 수는 몇 경기인가?

> • 32개 팀을 한 조에 4개 팀씩 8개조로 나누어 먼저 각 조에서 리그전을 한다.
> • 각 조의 상위 2개 팀이 16강에 진출하여 토너먼트를 한다.
> • 준결승전에서 이긴 팀끼리 1 · 2위전을 하고 진 팀끼리 3 · 4위전을 한다.

① 63　　② 64
③ 86　　④ 126

㉠ 한 개 조의 경기 수는 6번이므로, $6 \times 8 = 48$이다.
㉡ 토너먼트 경기 수는 $16 - 1 = 15$이며, 이 외에도 3 · 4위전 경기를 1번 한다.
$\therefore 48 + 15 + 1 = 64$

33 김아랑, 이승후, 박영준, 박주이, 최진영 5명이 각각 다른 5개의 의자에 둥그렇게 앉아있다. 이 때 같은 성을 가진 사람이 이웃해서 앉고 있지 않을 확률은?

① $\frac{1}{2}$　　② $\frac{1}{3}$
③ $\frac{1}{4}$　　④ $\frac{1}{5}$

해설

5명이 앉을 수 있는 경우의 수 : $5! = 120$
이웃해서 앉을 수 있는 방법 : (1,2) (2,3) (3,4) (4,5) (5,1)→ 5가지
2개의 의자에 2명이 앉을 수 있는 방법 : $2! = 2$
따라서 이웃해서 앉은 수 있는 경우의 수는 $5 \times 2 \times 3! = 60$
따라서 같은 성을 가진 사람이 이웃해서 앉고 있지 않을 확률 : $\frac{120-60}{120} = \frac{60}{120} = \frac{1}{2}$

34 학생 수가 50명인 초등학교 교실이 있다. 이 중 4명을 제외한 나머지 학생 모두가 방과 후 교실 프로그램으로 승마 또는 골프를 배우고 있다. 승마를 배우는 학생이 26명이고 골프를 배우는 학생이 30명일 때, 승마와 골프를 모두 배우는 학생은 몇 명인가?

① 9명
② 10명
③ 11명
④ 12명

해설 전체 학생의 집합을 U, 승마를 배우는 학생의 집합을 A, 골프를 배우는 학생의 집합을 B라 하면
$n(U)=50$, $n(A)=26$, $n(B)=30$
4명을 제외한 모든 학생이 승마 또는 골프를 배운다고 하였으므로
방과 후 교실 프로그램에 참여하는 모든 학생 수는 $50-4=46$(명)이다.
따라서 승마와 골프를 모두 배우는 학생의 수는
$n(A)+n(B)-46=26+30-46=10$(명)이다.

35 기범이네 동아리 캠핑에서 고구마 25개, 감자 40개, 옥수수 70개를 모두에게 같은 개수대로 나누어주려고 했더니 고구마는 1개 부족하고, 감자는 1개가 남고, 옥수수는 5개가 남았다. 기범이네 동아리 인원은 최대 몇 명인가?

① 11명
② 12명
③ 13명
④ 14명

해설 고구마 $(25+1)$개, 감자 $(40-1)$개, 옥수수 $(70-5)$개를 똑같이 나누어줄 수 있는 최대의 사람을 구하는 것이므로 26, 39, 65의 최대공약수를 구하면 13명이 된다.

36 20,000원을 모두 사용해서 800원짜리 색연필과 2,000원짜리 볼펜을 종류에 상관없이 최대한 많이 산다고 할 때 색연필과 볼펜을 합하여 총 몇 개를 살 수 있는가? (단, 색연필과 볼펜 모두 한 개 이상 사야한다.)

① 25개
② 22개
③ 20개
④ 16개

해설 색연필 구매 개수를 x, 볼펜 구매 개수를 y라 할 때,
$800x+2,000y=20,000$인 정수 x, y는 (5, 8), (10, 6), (15, 4), (20, 2)이므로 종류에 상관없이 최대한 많이 살 수 있는 경우는 (20, 2)로 총 22개를 살 수 있다.

Answer 32.② 33.① 34.② 35.③ 36.②

37 C사의 사내 설문조사 결과, 전 직원의 $\frac{2}{3}$가 과민성대장증상을 보이고 있으며, 이 중 $\frac{1}{4}$이 출근길에 불편을 겪어 아침을 먹지 않는 것으로 조사되었다. 과민성대장증상을 보이는 직원 중 아침 식사를 하는 직원의 수가 144명이라면, C사의 전 직원의 수는 몇 명인가?

① 280명
② 282명
③ 285명
④ 288명

✔ 해설 전 직원의 수를 x라 하면, 과민성대장증상을 보이는 직원의 수는 $\frac{2}{3}x$가 된다. 이 중 아침 식사를 하는 직원의 수 $\frac{2}{3}x \times \frac{3}{4} = 144$에서 전 직원 수 x를 구하면 288명이 된다.

38 어떤 일을 할 때 A가 3일 동안 하고 남은 일을 A와 B 두 사람이 함께 하면 5일 만에 끝이 난다. 같은 일을 B가 2일 동안 하고 남은 일을 A와 B 두 사람이 함께 하면 4일 만에 끝이 난다. B가 이 일을 혼자 한다면 며칠이 걸리겠는가?

① 5일
② 6일
③ 7일
④ 8일

✔ 해설 A가 하루 동안 하는 일의 양을 x라고 하고, B가 하루 동안 하는 일의 양을 y라고 하면

$$\begin{cases} 3x+5(x+y)=1 \\ 2y+4(x+y)=1 \end{cases}$$

$$\Rightarrow \begin{cases} 8x+5y=1 \\ 4x+6y=1 \end{cases}$$

$$\Rightarrow \begin{cases} 8x+5y=1 \\ 8x+12y=2 \end{cases}$$

$7y=1,\ y=1/7$

B가 혼자서 한다면 7일 동안 해야 한다.

39 갑동이는 올해 10살이다. 엄마의 나이는 갑동이와 누나의 나이를 합한 값의 두 배이고, 3년 후의 엄마의 나이는 누나의 나이의 세 배일 때, 올해 누나의 나이는 얼마인가?

① 12세
② 13세
③ 14세
④ 15세

✔ 해설 누나의 나이를 x, 엄마의 나이를 y라 하면,

$2(10+x)=y$

$3(x+3)=y+3$

두 식을 연립하여 풀면,

$x=14$(세)

40 두 자리 자연수에 대하여 각 자리의 숫자의 합은 10이다. 이 자연수의 십의 자리 숫자와 일의 자리 숫자를 바꾼 수는 처음 수의 3배보다 2만큼 작다고 할 때, 처음 자연수의 2배인 수의 각 자리 숫자의 합을 구하시오.

① 10
② 11
③ 12
④ 13

✔ 해설 십의 자리 숫자를 x, 일의 자리 숫자를 y라고 할 때,
$x+y=10 \cdots$㉠ , $3(10x+y)-2=10y+x \cdots$㉡
㉡을 전개하여 정리하면 $29x-7y=2$가 되므로 ㉠×7+㉡을 전개하면 $36x=72 \rightarrow x=2$가 된다. 이 값을 대입하면 $y=8$이고, 처음 자연수의 2배는 $28\times2=56$이 된다. 따라서 56의 각 자리 숫자의 합은 $5+6=11$이다.

41 민국이가 어느 해의 12월 달력을 보니 화요일과 금요일이 4번 있었다. 12월 31일은 무슨 요일인가??

① 월요일
② 수요일
③ 토요일
④ 일요일

✔ 해설 12월은 31일까지 있고, 7로 나누면 3이 남으므로 3개의 요일이 5번씩 있다. 문제에서 화요일과 금요일이 4번 있다고 했으므로 12월 31일은 월요일이다.

일	월	화	수	목	금	토
						1
2	3	4	5	6	7	8
9	10	11	12	13	14	15
16	17	18	19	20	21	22
23	24	25	26	27	28	29
30	31					

Answer 37.④ 38.③ 39.③ 40.② 41.①

42 태현이는 자전거를 타고 운동장을 한 바퀴 돌면서 절반까지는 시속 15km로 달리다가, 힘이 빠지면서 나머지 절반은 시속 10km로 달렸다. 이 때 걸린 시간이 25분이라고 할 때, 운동장 한 바퀴는 몇 km인가?

① 3.5km ② 4km

③ 4.5km ④ 5km

해설 $\frac{25}{60} = \frac{x}{15} + \frac{x}{10} = \frac{10x}{60}$, $x = 2.5$

운동장 한 바퀴는 $2x = 5km$이다.

43 다음 표는 A, B, C 회사별 전동 킥보드의 고객만족 조사 결과이다. 충전 시간에 대해 C사에 투표한 사람이 B회사에 투표한 사람보다 15명 적을 때, 충전 시간에 대해 투표한 총인원은?

(단위 : %)

구분	A	B	C
속도	66	13	21
색상	10	10	80
안전성	30	25	45
A/S 신속성	55	20	25
충전 시간	33	36	31

① 200명 ② 300명

③ 400명 ④ 500명

해설 충전 시간에 투표한 인원을 x라 하면 $x \times \frac{36}{100} = x \times \frac{31}{100} + 15 \rightarrow x = 300$이 된다.

44 다음 표는 각국의 연구비에 대한 부담원과 사용 조직을 제시한 것이다. 이를 바르게 분석한 것은?

(단위 : 억 엔)

부담원	사용 조직 \ 국가	일본	미국	독일	프랑스	영국
정부	정부	8,827	33,400	6,590	7,227	4,278
	산업	1,028	71,300	4,526	3,646	3,888
	대학	10,921	28,860	7,115	4,424	4,222
산업	정부	707	0	393	52	472
	산업	81,161	145,000	34,771	11,867	16,799
	대학	458	2,300	575	58	322

① 독일 정부가 부담하는 연구비는 미국 정부가 부담하는 연구비의 약 반이다.

② 정부부담 연구비 중에서 산업의 사용 비율이 가장 높은 것은 프랑스이다.

③ 산업이 부담하는 연구비를 산업 자신이 사용하는 비율이 가장 높은 것은 프랑스이다.

④ 미국의 대학이 사용하는 연구비는 일본의 대학이 사용하는 연구비의 약 두 배이다.

해설 ① 독일 정부가 부담하는 연구비 : 6,590 + 4,526 + 7,115 = 18,231
미국 정부가 부담하는 연구비 : 33,400 + 71,300 + 28,860 = 133,560
② 정부부담 연구비 중에서 산업의 사용 비율이 가장 높은 것은 미국이며, 가장 낮은 것은 일본이다.
④ 미국 대학이 사용하는 연구비 : 28,860 + 2,300 = 31,160
일본 대학이 사용하는 연구비 : 10,921 + 458 = 11,379

Answer 42.④ 43.② 44.③

45 다음은 행정구역별 음주운전 교통사고비율을 나타낸 표이다. 2019년에 음주운전 교통사고를 당한 사람이 550명이고, 서울에서의 교통사고비율이 전라도보다 7% 높을 때, 전라도에서 교통사고를 당한 사람의 수는?(소수점 첫째자리에서 반올림하시오)

(단위 : %)

행정구역	2021	2020	2019	2018	2017
서울특별시	20.5	30.3	㉠	18.6	22.9
경기도	16	15.2	16.6	14.8	15.8
강원도	8	11.9	10.5	16	16.3
충청도	15.4	12	12.8	17.2	15
전라도	22.8	19.6	㉡	18	16
경상도	17.3	11	15.1	15.4	14
합계	100				

① 103명
② 104명
③ 105명
④ 106명

 100－16.6－10.5－12.8－15.1＝45

서울＋전라도＝전라도＋7＋전라도＝45 → 2019년 전라도의 비율＝19

따라서 2019년 전라도에서 교통사고를 당한 사람의 수는 $550\times\frac{19}{100}=104.5\fallingdotseq 105$명이다.

46 다음은 우체국 택배물 취급에 관한 기준표이다. 미영이가 서울에서 포항에 있는 보람이와 설희에게 각각 택배를 보내려고 한다. 보람이에게 보내는 물품은 10kg에 130cm이고, 설희에게 보내려는 물품은 4kg에 60cm이다. 미영이가 택배를 보내는 데 드는 비용은 모두 얼마인가?

(단위 : 원/개)

중량(크기)		2kg까지 (60cm까지)	5kg까지 (80cm까지)	10kg까지 (120cm까지)	20kg까지 (140cm까지)	30kg까지 (160cm까지)
동일지역		4,000원	5,000원	6,000원	7,000원	8,000원
타지역		5,000원	6,000원	7,000원	8,000원	9,000원
제주 지역	빠른(항공)	6,000원	7,000원	8,000원	9,000원	11,000원
	보통(배)	5,000원	6,000원	7,000원	8,000원	9,000원

※ 1) 중량이나 크기 중에 하나만 기준을 초과하여도 초과한 기준에 해당하는 요금을 적용한다.
2) 동일지역은 접수지역과 배달지역이 동일한 시/도이고, 타지역은 접수한 시/도지역 이외의 지역으로 배달되는 경우를 말한다.
3) 부가서비스(안심소포) 이용시 기본요금에 50% 추가하여 부가한다.

① 13,000원
② 14,000원
③ 15,000원
④ 16,000원

해설 중량이나 크기 중에 하나만 기준을 초과하여도 초과한 기준에 해당하는 요금을 적용한다고 하였으므로, 보람이에게 보내는 택배는 10kg지만 130cm로 크기 기준을 초과하였으므로 요금은 8,000원이 된다. 또한 설희에게 보내는 택배는 60cm이지만 4kg으로 중량기준을 초과하였으므로 요금은 6,000원이 된다.

Answer 45.③ 46.②

▌47 ~ 48 ▌ 20xx년 사이버 쇼핑몰 상품별 거래액에 관한 표이다. 물음에 답하시오.

(단위 : 백만 원)

	1월	2월	3월	4월	5월	6월	7월	8월	9월
컴퓨터	200,078	195,543	233,168	194,102	176,981	185,357	193,835	193,172	183,620
소프트웨어	13,145	11,516	13,624	11,432	10,198	10,536	45,781	44,579	42,249
가전 · 전자	231,874	226,138	251,881	228,323	239,421	255,383	266,013	253,731	248,474
서적	103,567	91,241	130,523	89,645	81,999	78,316	107,316	99,591	93,486
음반 · 비디오	12,727	11,529	14,408	13,230	12,473	10,888	12,566	12,130	12,408
여행 · 예약	286,248	239,735	231,761	241,051	288,603	293,935	345,920	344,391	245,285
아동 · 유아용	109,344	102,325	121,955	123,118	128,403	121,504	120,135	111,839	124,250
음 · 식료품	122,498	137,282	127,372	121,868	131,003	130,996	130,015	133,086	178,736

47 1월 컴퓨터 상품 거래액의 다음 달 거래액과 차이는?

① 4,455백만 원
② 4,535백만 원
③ 4,555백만 원
④ 4,655백만 원

✔ 해설 200,078 − 195,543 = 4,535백만 원

48 1월 서적 상품 거래액은 음반 · 비디오 상품의 몇 배인가? (소수 둘째자리까지 구하시오)

① 8.13
② 8.26
③ 9.53
④ 9.75

✔ 해설 103,567 ÷ 12,727 ≒ 8.13

┃49 ~ 50┃ 다음은 4개 대학교 학생들의 하루 평균 독서시간을 조사한 결과이다. 다음 물음에 답하시오.

구분	1학년	2학년	3학년	4학년
㉠	3.4	2.5	2.4	2.3
㉡	3.5	3.6	4.1	4.7
㉢	2.8	2.4	3.1	2.5
㉣	4.1	3.9	4.6	4.9
대학생 평균	2.9	3.7	3.5	3.9

- A대학은 고학년이 될수록 독서시간이 증가하는 대학이다
- B대학은 각 학년별 독서시간이 항상 평균 이상이다.
- C대학은 3학년의 독서시간이 가장 낮다.
- 2학년의 하루 독서시간은 C대학과 D대학이 비슷하다.

49 표의 처음부터 차례대로 들어갈 대학으로 알맞은 것은?

	㉠	㉡	㉢	㉣
①	C →	A →	D →	B
②	A →	B →	C →	D
③	D →	B →	A →	C
④	D →	C →	A →	B

✔ 해설 고학년이 될수록 독서 시간이 증가하는 A대학은 ㉡, 대학생평균 독서량은 3.5인데 이를 넘는 B대학은 ㉣, 3학년의 독서시간이 가장 낮은 평균 이하의 C대학은 ㉠이다. 따라서 2학년의 하루 독서시간이 2.5인 C대학과 비슷한 D대학은 2.4가 되므로 ㉢이 된다.

50 다음 중 옳지 않은 것은?

① C대학은 학년이 높아질수록 독서시간이 줄어들었다.
② A대학은 3, 4학년부터 대학생 평균 독서시간보다 독서시간이 증가하였다.
③ B대학은 학년이 높아질수록 독서시간이 증가하였다.
④ D대학은 대학생 평균 독서시간보다 매 학년 독서시간이 적다.

✔ 해설 ③ B대학은 2학년의 독서시간이 1학년보다 줄었다.

Answer 47.② 48.① 49.① 50.③

CHAPTER 03

공간지각력

대표유형 1 도형 회전

(1) 제시된 도형과 다른 것 찾기

주어진 도형을 90°, 180°, 270° 등 다양한 각도로 회전시켰을 때 나타날 수 없는 형태를 고르는 유형이다.

예제풀이

다음 제시된 도형과 다른 것을 고르면?

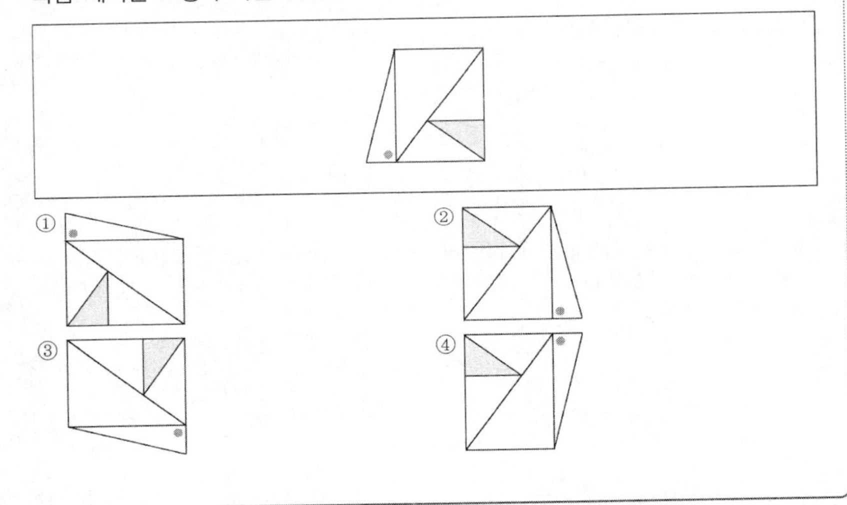

[해설]

② 그림을 제시된 도형과 같은 위치로 돌려보면 오른쪽과 같은 모양이 된다. 왼쪽 삼각형의 모양이 다른 것을 알 수 있다.

① 제시된 그림을 오른쪽으로 90° 회전시킨 모양이다.

③ 제시된 그림을 왼쪽으로 90° 회전시킨 모양이다.

④ 제시된 그림을 180° 회전시킨 모양이다.

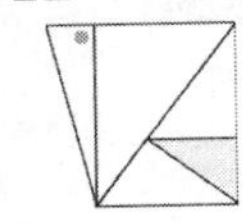

답 ②

(2) 같은 도형 찾기

보기로 제시된 네 가지 도형을 회전시켜 서로 같은 2개의 도형을 찾는 유형이다.

예제풀이

다음 그림 중에서 회전시켰을 때 서로 일치하는 도형을 고르면?

① 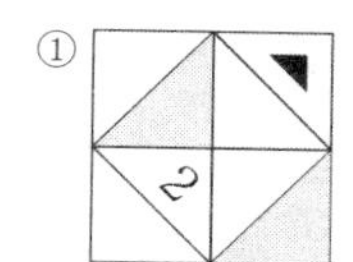

② 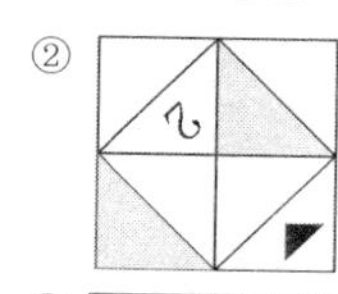

③ 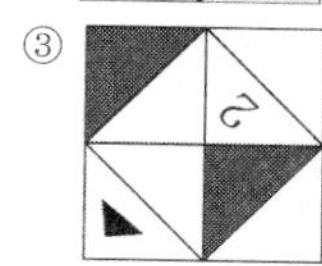

④ 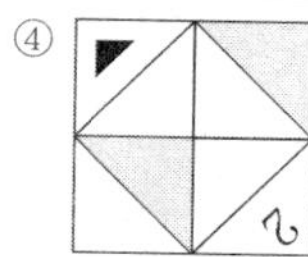

[해설]

② ▲의 모양이 다르다.

④ 2의 위치가 다르다.

답 ①③

대표유형 2 블록

(1) 블록 개수 세기

① 쌓아놓은 블록의 개수를 세는 유형의 경우 보이지 않는 부분을 추리하는 능력이 요구된다.

② 바닥면부터 각 층별로 블록 개수를 세어 맨 꼭대기 층까지의 블록 개수를 더해 주는 방식으로 문제를 푸는 것이 효과적이다.

예제풀이

아래에 제시된 그림과 같이 쌓기 위해 필요한 블록의 수는?

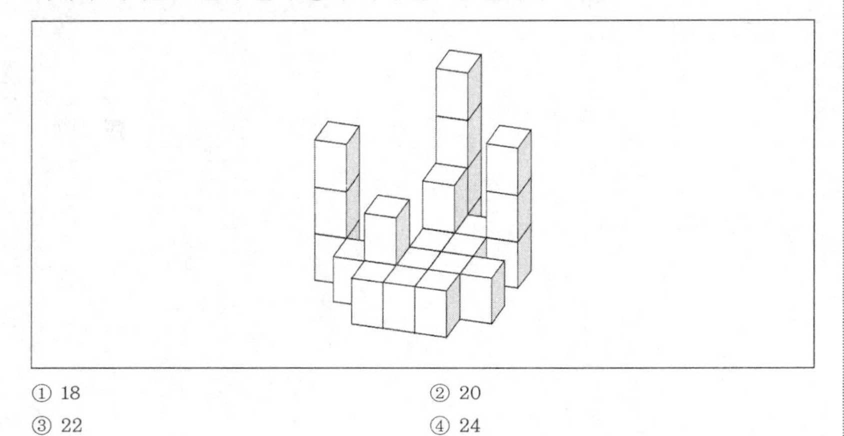

① 18　　② 20
③ 22　　④ 24

[해설]
제시된 그림을 따라 블록을 세어보면 총 24개이다.
따라서 그림과 같이 쌓기 위한 블록의 개수는 ④이다.

답 ④

(2) 방향에 따른 블록 모양 파악하기

방향에 따라 블록이 어떻게 보이는지 묻는 유형의 경우, 해당 방향에서 보았을 때 왼쪽에서 오른쪽으로 각 열별 블록의 높이를 숫자로 적어놓고 문제를 풀면 빠르고 정확하게 해결이 가능하다.

예제풀이

아래에 제시된 블록들을 화살표 표시한 방향에서 바라봤을 때의 모양으로 알맞은 것은? (단, 바라보는 시선의 방향은 블록의 면과 수직을 이루며 원근에 의해 블록이 작게 보이는 효과는 고려하지 않는다.)

* 블록은 모양과 크기는 모두 동일한 정육면체임

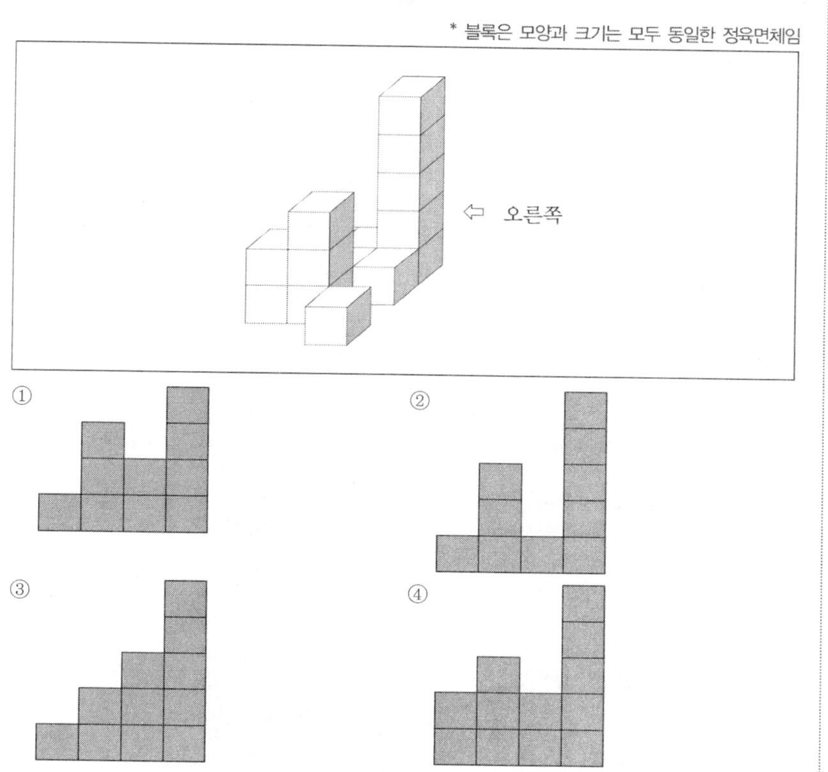

[해설]
제시된 그림을 오른쪽에서 본다고 가정하면 ②가 나타나게 된다.

답 ②

대표유형 3 전개도

(1) 기본적인 전개도의 모양

이름	입체도형	전개도
정사면체	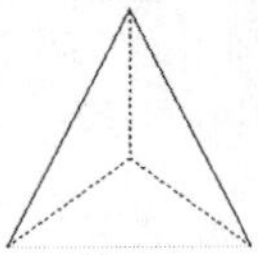	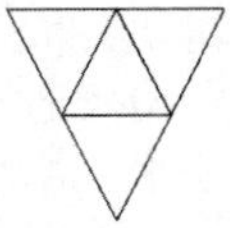
정육면체	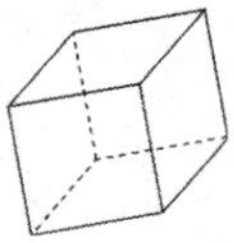	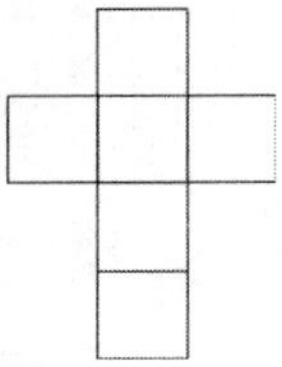
정팔면체	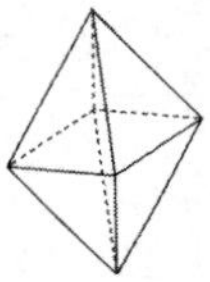	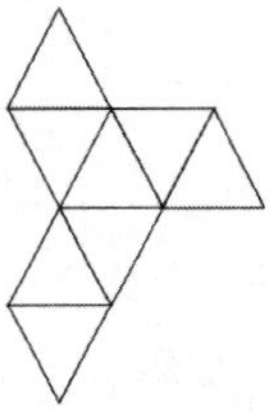
정십이면체	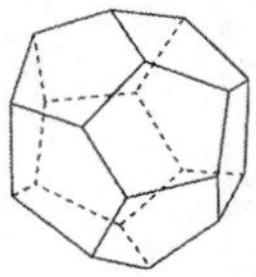	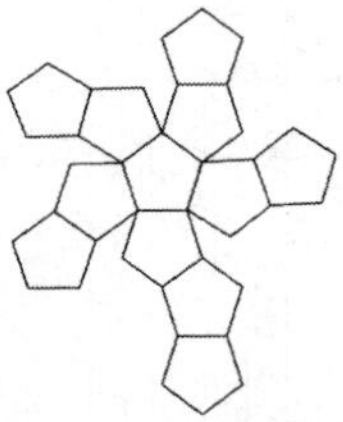
정이십면체	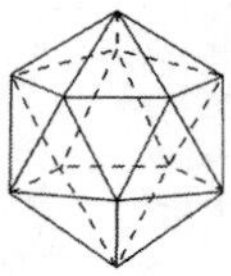	

(2) 정육면체의 전개도

정육면체의 전개도는 대략 다음의 11가지로 볼 수 있다. 각 유형의 전개도에 따라 마주보는 위치에 오는 면을 암기해 둔다면 보다 빠르게 문제를 풀 수 있다.

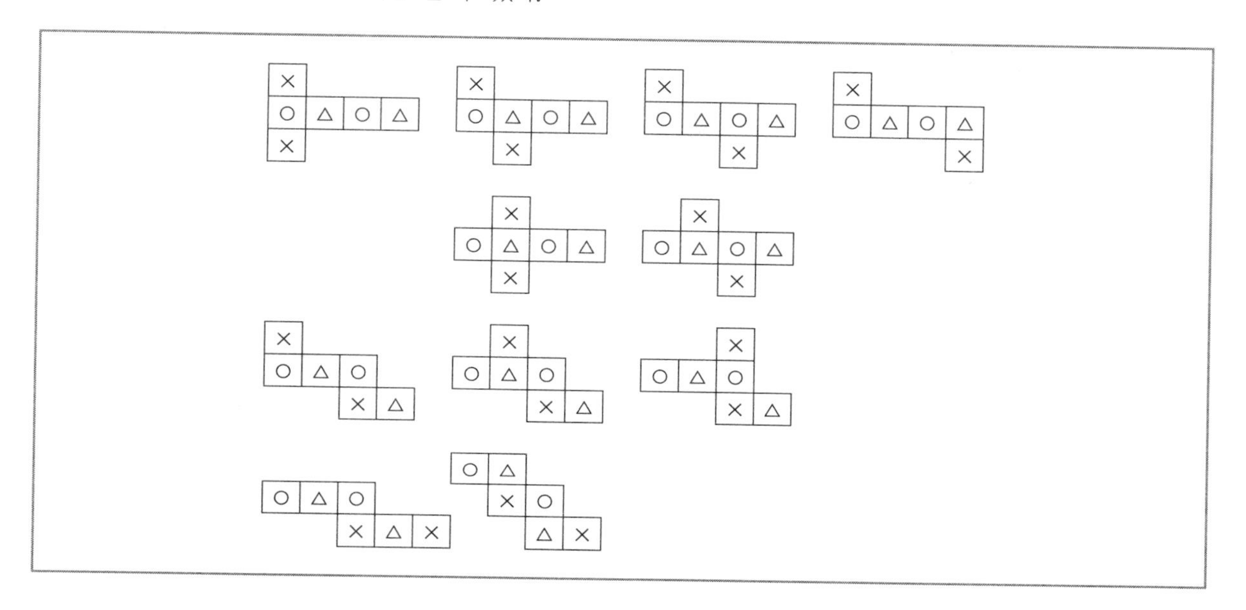

예제풀이

다음 전개도를 접었을 때 만들어질 도형으로 올바른 것은?

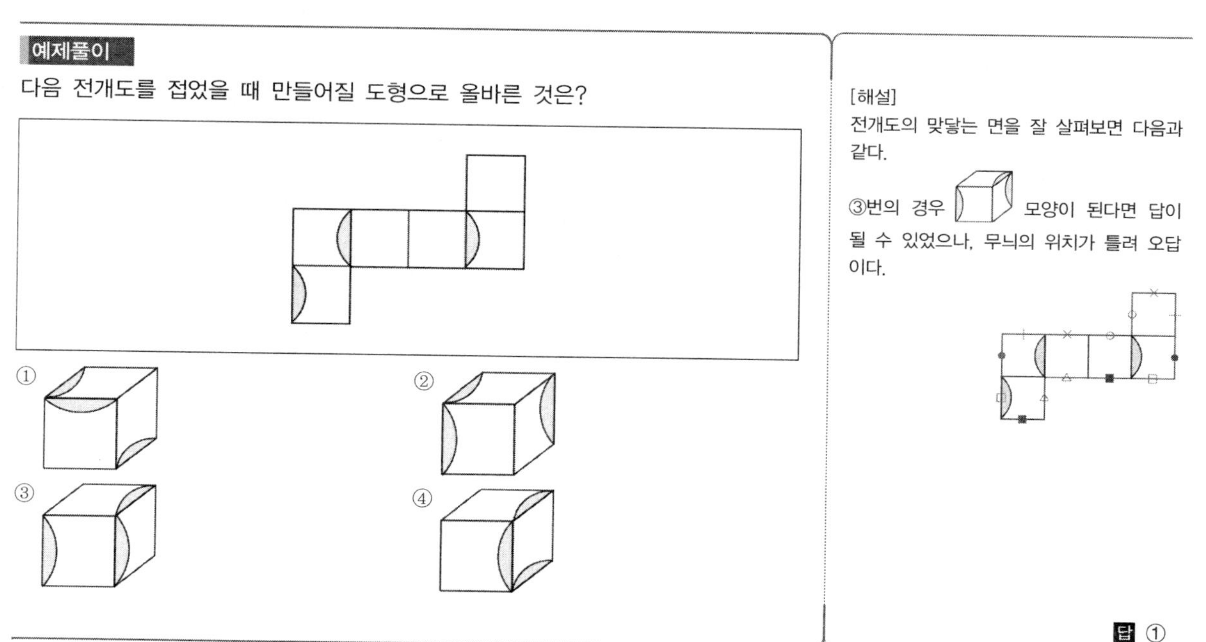

[해설]

전개도의 맞닿는 면을 잘 살펴보면 다음과 같다.

③번의 경우 모양이 된다면 답이 될 수 있었으나, 무늬의 위치가 틀려 오답이다.

답 ①

대표유형 4 편칭 · 절단면

(1) 펀칭

① 종이의 접힌 면을 잘 살펴본다.

② 접힌 면을 중심으로 펀칭구멍이 대칭으로 생긴다는 것을 염두한다.

③ 펀칭 순서를 역으로 추리해나간다.

예제풀이

다음 그림과 같이 화살표 방향으로 종이를 접은 후, 펀치로 구멍을 뚫어 다시 펼친 그림은?

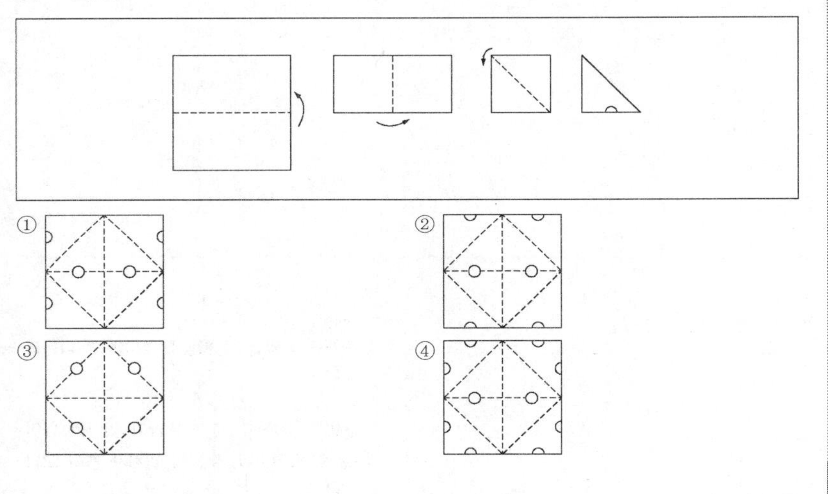

[해설]
역으로 순서를 유추해보면 다음 그림과 같다. 접힌 면을 항상 염두해야 한다.

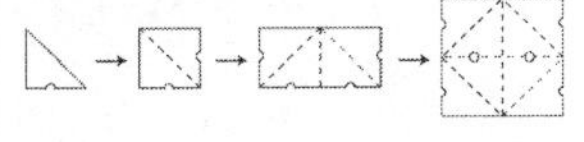

답 ①

(2) 절단면

① 원기둥은 밑면과 수직이 되도록 세로로 자르면 절단면은 직사각형 또는 정사각형이 된다.

② 원기둥을 밑면과 평행하도록 자르면 절단면은 원이 된다.

③ 원기둥을 비스듬하게 자르면 절단면은 타원형의 모습이 된다.

④ 구는 어떤 평면을 잘라도 그 단면은 원이 된다.

예제풀이

다음 입체도형을 평면으로 잘랐을 때 생기는 단면의 모양이 아닌 것은?

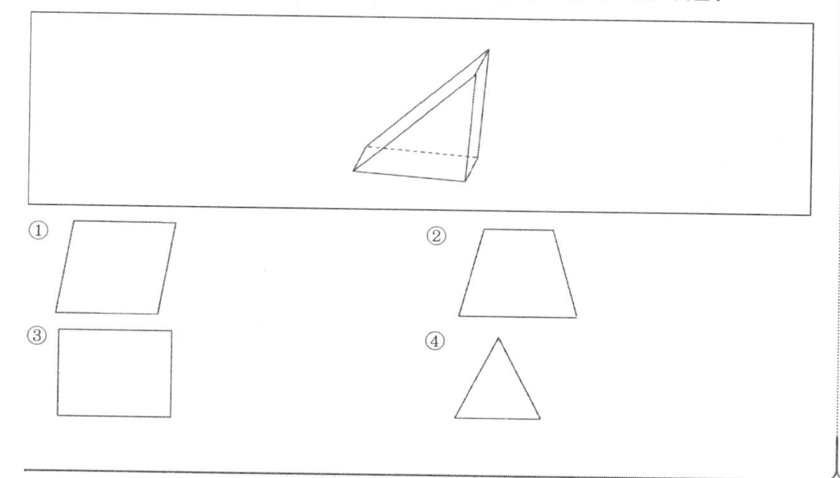

[해설]
도형은 여러 가지 모양으로 자를 수 있는데 아래의 그림처럼 각각 ②로 자르면 사다리꼴 모양, ③으로 자르면 직사각형 모양, ④로 자르면 삼각형 모양이 나오게 된다.

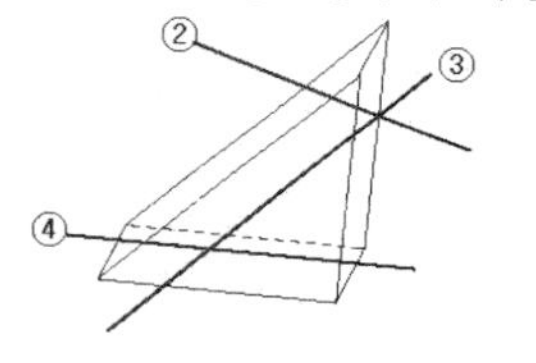

답 ①

대표유형 5 회전체

(1) 동일한 전개도로 만들 수 있는(없는) 회전체 찾기

예제풀이

다음 중 동일한 전개도로 만들 수 없는 것은?

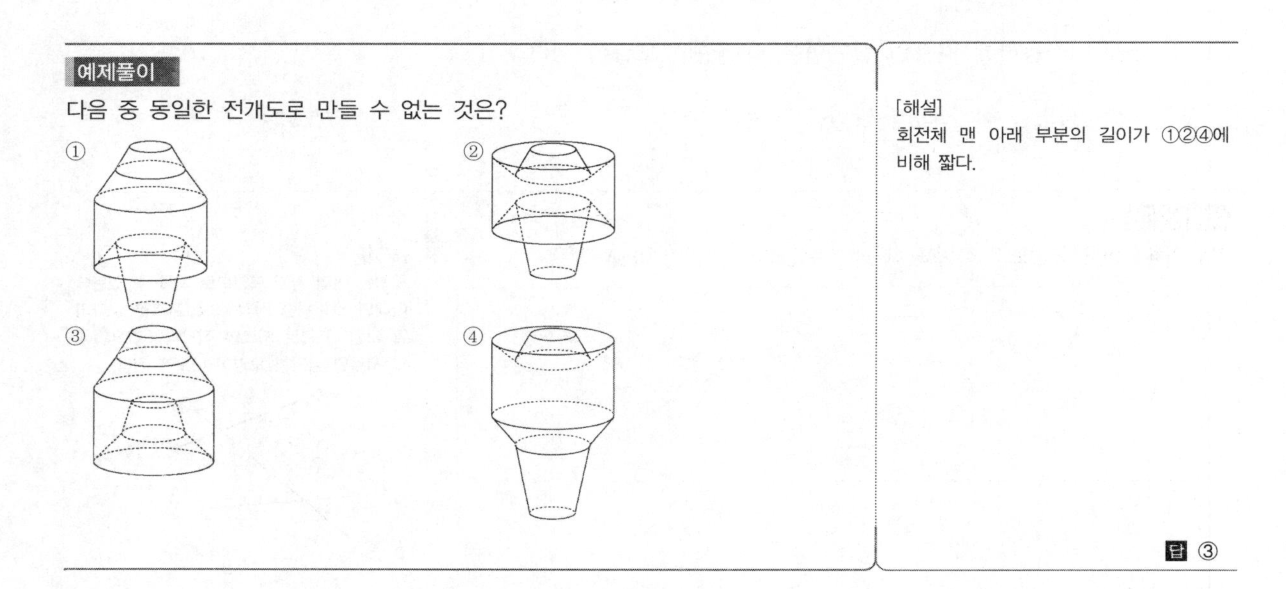

① ② ③ ④

[해설]

회전체 맨 아래 부분의 길이가 ①②④에 비해 짧다.

답 ③

(2) 축을 중심으로 회전시켰을 때의 회전체 찾기

예제풀이

상자 안의 도형을 제시된 축을 중심으로 회전시켰을 때 생기는 입체의 모양은?

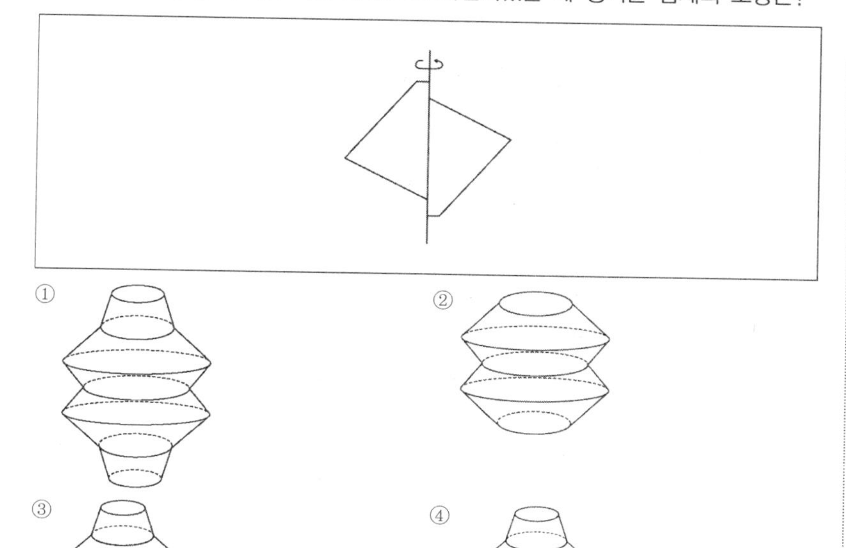

[해설]

회전축을 중심으로 두 도형이 서로 어긋난 모양으로 만나고 있다. 맨 위와 맨 아래는 원기둥의 모양이 만들어지게 되며, 옆면은 뾰족한 부분과 들어간 부분이 생기게 된다. ②번은 위아래에 원기둥의 모양이 생기지 않았기 때문에 오답이다.

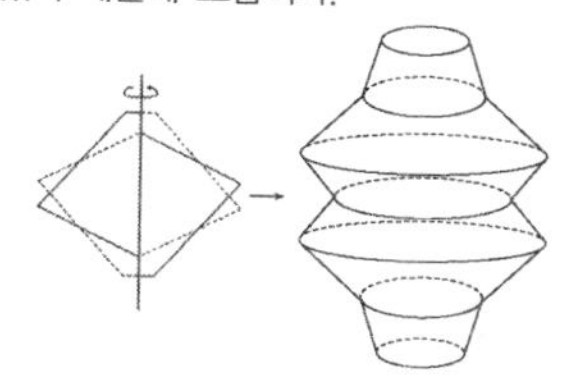

답 ①

출제예상문제

1 다음 제시된 그림을 반시계 방향으로 90° 회전 후 오른쪽으로 뒤집은 그림은?

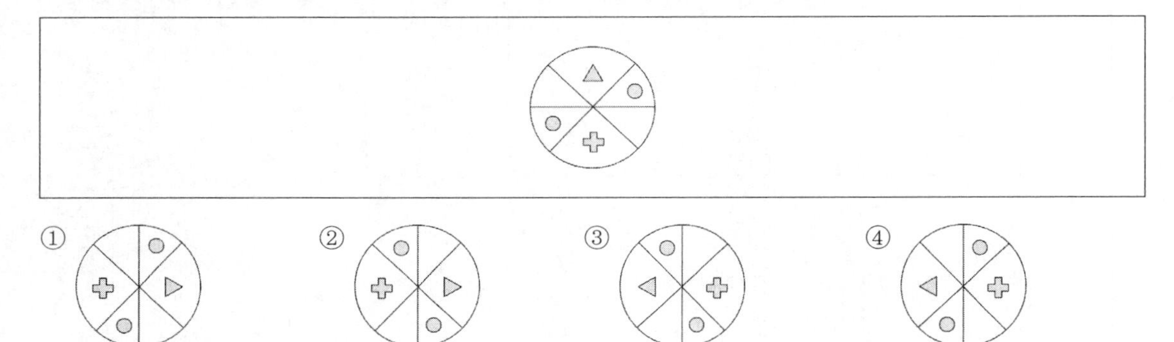

해설

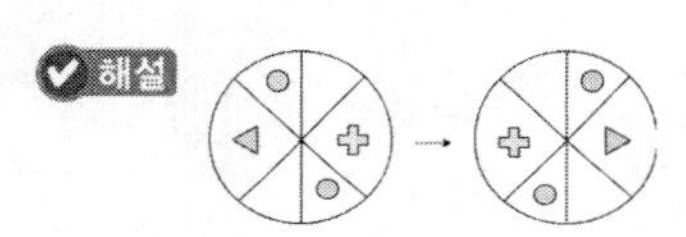

2 다음 제시된 그림을 시계 반대 방향으로 90° 회전한 후 위로 뒤집고 왼쪽으로 뒤집은 모양으로 옳은 것은?

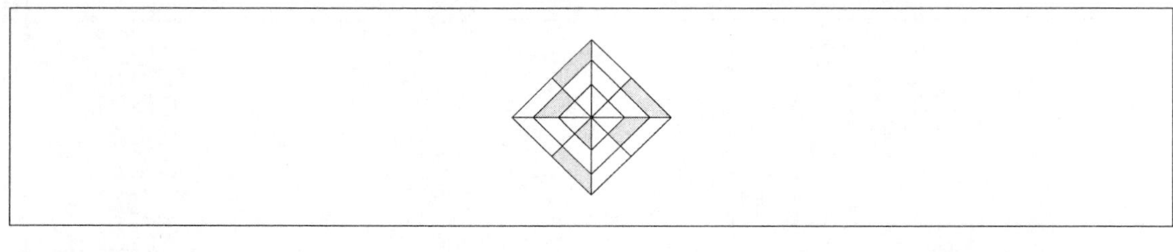

① 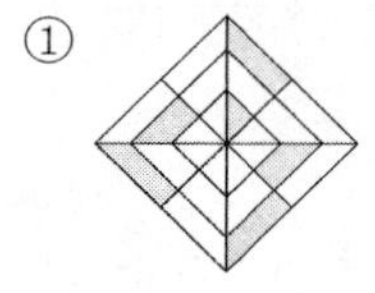
② 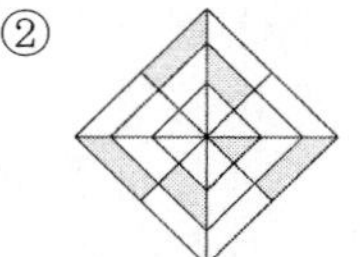
③ 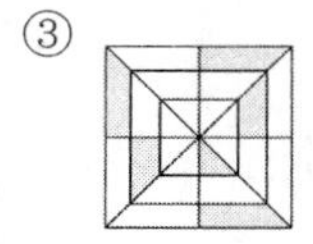
④ 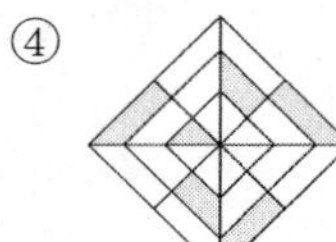

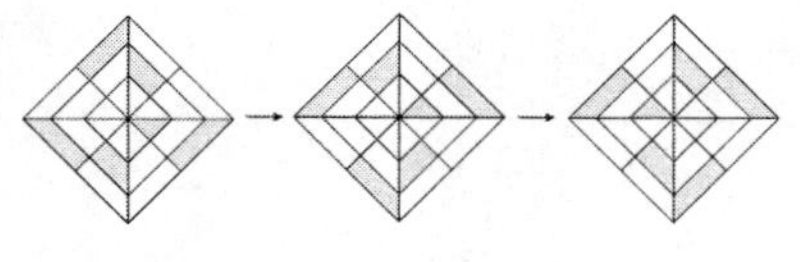

| 3 ~ 6 | 다음 중 나머지 셋과 다른 것을 고르시오.

3 

① 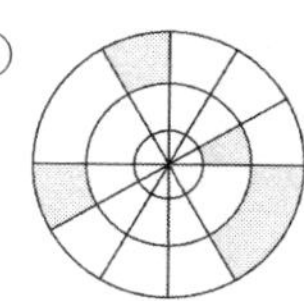 ② 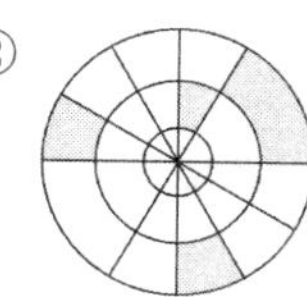 ③ 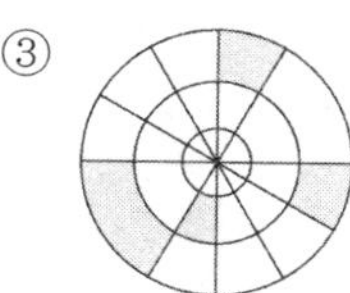 ④ 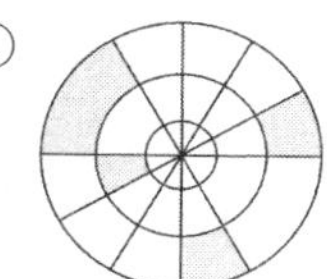

✔ 해설 ①③④는 회전관계, ②는 색칠된 부분이 다른 그림이다.

4

① 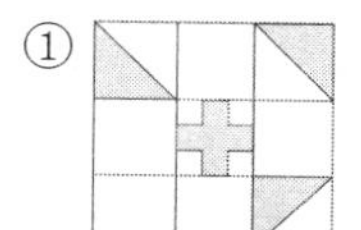 ② 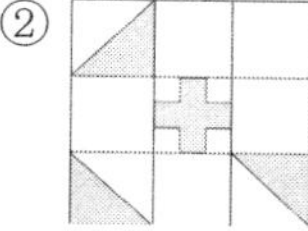 ③ 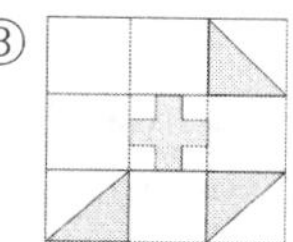 ④ 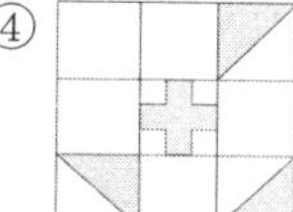

✔ 해설 ①②④는 회전관계, ③은 모양이 다른 그림이다.

5 

① 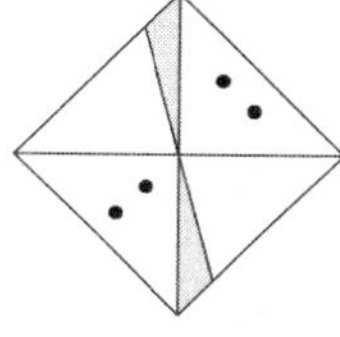 ② 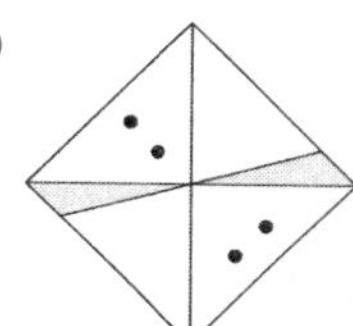 ③ 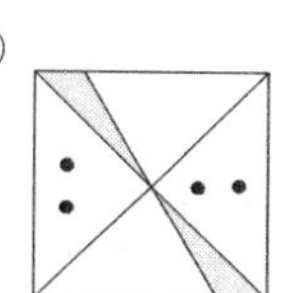 ④ 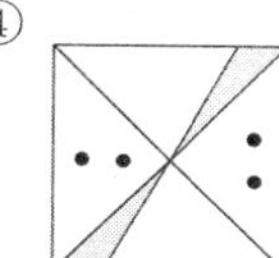

✔ 해설 ①②④는 회전관계, ③은 모양이 다른 그림이다.

6

① 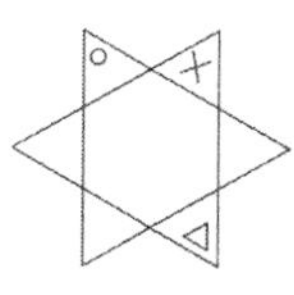 ② 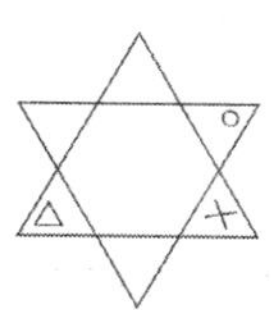 ③ 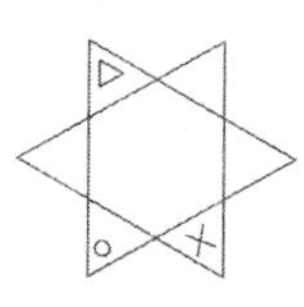 ④ 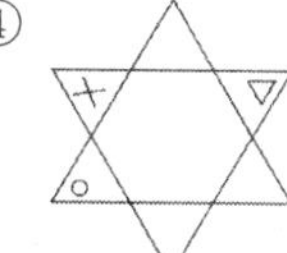

✔ 해설 ①②④는 회전관계, ③은 ○, × 표시가 반대로 되어 있다.

Answer 1.① 2.④ 3.② 4.③ 5.③ 6.③

▌7 ~ 10 ▌ 다음과 같이 화살표 방향으로 종이를 접었을 때 앞면 또는 뒷면의 모양으로 가능한 것을 고르시오.

7

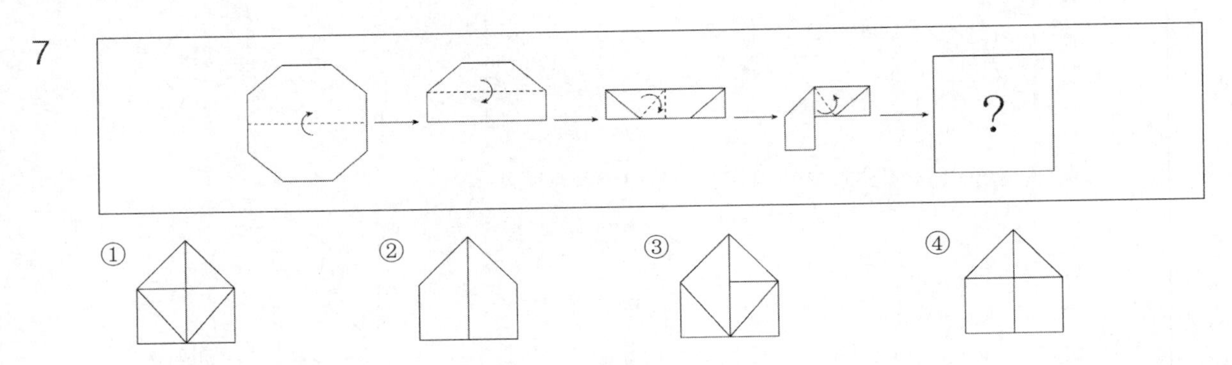

✔ 해설 ② 주어진 화살표 방향대로 접었을 때 뒷면의 모양에 해당한다.
①③④ 주어진 화살표 방향대로 접었을 때 나올 수 없는 모양이다.

8

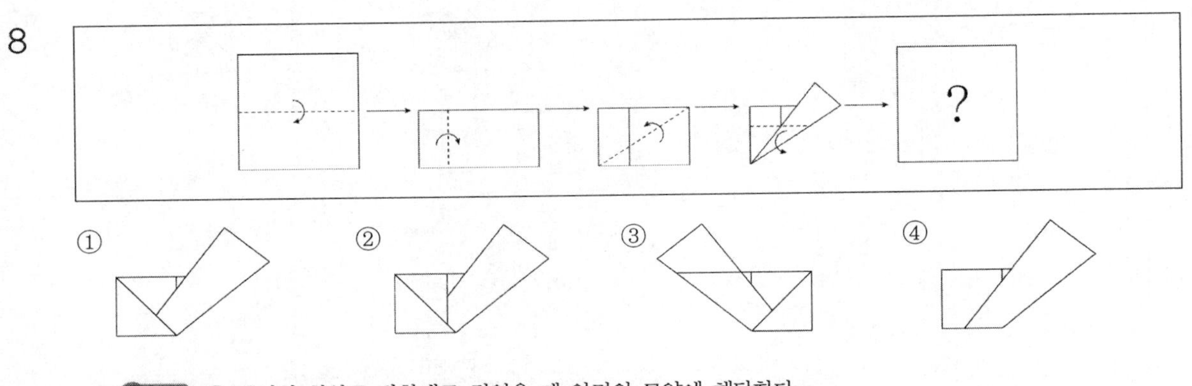

✔ 해설 ④ 주어진 화살표 방향대로 접었을 때 앞면의 모양에 해당한다.
①②③ 주어진 화살표 방향대로 접었을 때 나올 수 없는 모양이다.

9

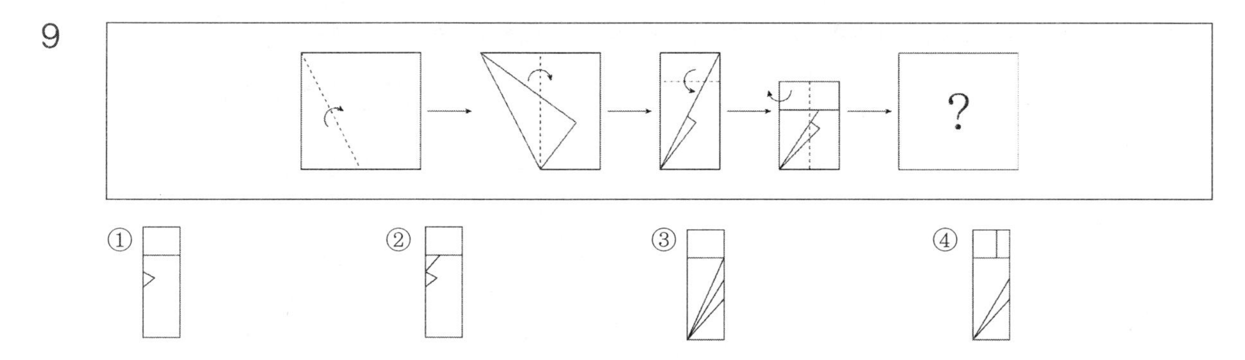

✔ 해설 ② 주어진 화살표 방향대로 접었을 때 앞면의 모양에 해당한다.
①③④ 주어진 화살표 방향대로 접었을 때 나올 수 없는 모양이다.

10

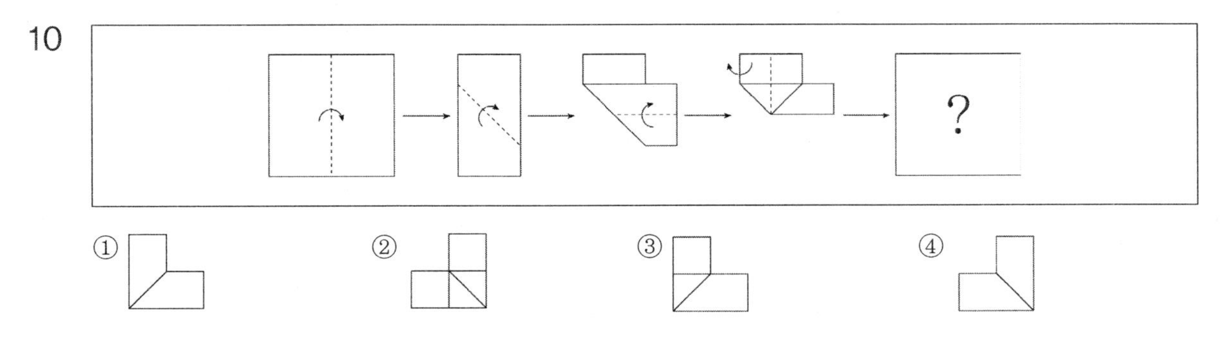

✔ 해설 ③ 주어진 화살표 방향대로 접었을 때 앞면의 모양에 해당한다.
①②④ 주어진 화살표 방향대로 접었을 때 나올 수 없는 모양이다.

Answer 7.② 8.④ 9.② 10.③

▌11 ~ 13 ▌ 아래에 제시된 그림과 같이 쌓기 위해 필요한 블록의 수는?

* 블록은 모양과 크기는 모두 동일한 정육면체임

11

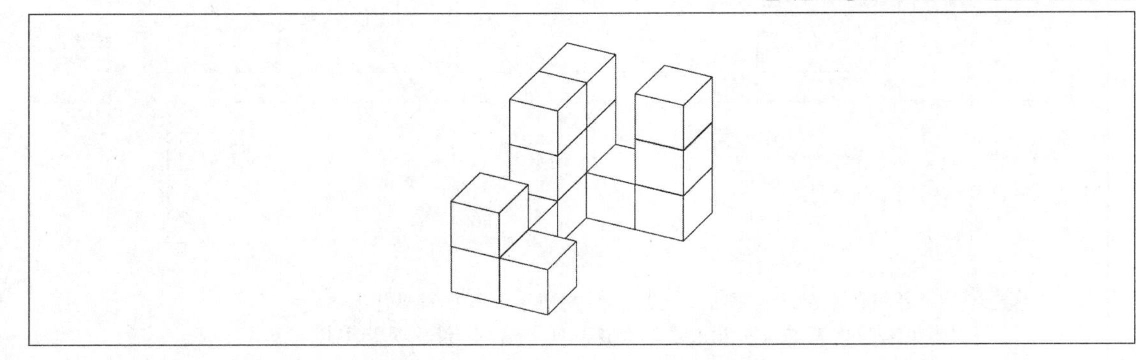

① 13　　② 14
③ 15　　④ 16

✔해설 바닥면부터 블록의 개수를 세어 보면, 7+4+3=14개이다.

12

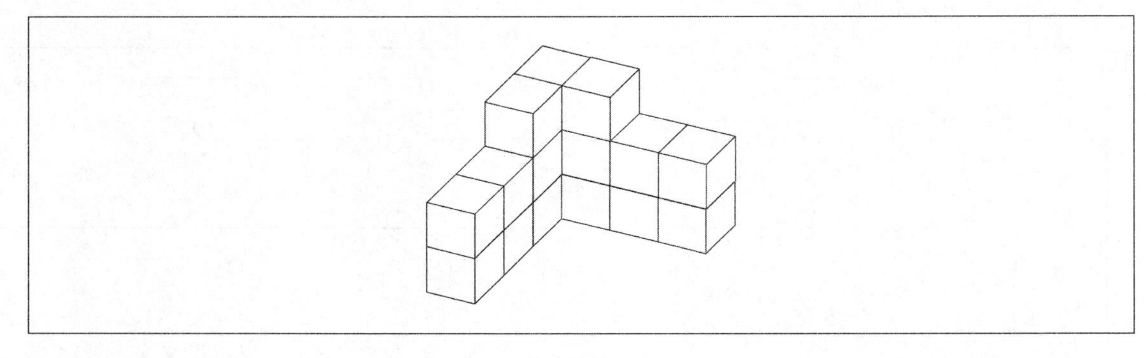

① 16　　② 17
③ 18　　④ 19

✔해설 바닥면부터 블록의 개수를 세어 보면, 7+7+3=17개이다.

13

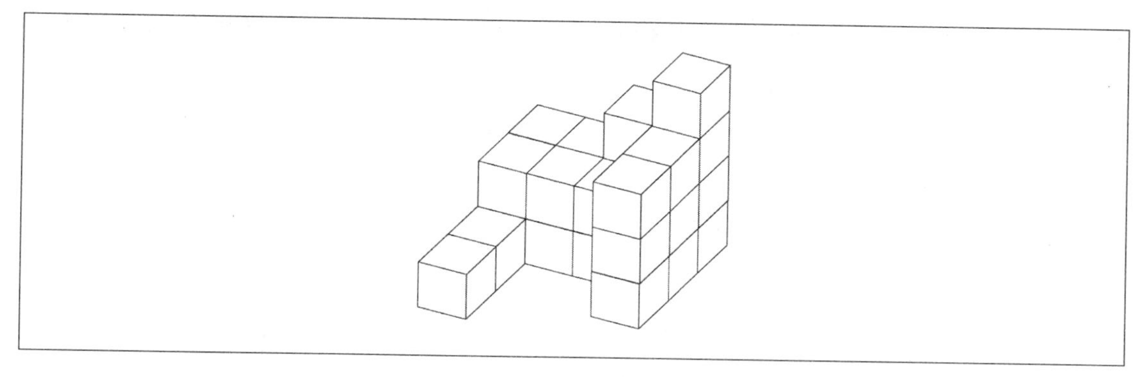

① 23
② 24
③ 25
④ 26

해설 바닥면부터 블록의 개수를 세어 보면, 11+9+4+1= 25개이다.

Answer 11.② 12.② 13.③

▌14 ~ 15▐ 보기의 조각을 한 번씩만 사용하여 정사각형을 만들려고 한다. 다음 중 필요 없는 조각 하나를 고르시오.

14 ① ② ③ ④

15 ① ② ③ ④

해설

해설

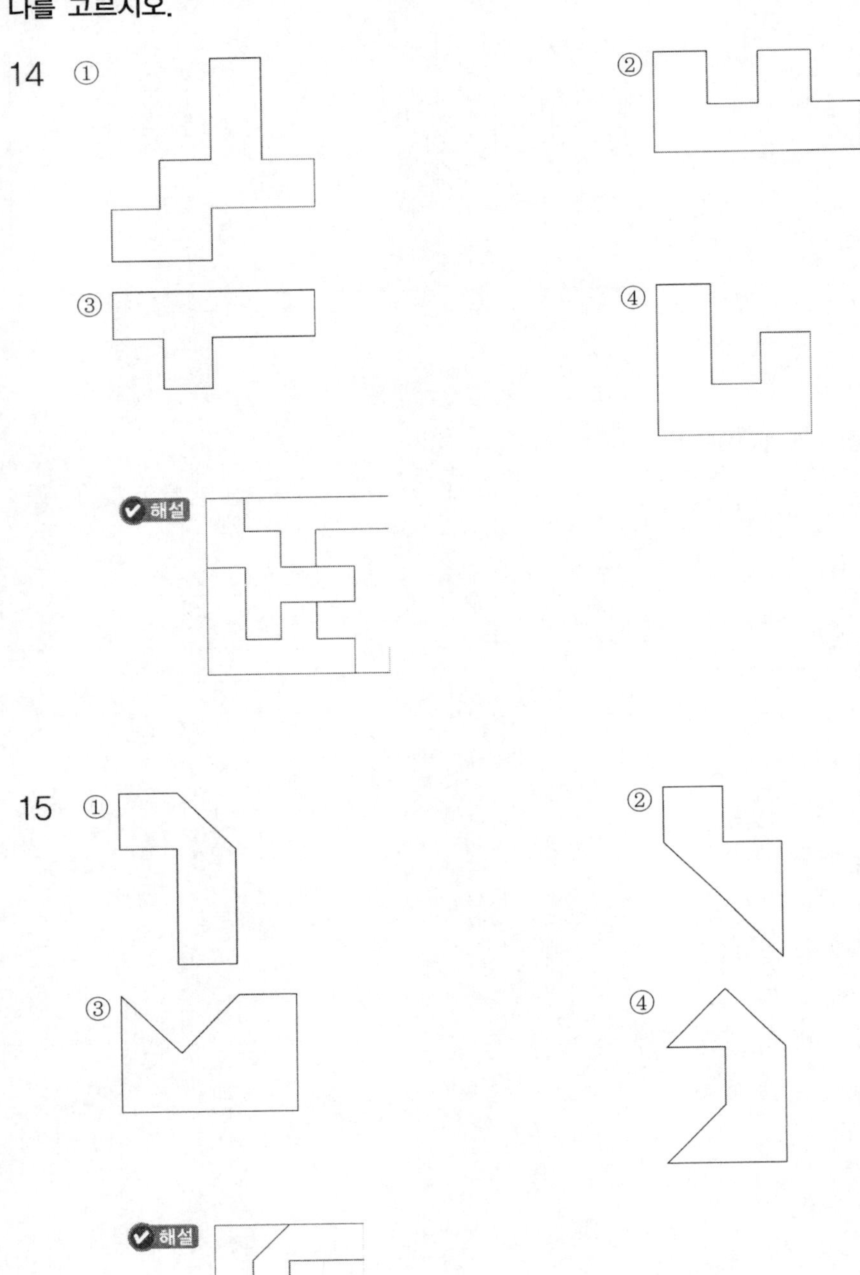

▌16 ~ 19 ▌ 아래에 제시된 블록들을 화살표 표시한 방향에서 바라봤을 때의 모양으로 알맞은 것은?

> ※ 주의사항
> - 블록은 모양과 크기는 모두 동일한 정육면체임.
> - 바라보는 시선의 방향은 블록의 면과 수직을 이루며 원근에 의해 블록이 작게 보이는 효과는 고려하지 않음.

16

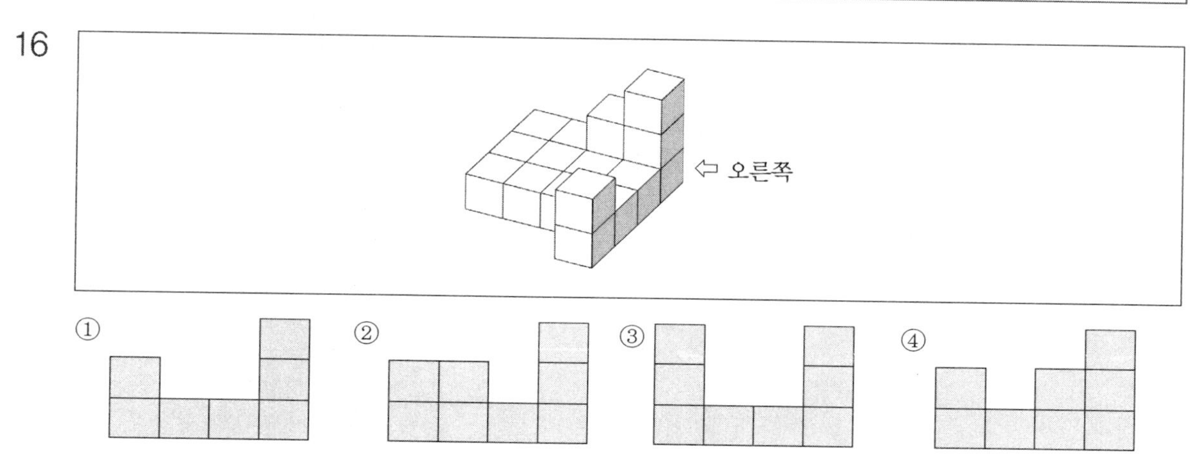

✔해설 제시된 블록을 화살표 표시한 방향에서 바라보면 ①이 나타난다.

17

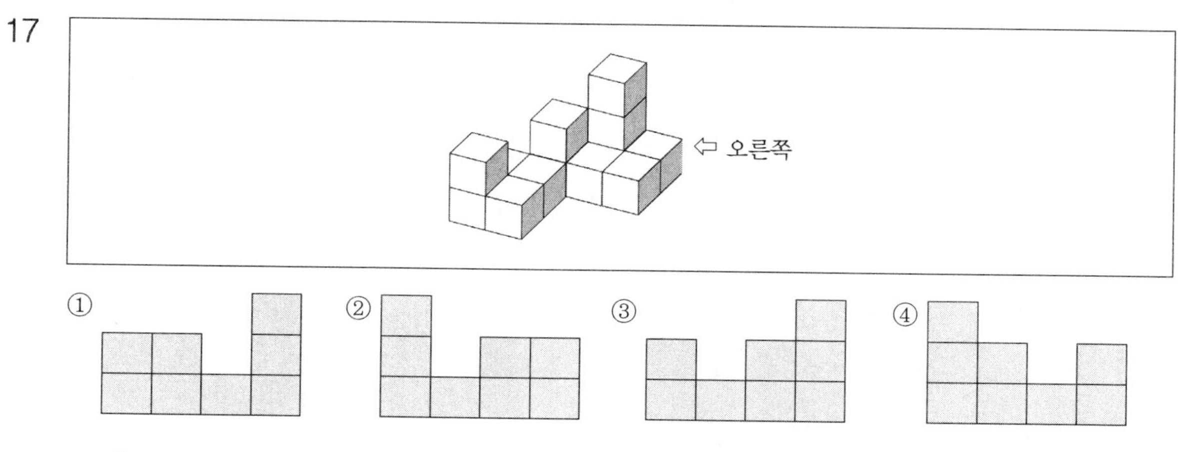

✔해설 제시된 블록을 화살표 표시한 방향에서 바라보면 ③이 나타난다.

Answer 14.④ 15.② 16.① 17.③

18

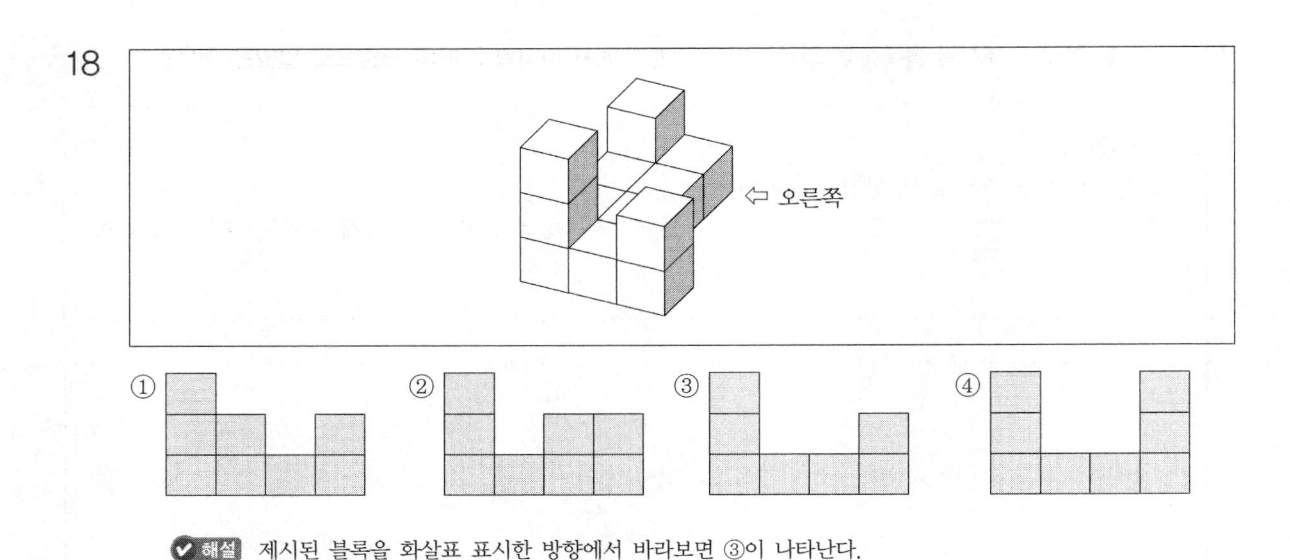

✔ 해설 제시된 블록을 화살표 표시한 방향에서 바라보면 ③이 나타난다.

19

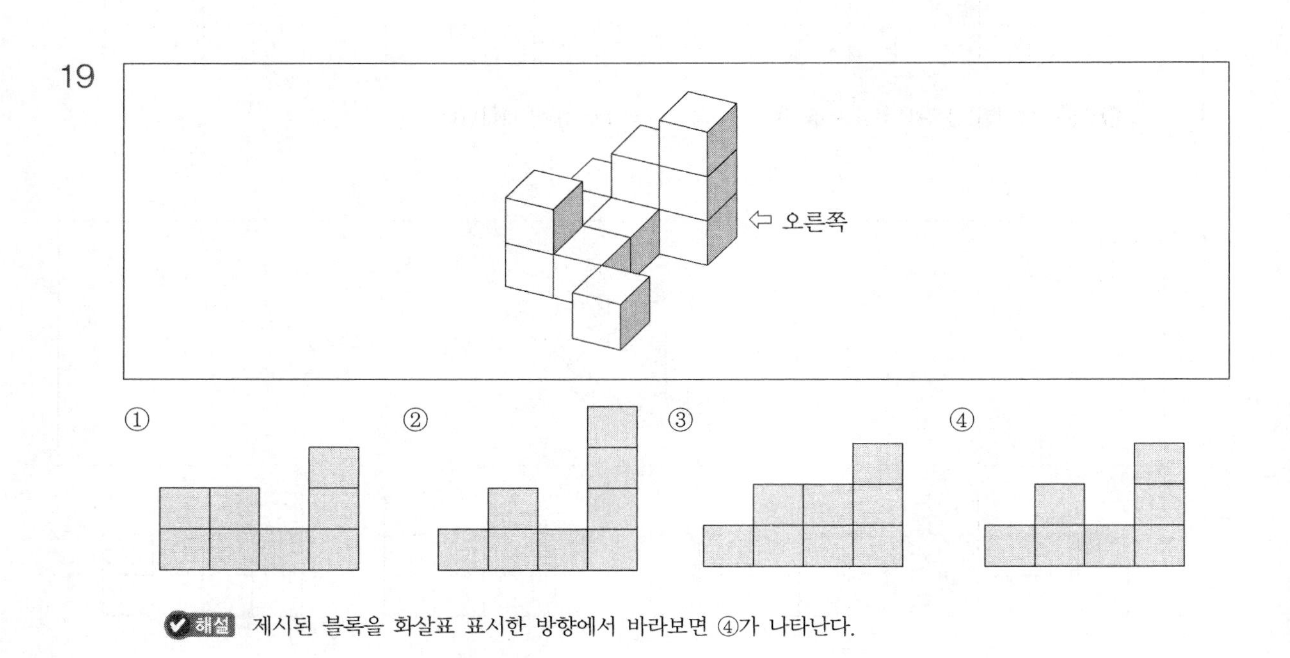

✔ 해설 제시된 블록을 화살표 표시한 방향에서 바라보면 ④가 나타난다.

▌20 ~ 23 ▌ 다음 제시된 블록에서 바닥에 닿은 면을 제외하고 어디서도 보이지 않는 블록의 개수를 고르시오.

20

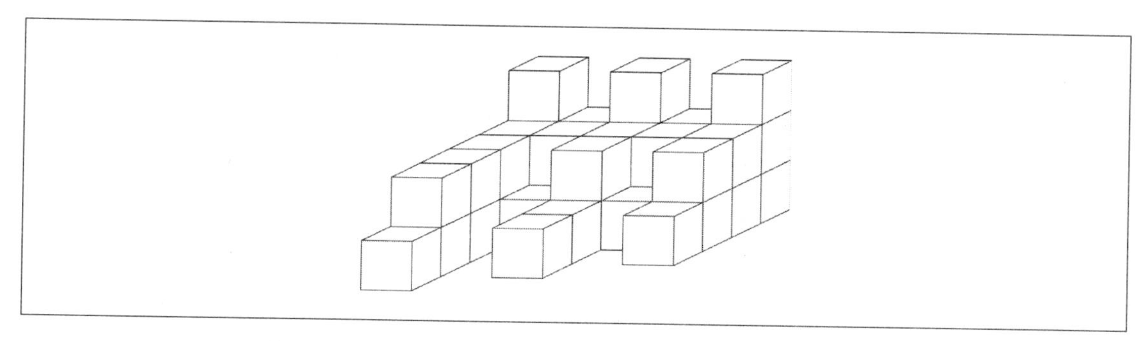

① 3개　　② 4개

③ 5개　　④ 6개

✔해설 다음에 표시된 맨 아래층 블록 4개가 어디서도 보이지 않는다.

2	1	1	1	2
1	0	0	0	1
1	2	0	2	1
2		3		4
2		4		
4				

21

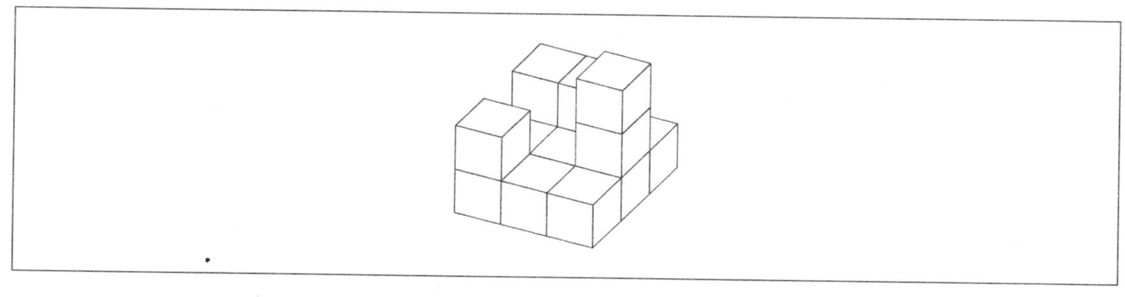

① 0개　　② 1개

③ 2개　　④ 3개

✔해설 모든 블록이 1면 이상 외부로 노출되어 있다.

Answer 18.③ 19.④ 20.② 21.①

22

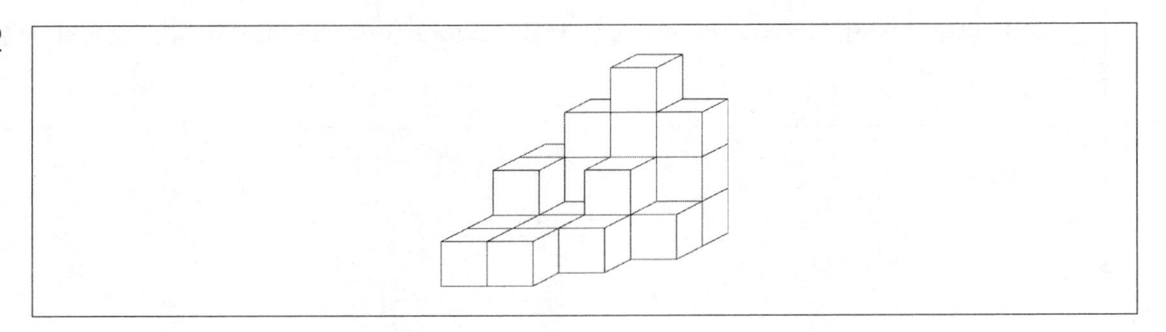

① 1개 ② 2개

③ 3개 ④ 4개

✔ 해설 다음에 표시된 맨 아래층 블록 1개가 어디서도 보이지 않는다.

2	1	1	2
1	1	0	3
2	1	3	
3	3		

23

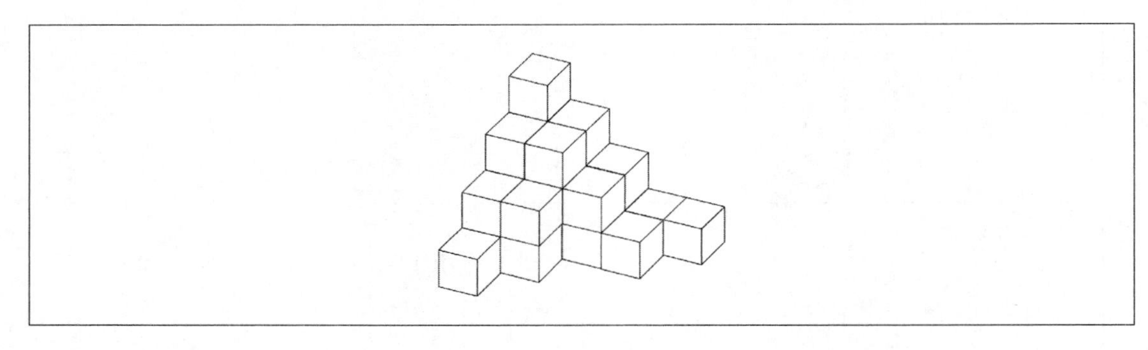

① 1개 ② 2개

③ 3개 ④ 4개

✔ 해설 다음에 표시된 맨 아래층 블록 1개와 2층의 블록 1개가 어디서도 보이지 않는다.

2	1	1	2	4
1	0	1	3	
1	2			
4				

2	1	3
1	0	3
3	3	

| 24 ~ 25 | 다음 제시된 세 개의 단면을 참고하여 해당되는 입체도형을 고르시오.

24

평면 정면 측면

①

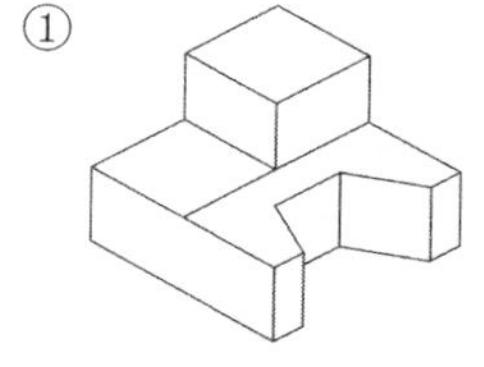

②

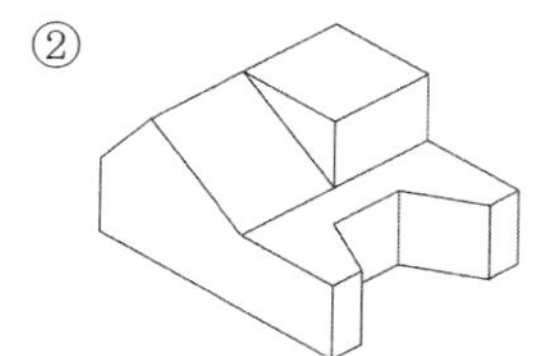

③

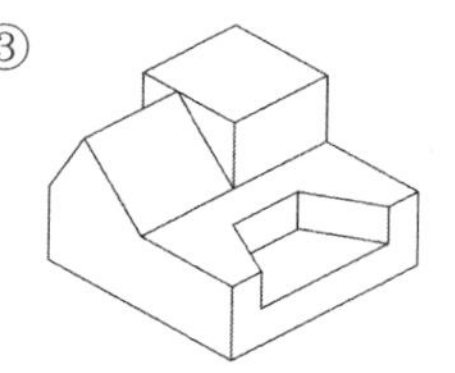

④

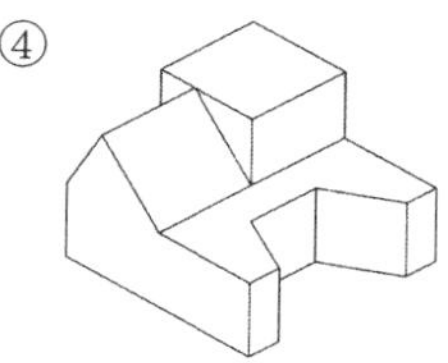

✔해설 ① 평면, 정면, 측면 모두 제시된 모양과 다르다.
② 평면, 정면의 모양이 제시된 모양과 다르다.
③ 평면, 측면의 모양이 제시된 모양과 다르다.

25

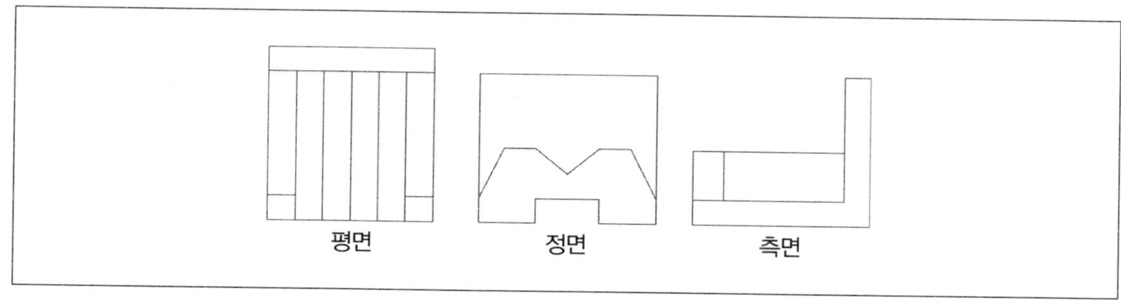

①

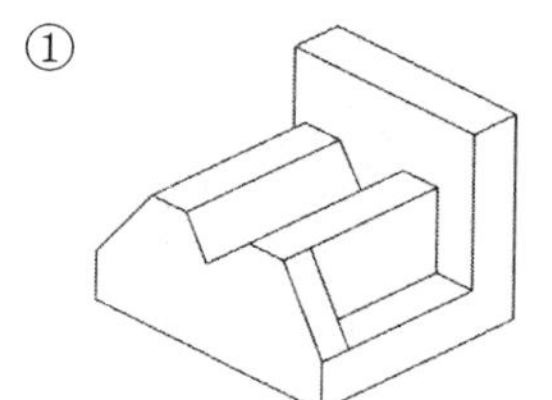

②

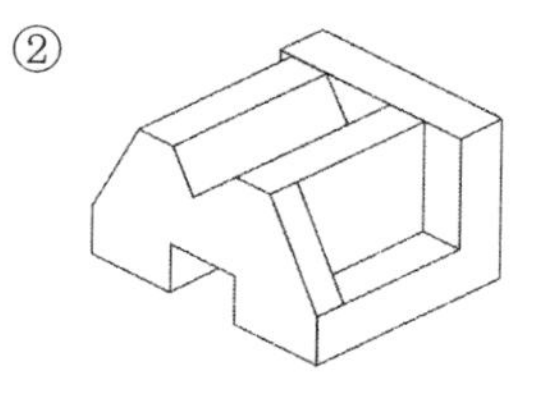

③

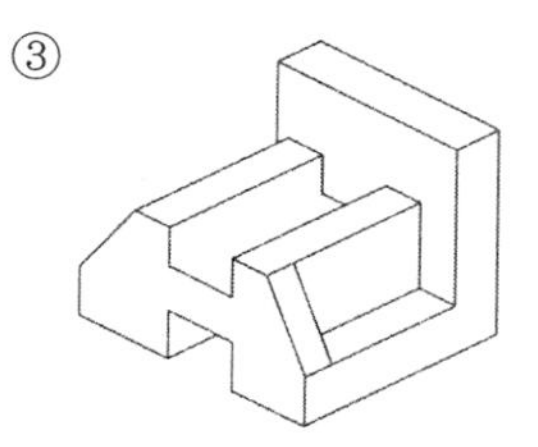

④

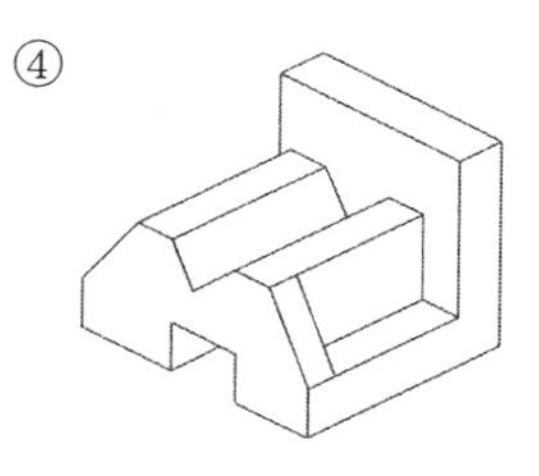

✔해설 ① 정면의 모양이 제시된 모양과 다르다.
② 정면, 측면의 모양이 제시된 모양과 다르다.
③ 평면, 정면의 모양이 제시된 모양과 다르다.

Answer 22.① 23.② 24.④ 25.④

❙ 26 ~ 29 ❙ 다음 전개도를 접었을 때, 나타나는 입체도형의 모양으로 알맞은 것을 고르시오.

26

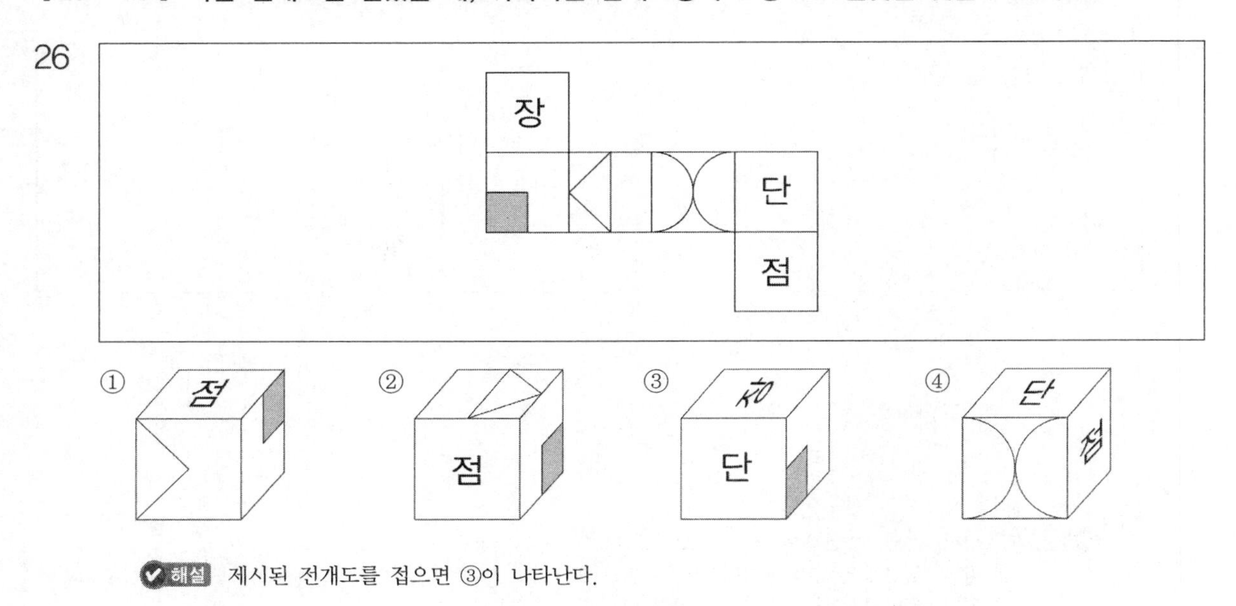

해설 제시된 전개도를 접으면 ③이 나타난다.

27

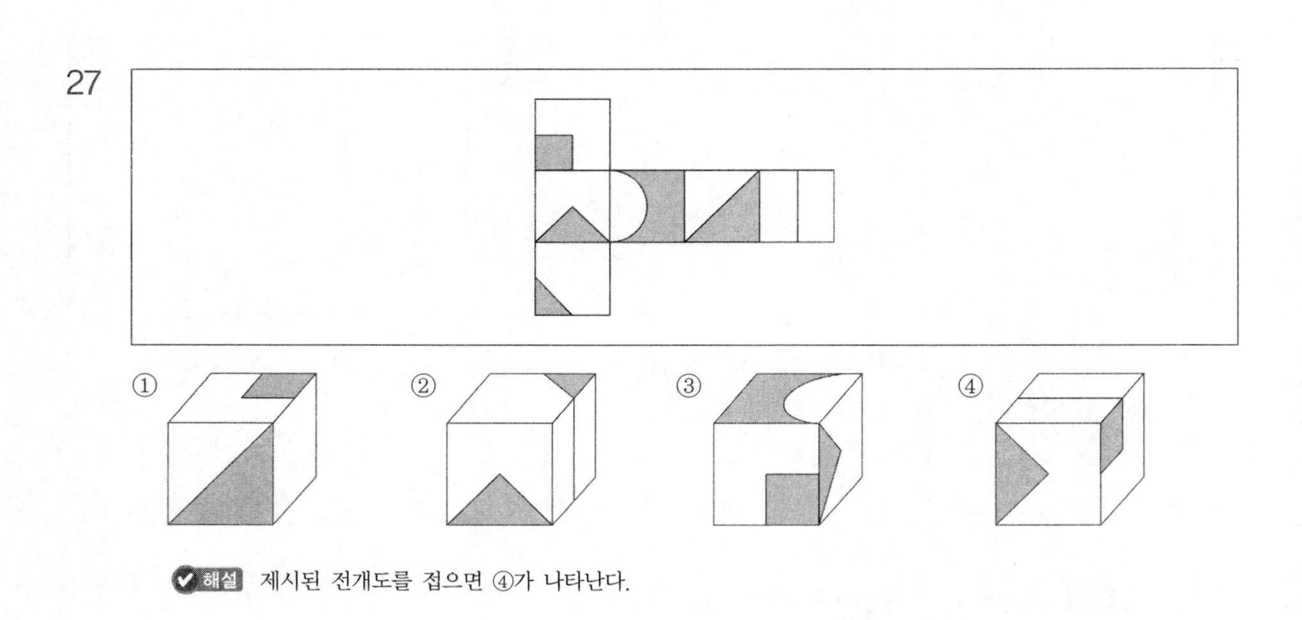

해설 제시된 전개도를 접으면 ④가 나타난다.

28

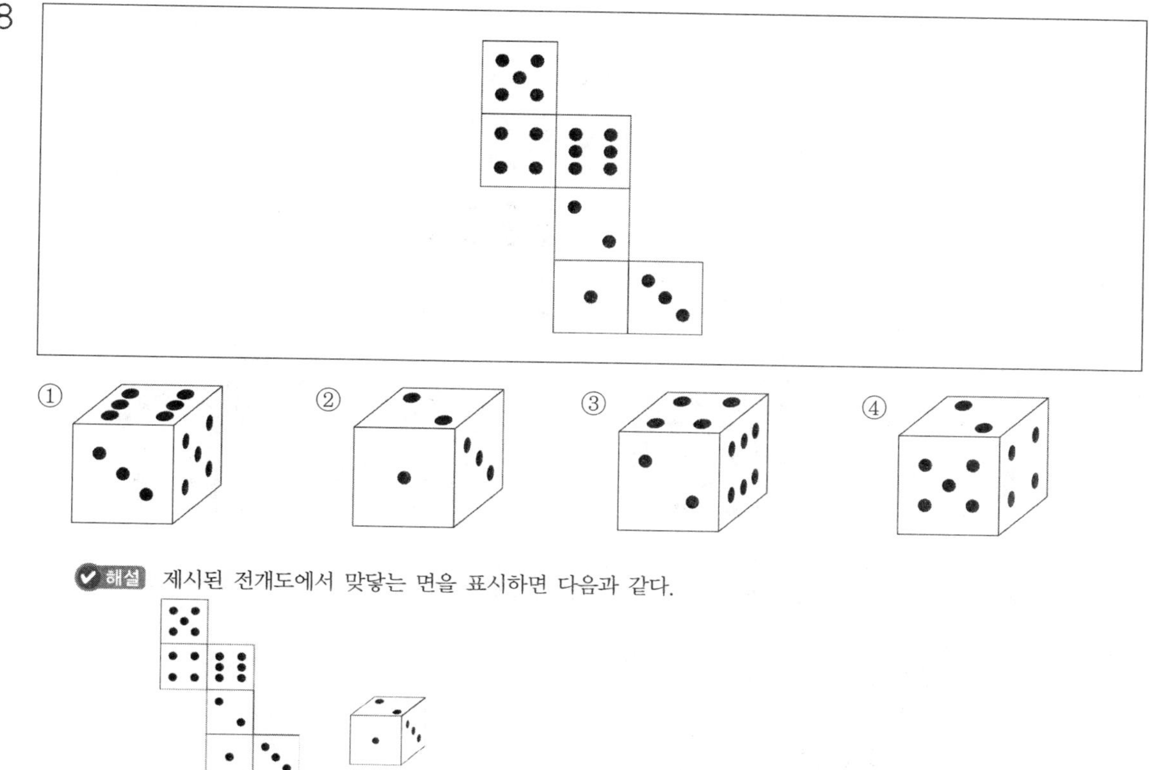

해설 제시된 전개도에서 맞닿는 면을 표시하면 다음과 같다.

Answer 26.③ 27.④ 28.②

29

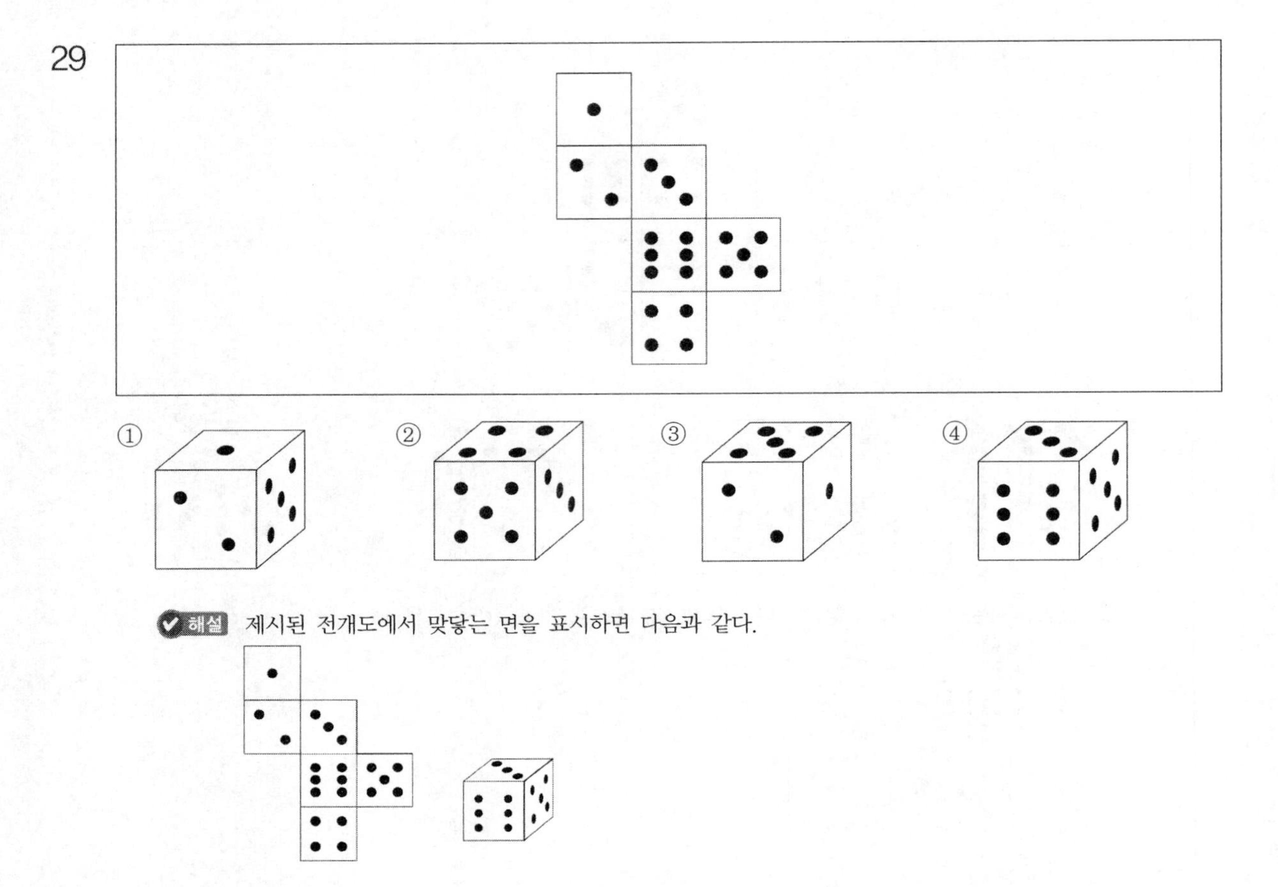

해설 제시된 전개도에서 맞닿는 면을 표시하면 다음과 같다.

| 30 ~ 31 | 다음 입체도형의 전개도로 옳은 것을 고르시오.

30

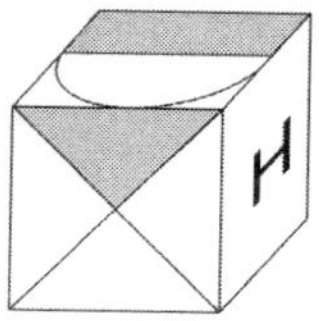

①

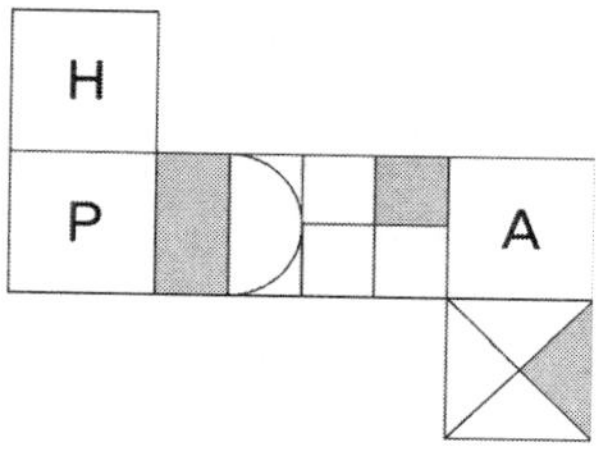

H

P A

②

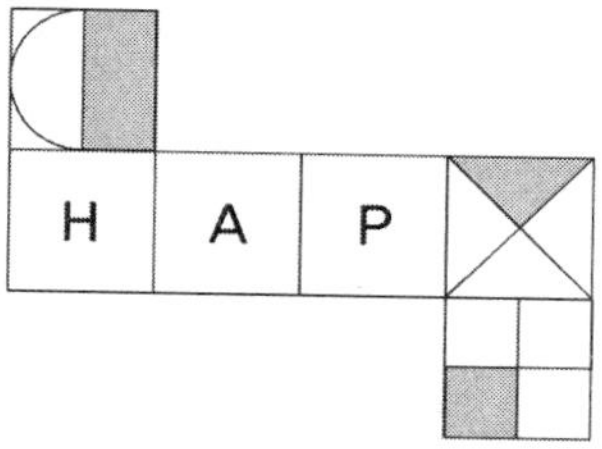

H A P

③

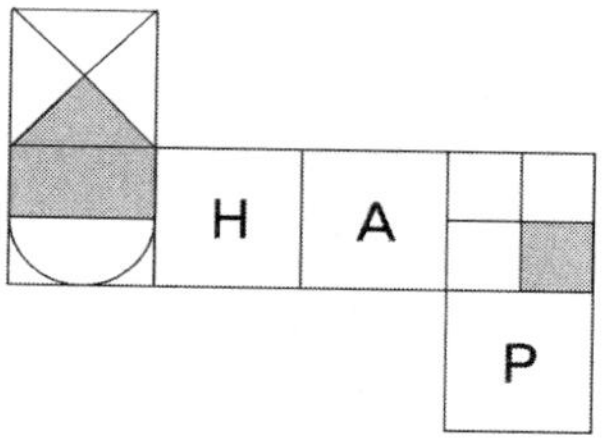

H A

P

④

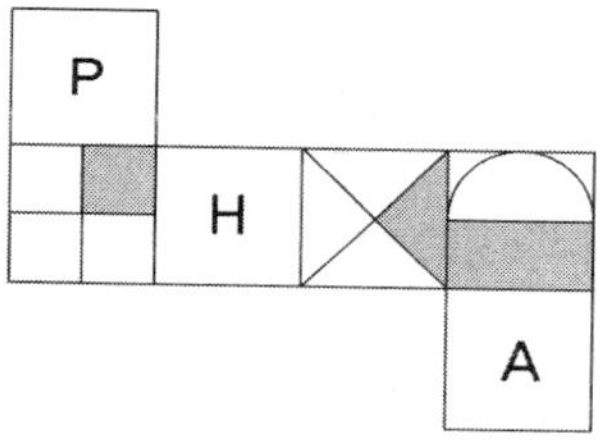

P

H

A

해설 제시된 도형을 전개하면 ②가 나타난다.

Answer 29.④ 30.②

31

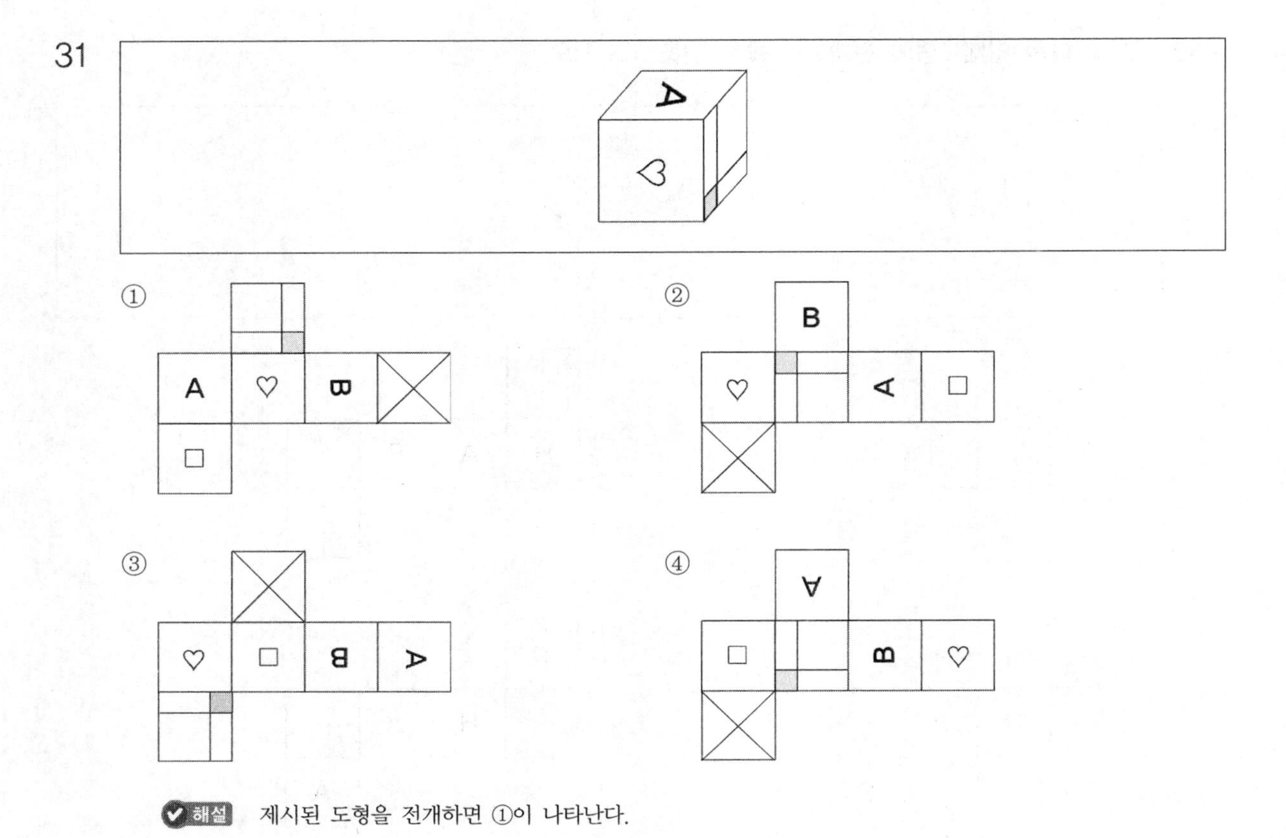

해설 제시된 도형을 전개하면 ①이 나타난다.

▌32 ~ 33 ▌ 다음 중 직육면체의 전개도가 다른 하나를 고르시오.

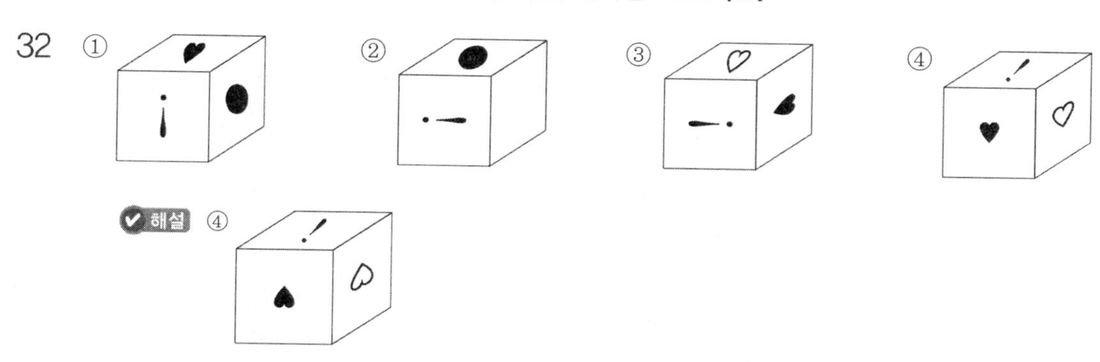

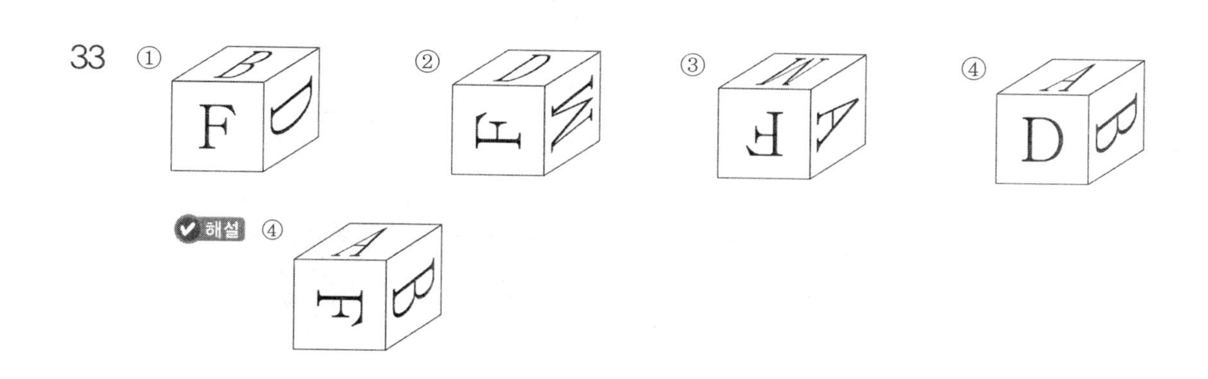

Answer 31.① 32.④ 33.④

❙ 34 ~ 38 ❙ 다음 제시된 그림을 화살표 방향으로 접은 후 구멍을 뚫은 다음 다시 펼쳤을 때의 그림을 고르시오.

34

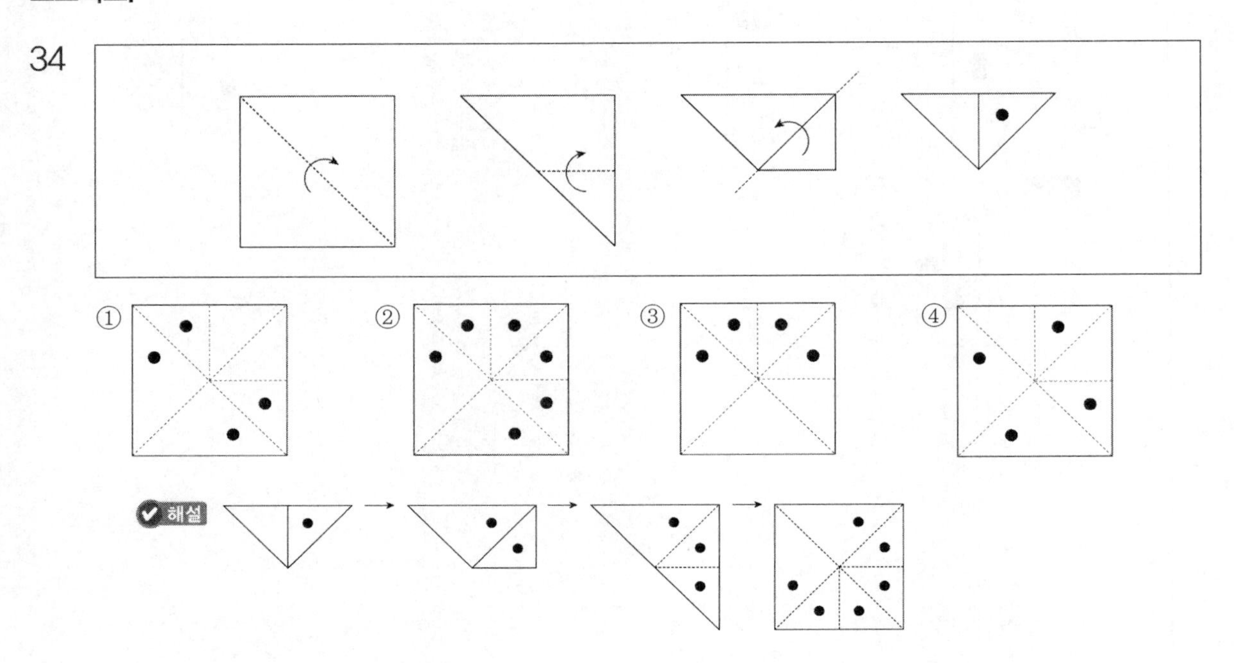

35

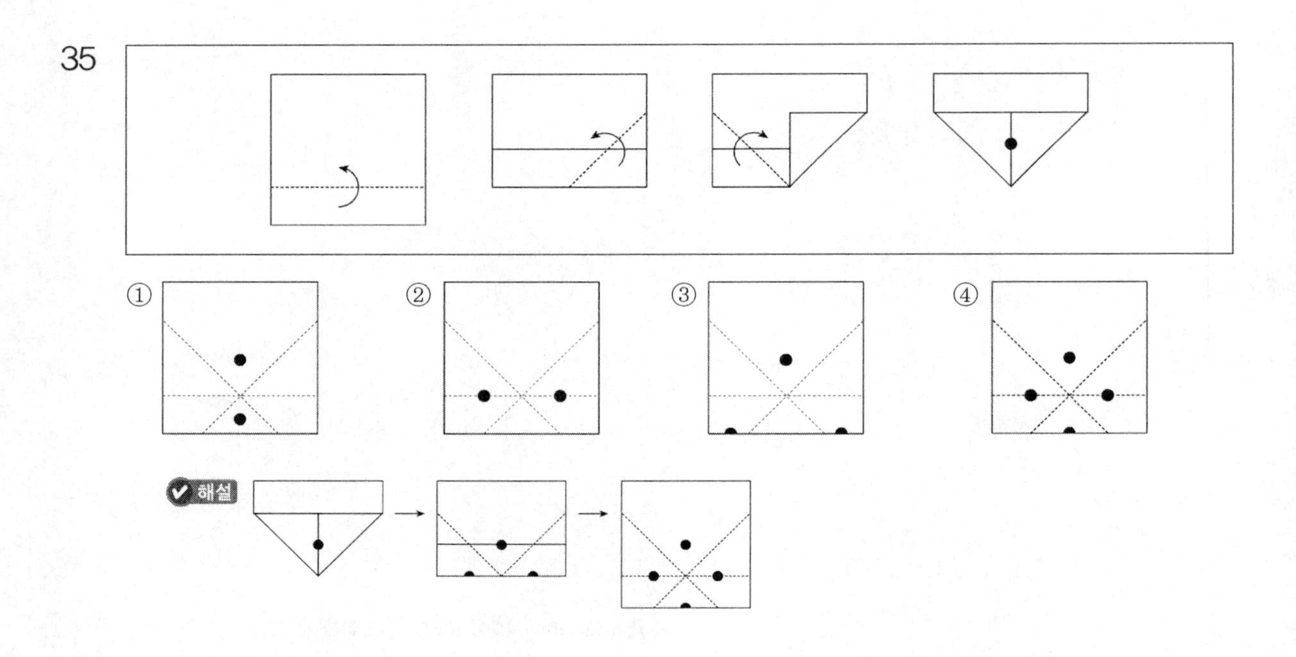

36

① ② ③ ④

해설

37

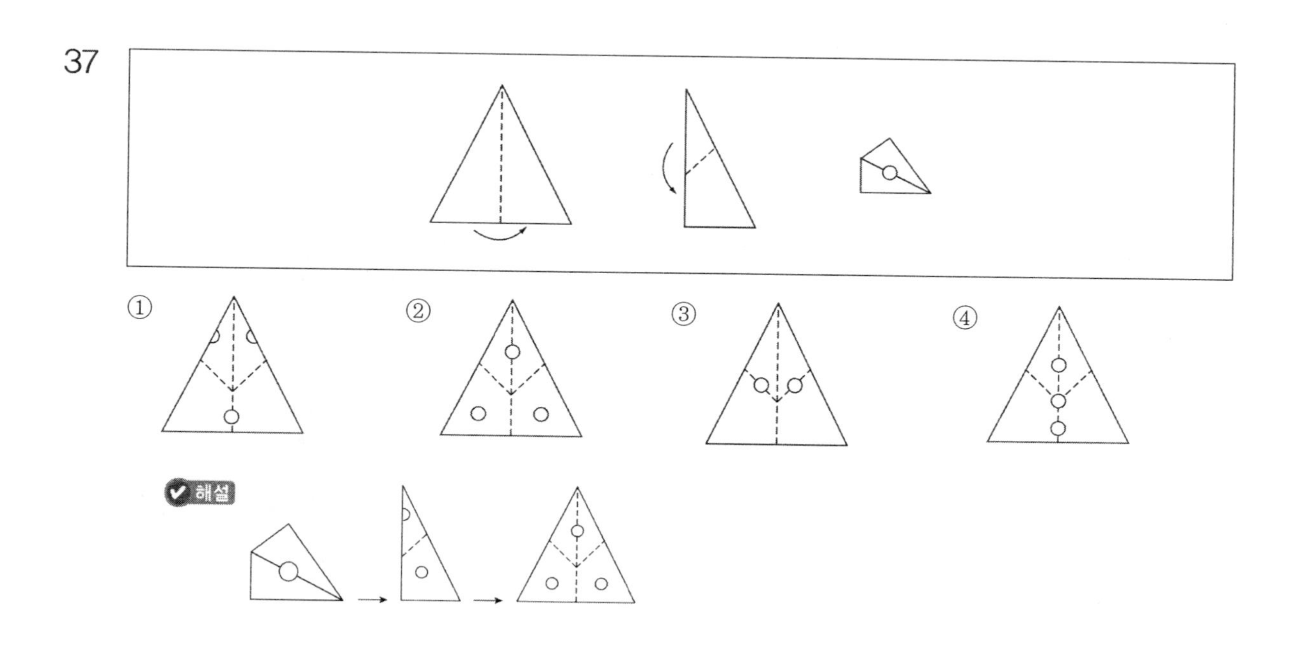

Answer 34.② 35.④ 36.① 37.②

38

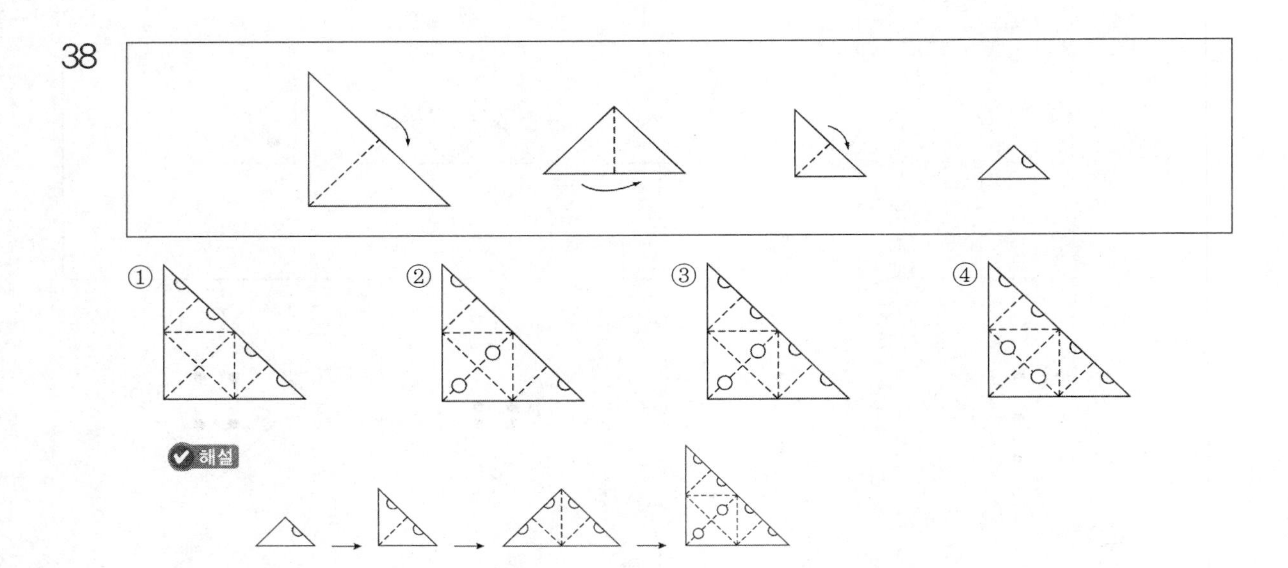

▌39 ~ 40 ▌ 다음 제시된 도형을 선을 따라 절단했을 때 나올 수 없는 모양을 고르시오.

39

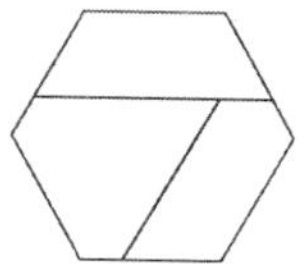

①

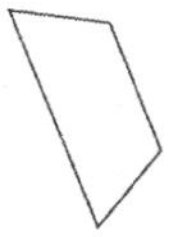

②

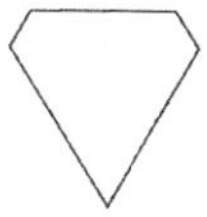

③

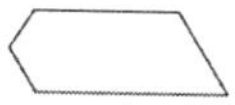

④

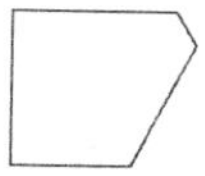

해설

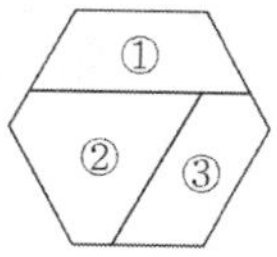

①

②

③

40

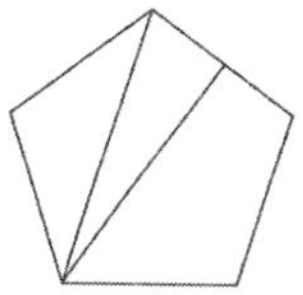

①

②

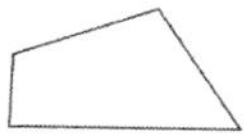

③

④

해설

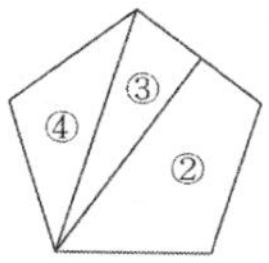

④

③

②

Answer 38.③ 39.④ 40.①

▌41 ~ 42 ▌ 다음 제시된 도형을 축을 중심으로 회전시켰을 때 나타나는 회전체의 모양으로 옳은 것을 고르시오.

41

42

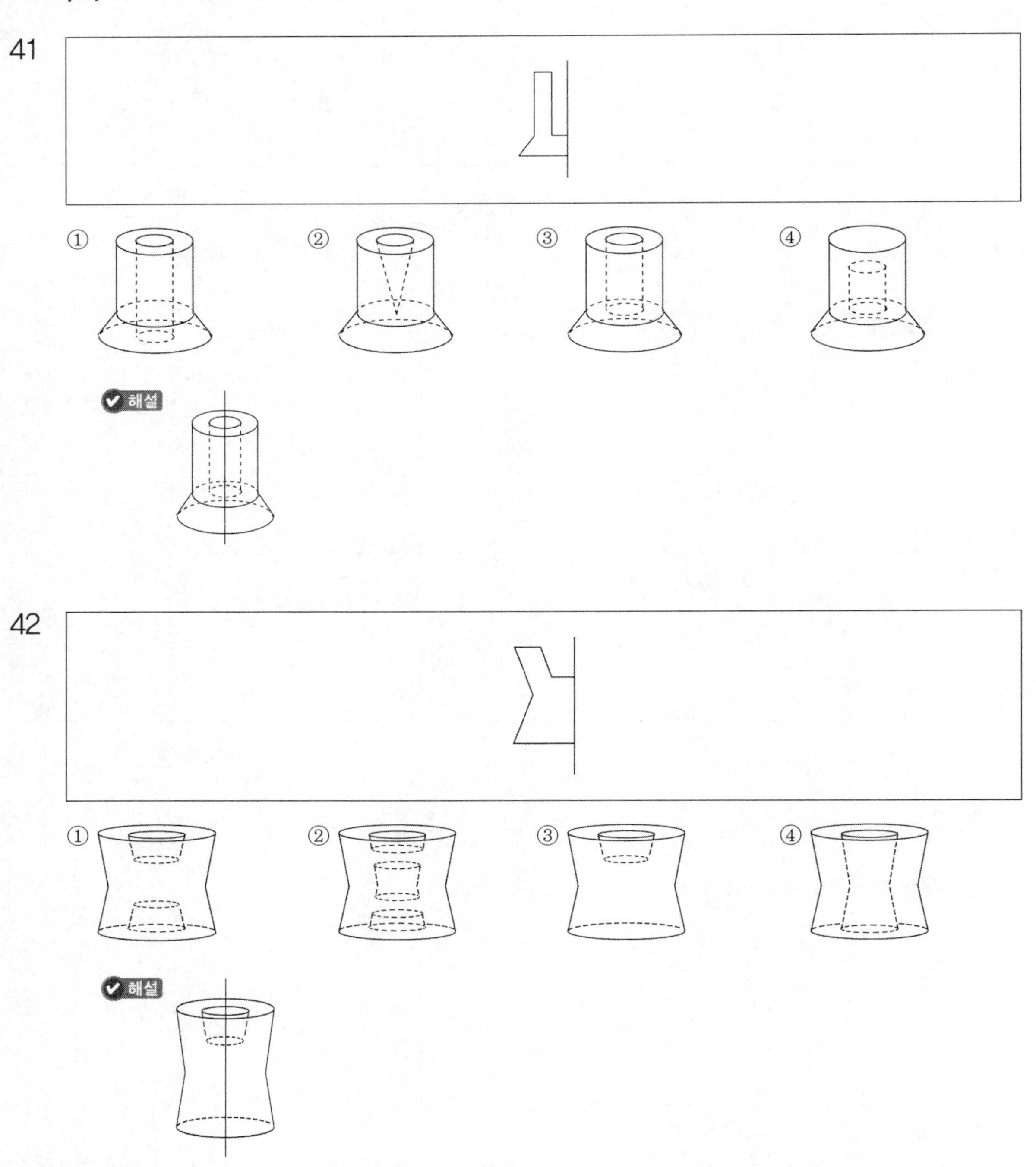

▍43 ~ 44 ▍ 다음 도형을 점과 선으로 표시할 때 나올 수 없는 그림을 고르시오. (단, 항상 투시하여 표현한다.)

43

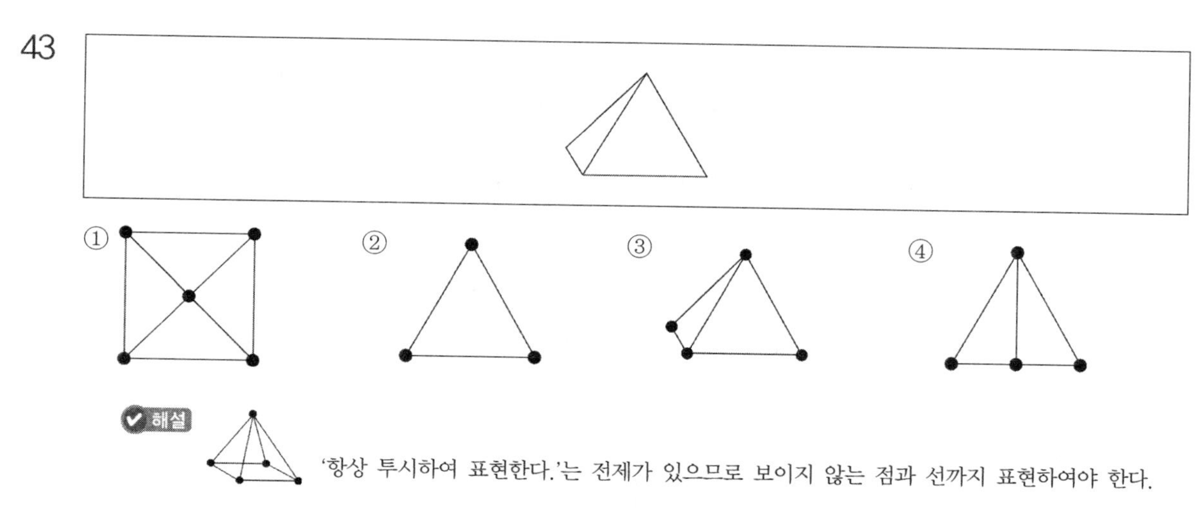

해설 '항상 투시하여 표현한다.'는 전제가 있으므로 보이지 않는 점과 선까지 표현하여야 한다.

44

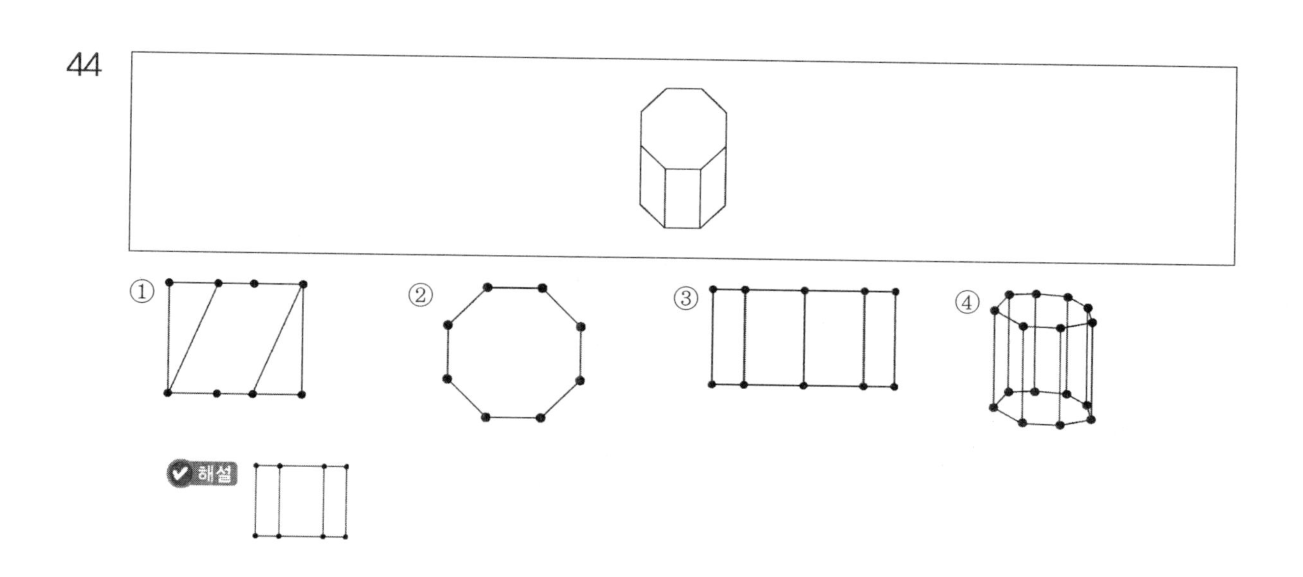

Answer 41.③ 42.③ 43.③ 44.①

| 45 ~ 46 | **다음 전개도를 접었을 때 두 점 사이의 거리가 가장 먼 것을 고르시오.**

45

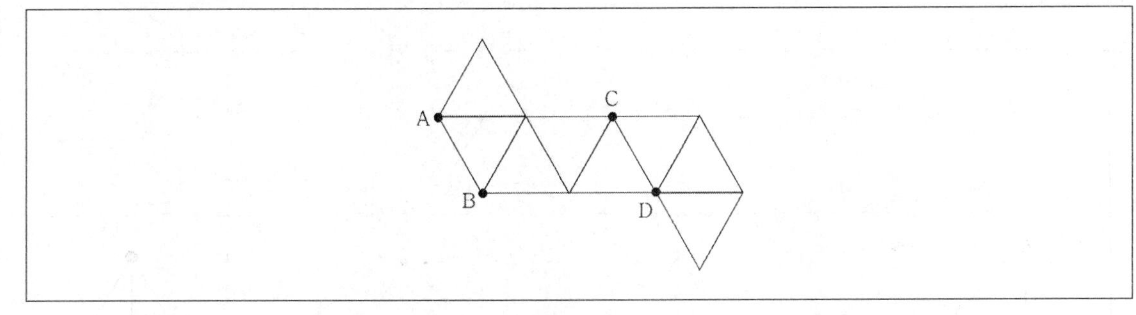

① AB ② AD

③ BC ④ BD

✔ 해설

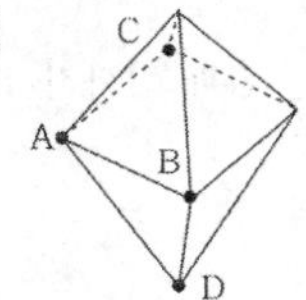

그림을 보면 BC의 거리가 가장 길다.

46

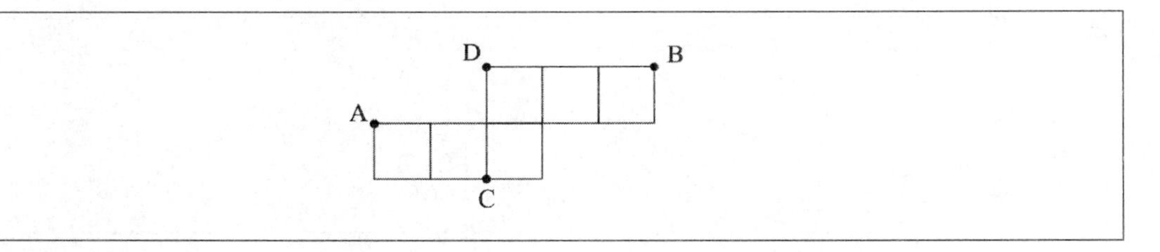

① AB ② AC

③ BC ④ BD

✔ 해설

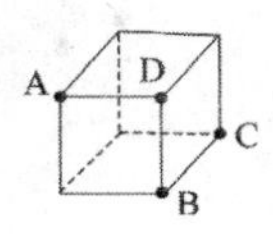

그림을 보면 AC의 길이가 가장 길다.

【47 ~ 48】 다음에 제시된 도형을 조합하여 만들 수 있는 모양으로 가장 알맞은 것을 고르시오.

47

① ② ③ ④

해설

48

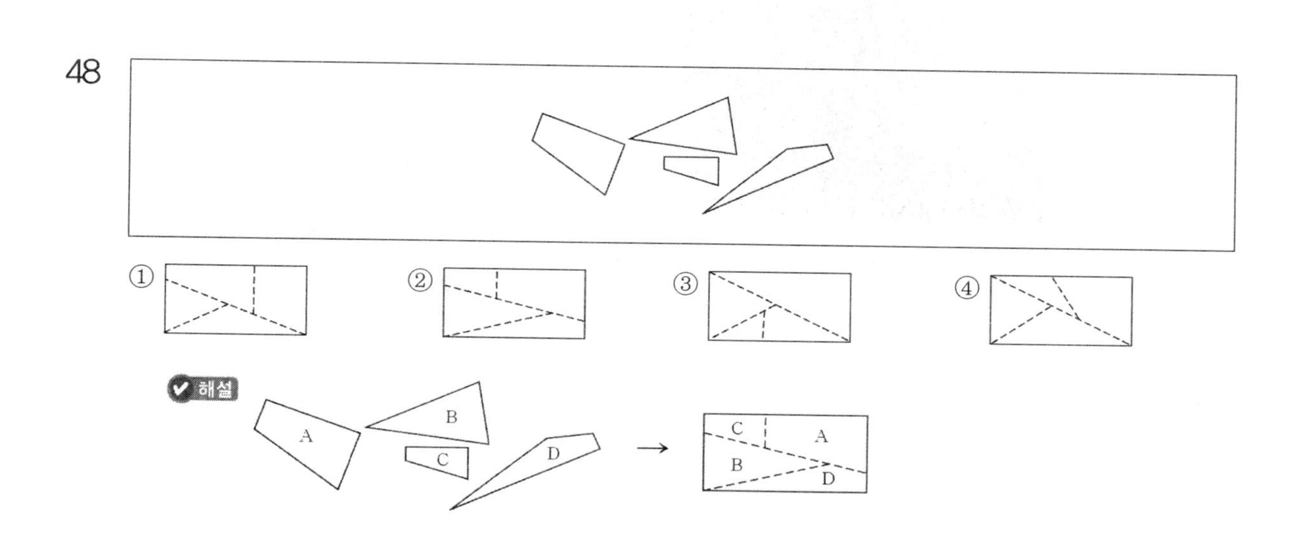

Answer 45.③ 46.② 47.① 48.②

▌49 ~ 50 ▌ 다음 제시된 그림을 순서대로 연결하시오.

49

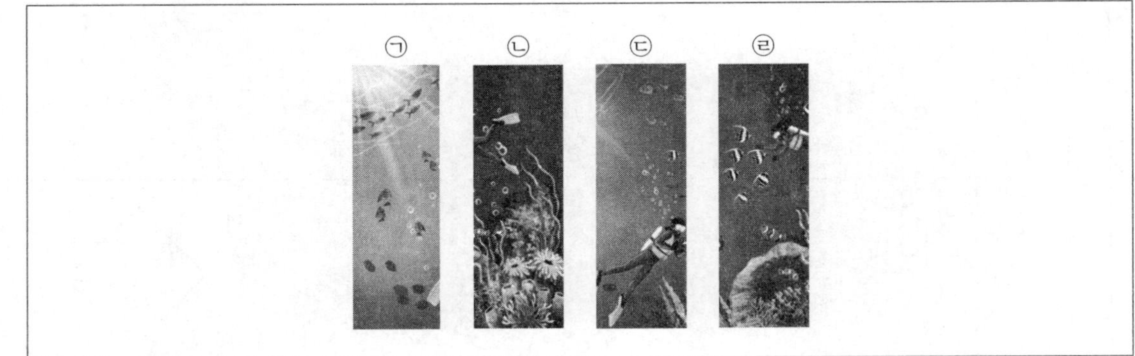

① ㉠㉣㉢㉡　　　　② ㉠㉢㉣㉡

③ ㉡㉠㉣㉢　　　　④ ㉠㉣㉡㉢

✔해설 그림에서 중심이 되는 사람의 다리와 몸을 보고 끊임없이 연결한다.

50

① ㉡㉢㉣㉠

② ㉡㉣㉠㉢

③ ㉣㉠㉢㉡

④ ㉣㉠㉡㉢

Answer 49.② 50.③

CHAPTER

04 문제해결력

대표유형 1 명제

(1) 명제

그 내용이 참인지 거짓인지를 명확하게 판별할 수 있는 문장이나 식을 말한다.

(2) 가정과 결론

어떤 명제를 'P이면 Q이다.'처럼 조건문의 형태로 나타낼 때, P는 가정에 해당하고 Q는 결론에 해당한다. 명제 'P이면 Q이다.'는 P→Q로 나타낸다.

(3) 역, 이, 대우

① **명제의 역** … 어떤 명제의 가정과 결론을 서로 바꾼 명제를 그 명제의 역이라고 한다.

예 명제 'P이면 Q이다.'(P→Q)의 역은 'Q이면 P이다.'(Q→P)가 된다.

② **명제의 이** … 어떤 명제의 가정과 결론을 부정한 명제를 그 명제의 이라고 한다. 부정형은 앞에 '~'을 붙여 나타낸다.

예 명제 'P이면 Q이다.'(P→Q)의 이는 'P가 아니면 Q가 아니다.'(~P→~Q)가 된다.

③ **명제의 대우** … 어떤 명제의 가정과 결론을 서로 바꾼 뒤, 가정과 결론을 모두 부정한 명제를 그 명제의 대우라고 한다. 즉, 어떤 명제의 역인 명제의 이는 처음 명제의 대우가 된다. 처음 명제와 대우 관계에 있는 명제의 참·거짓은 항상 일치한다. 그러나 역, 이 관계에 있는 명제는 처음 명제의 참·거짓과 항상 일치하는 것은 아니다.

예 명제 'P이면 Q이다.'(P→Q)의 대우는 'Q가 아니면 P가 아니다.'(~Q→~P)가 된다.

팁 명제와 역, 이, 대우의 관계

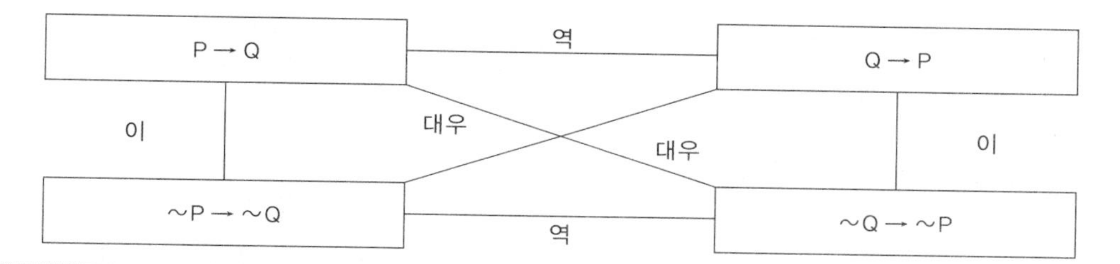

예제풀이

다음 명제가 참일 때, 항상 참인 것을 고르시오.

현명한 사람은 과소비를 하지 않는다.

① 과소비를 하지 않는 사람은 현명한 사람이다.
② 현명하지 않은 사람은 과소비를 한다.
③ 과소비를 하면 현명한 사람이 아니다.
④ 현명하지 않은 사람은 과소비를 하지 않는다.

[해설]
제시된 명제에서 조건 P는 '현명한 사람'이고 결론 Q는 '과소비를 하지 않는다.'이다. 이 명제의 역, 이, 대우는 각각 다음과 같다.
- 역 : 과소비를 하지 않는 사람은 현명한 사람이다. → ①
- 이 : 현명하지 않은 사람은 과소비를 한다. → ②
- 대우 : 과소비를 하면 현명한 사람이 아니다. → ③

명제와 대우는 참 · 거짓이 항상 일치하므로, 항상 참인 것은 ③이다.

 ③

대표유형 2 여러 가지 추론

(1) 연역추론

① **직접추론** … 한 개의 전제에서 새로운 결론을 이끌어 내는 추론이다.

② **간접추론** … 두 개 이상의 전제에서 새로운 결론을 이끌어 내는 추론이다.

㉠ **정언삼단논법** : '모든 A는 B다', 'C는 A다', '따라서 C는 B다'와 같은 형식으로 일반적인 삼단논법이다.

예
- 대전제 : 인간은 모두 죽는다.
- 소전제 : 소크라테스는 인간이다.
- 결론 : 소크라테스는 죽는다.

㉡ **가언삼단논법** : '만일 A라면 B다', 'A이다', '그러므로 B다'라는 형식의 논법이다.

예
- 대전제 : 봄이 오면 뒷 산에 개나리가 핀다.
- 소전제 : 봄이 왔다.
- 결론 : 그러므로 뒷 산에 개나리가 핀다.

㉢ **선언삼단논법** : 'A거나 B이다'라는 형식의 논법이다.

예 • 대전제 : 내일은 눈이 오거나 바람이 분다.
• 소전제 : 내일은 눈이 오지 않는다.
• 결론 : 그러므로 내일은 바람이 분다.

(2) 귀납추론

특수한 사실로부터 일반적이고 보편적인 법칙을 찾아내는 추론 방법이다.

① **통계적 귀납추론** … 어떤 집합의 구성 요소의 일부를 관찰하고 그것을 근거로 하여 같은 종류의 모든 대상들에게 그 속성이 있을 것이라는 결론을 도출하는 방법이다.

② **인과적 귀납추론** … 어떤 일의 결과나 원인을 과학적 지식이나 상식에 의거하여 밝혀내는 방법이다.

③ **완전 귀납추론** … 관찰하고자 하는 집합의 전체 원소를 빠짐없이 관찰함으로써 그 공통점을 결론으로 이끌어 내는 방법이다.

④ **유비추론** … 두 개의 현상에서 일련의 요소가 동일하다는 사실을 바탕으로 그것들의 나머지 요소도 동일하리라고 추측하는 방법이다.

예제풀이

주어진 전제를 바탕으로 추론한 결론으로 옳은 것을 고르시오.

[전제]
• A기업에 다니는 사람은 모두 영어를 잘한다.
• 철수는 A기업에 다닌다.
[결론]
그러므로 ______________________

① A기업에 다니는 사람은 수학을 잘한다.
② 영어를 잘하면 A기업에 채용된다.
③ 철수는 영어를 잘한다.
④ 철수는 연봉이 높다.

[해설]
정언삼단논법이다. A기업에 다니는 사람은 모두 영어를 잘하는데, 철수는 A기업에 다니므로 철수도 영어를 잘한다는 결론을 얻을 수 있다.
①②④ 주어진 전제만으로는 결론으로 이끌어 낼 수 없다.

답 ③

대표유형 3 논리적 오류

(1) 자료적 오류

주장의 전제 또는 논거가 되는 자료를 잘못 판단하여 결론을 이끌어 내거나 원래 적합하지 못한 것임을 알면서도 의도적으로 논거로 삼음으로써 범하게 되는 오류이다.

① **성급한 일반화의 오류** … 제한된 정보, 불충분한 자료, 대표성을 결여한 사례 등 특수한 경우를 근거로 하여 이를 성급하게 일반화하는 오류이다.

② **우연의 오류**(원칙 혼동의 오류) … 일반적으로 그렇다고 해서 특수한 경우에도 그러할 것이라고 잘못 생각하는 오류이다.

③ **무지에의 호소** … 어떤 주장이 반증된 적이 없다는 이유로 받아들여져야 한다고 주장하거나, 결론이 증명된 것이 없다는 이유로 거절되어야 한다고 주장하는 오류이다.

④ **잘못된 유추의 오류** … 부당하게 적용된 유추에 의해 잘못된 결론을 이끌어 내는 오류, 즉 일부분이 비슷하다고 해서 나머지도 비슷할 것이라고 생각하는 오류이다.

⑤ **흑백논리의 오류** … 어떤 주장에 대해 선택 가능성이 두 가지밖에 없다고 생각함으로써 발생하는 오류이다.

⑥ **원인 오판의 오류**(거짓 원인을 내세우는 오류, 선후 인과의 오류, 잘못된 인과 관계의 오류) … 단순히 시간상의 선후관계만 있을 뿐인데 시간상 앞선 것을 뒤에 발생한 사건의 원인으로 보거나 시간상 뒤에 발생한 것을 앞의 사건의 결과라고 보는 오류이다.

⑦ **복합질문의 오류** … 둘 이상으로 나누어야 할 것을 하나로 묶어 질문함으로써, 대답 여하에 관계없이 대답하는 사람이 수긍할 수 없거나 수긍하고 싶지 않은 것까지도 수긍하는 결과를 가져오는 질문 때문에 발생하는 오류이다.

⑧ **논점 일탈의 오류** … 원래의 논점에 관한 결론을 내리지 않고 이와 관계없는 새로운 논점을 제시하여 엉뚱한 결론에 이르게 되는 오류이다.

⑨ **순환 논증의 오류**(선결 문제 해결의 오류) … 논증하는 주장과 동의어에 불과한 명제를 논거로 삼을 때 범하는 오류이다.

⑩ **의도 확대의 오류** … 의도하지 않은 행위의 결과를 의도가 있었다고 판단할 때 생기는 오류이다.

(2) 언어적 오류

언어를 잘못 사용하거나 잘못 이해하는 데서 발생하는 오류이다.

① **애매어의 오류** … 두 가지 이상의 의미로 사용될 수 있는 단어의 의미를 명백히 분리하여 파악하지 않고 혼동함으로써 생기는 오류이다.

② **강조의 오류** … 문장의 한 부분을 불필요하게 강조함으로써 발생하는 오류이다.

③ **은밀한 재정의의 오류** … 용어의 의미를 자의적으로 재정의하여 사용함으로써 생기는 오류이다.

④ **범주 혼동의 오류** … 서로 다른 범주에 속한 것을 같은 범주의 것으로 혼동하는 데서 생기는 오류이다.

⑤ **'이다' 혼동의 오류** : 비유적으로 쓰인 표현을 무시하고 사전적 의미로 해석하거나 술어적인 '이다'와 동일성의 '이다'를 혼동해서 생기는 오류이다.

(3) 심리적 오류

어떤 주장에 대해 논리적으로 타당한 근거를 제시하지 않고 심리적인 면에 기대어 상대방을 설득하려고 할 때 발생하는 오류이다.

① **인신공격의 오류**(사람에의 논증) … 논거의 부당성을 지적하기보다 그 주장을 한 사람의 인품이나 성격을 비난함으로서 그 주장이 잘못이라고 하는 데서 발생하는 오류이다.

② **동정에 호소하는 오류** … 사람의 동정심을 유발시켜 동의를 꾀할 때 발생하는 오류이다.

③ **피장파장의 오류**(역공격의 오류) … 비판받은 내용이 비판하는 사람에게도 역시 동일하게 적용됨을 근거로 비판에서 벗어나려는 오류이다.

④ **힘에 호소하는 오류** … 물리적 힘을 빌어서 논의의 종결을 꾀할 때의 오류이다.

⑤ **대중에 호소하는 오류** … 군중들의 감정을 자극해서 사람들이 자기의 결론에 동조하도록 시도하는 오류이다.

⑥ **원천 봉쇄에 호소하는 오류**(우물에 독 뿌리기 식의 오류) … 반론의 가능성이 있는 요소를 원천적으로 비난하여 봉쇄하는 오류이다.

⑦ **정황적 논증의 오류** … 주장이 참인가 거짓인가 하는 문제는 무시한 채 상대방이 처한 정황 또는 상황으로 보아 자기의 생각을 받아들이지 않으면 안된다고 주장하는 오류이다.

예제풀이

다음에 제시된 글에서 범하고 있는 논리적 오류를 고르시오.

> 훌륭한 미술 평론가는 위대한 그림을 평하는 사람이다. 왜냐하면 위대한 그림을 평하는 사람은 훌륭한 미술 평론가이기 때문이다.

① 논점일탈의 오류
② 원칙혼동의 오류
③ 순환논증의 오류
④ 흑백논리의 오류

[해설]
두 문장의 구조를 보면 다음과 같다.
- 훌륭한 미술 평론가 = 위대한 그림을 평하는 사람
- 위대한 그림을 평하는 사람 = 훌륭한 미술 평론가

즉, 서로 다른 두 전제로부터 새로운 결론이 도출된 것이 아니라 논증의 결론 자체를 전제로 사용하여 결론을 이끌어 내는 오류인, 순환논증의 오류를 범하고 있다.

답 ③

대표유형 4 수 · 문자 · 도형추리

(1) 수열추리

① **등차수열** … 앞의 항에 항상 일정한 수를 더하여 다음 항을 얻는 수열이다. 각 항에 더해지는 일정한 수를 '공차'라고 한다. 첫째 항이 a, 공차가 d인 등차수열의 항수를 n이라 할 때, 더해지는 공차의 개수는 수열의 항수보다 하나씩 작으므로, 등차수열의 일반항은 $a_n = a+(n-1)d$가 된다.

예 첫째 항이 2, 공차가 3인 등차수열은 다음과 같이 전개되며, 일반항 공식에 따라 여섯째 항을 구하면 $a_6 = 2+(6-1)\times 3 = 17$이 된다.

<table>
<tr><td colspan="2">2</td><td colspan="2">5</td><td colspan="2">8</td><td colspan="2">11</td><td colspan="2">14</td></tr>
<tr><td></td><td colspan="2">+3</td><td colspan="2">+3</td><td colspan="2">+3</td><td colspan="2">+3</td><td></td></tr>
</table>

② **등비수열** … 앞의 항에 항상 일정한 수를 곱하여 다음 항을 얻는 수열이다. 각 항에 곱해지는 일정한 수를 '공비'라고 한다. 첫째 항이 a, 공비가 r인 등비수열의 항수를 n이라 할 때, 곱해지는 공비의 개수는 수열의 항수보다 하나씩 작으므로, 등비수열의 일반항은 $a_n = a\times r^{n-1}$가 된다.

예 첫째 항이 2, 공비가 3인 등비수열은 다음과 같이 전개되며, 일반항 공식에 따라 여섯째 항을 구하면 $a_6 = 2\times 3^{6-1} = 2\times 3^5 = 486$이 된다.

<table>
<tr><td colspan="2">2</td><td colspan="2">6</td><td colspan="2">18</td><td colspan="2">54</td><td colspan="2">162</td></tr>
<tr><td></td><td colspan="2">×3</td><td colspan="2">×3</td><td colspan="2">×3</td><td colspan="2">×3</td><td></td></tr>
</table>

③ **계차수열** … 어떤 수열 a_n의 이웃한 두 항의 차로 이루어진 수열 b_n을 수열 a_n의 계차수열이라고 한다. 계차수열 b_n의 일반항은 $a_{n+1} - a_n = b_n (n = 1, 2, 3 \cdots)$을 만족한다.

예 수열 a_n의 계차수열 b_n은 다음과 같이 전개되며, 일반항 공식에 따라 다섯째 항을 구하면 $b_5 = a_6 - a_5 = 33 - 23 = 10$이 된다.

a_n	3	5	9	15	23
b_n	+2	+4	+6	+8	
	+2	+2	+2		

④ **조화수열** … 각 항의 역수가 등차수열을 이루는 수열을 말한다. 즉, 분수의 형태로 취하고 있던 수열의 역수를 취하면 등차수열이 되는 수열이 조화수열이다. 조화수열의 일반항은 $a_n = \frac{1}{2n-1}$을 만족한다.

예 1 $\frac{1}{3}$ $\frac{1}{5}$ $\frac{1}{7}$ $\frac{1}{9}$ $\frac{1}{11}$

⑤ **피보나치수열** … 첫째 항의 값과 둘째 항의 값이 있을 때, 이후의 항들은 이전의 두 항을 더한 값으로 이루어지는 수열이다. 피보나치수열의 일반항은 $a_n + a_{n+1} = a_{n+2}$를 만족한다.

예 1 1 2 3 5 8 13

⑥ **군수열** … 수열 중 몇 개 항씩 묶어서 무리 지었을 때 규칙성을 가지는 수열을 말한다.

예 1 3 1 3 5 1 3 5 7 1 3 5 7 9

위 수열은 (1 3) (1 3 5) (1 3 5 7) (1 3 5 7 9)로 무리 지었을 때 규칙성을 가진다.

⑦ **묶음형 수열** … 각 항이 몇 개씩 묶어서 제시된 묶음에 대한 규칙을 찾아내야 한다.

예 1 2 3 3 4 7 5 6 11

위의 수열은 (1 + 2 = 3), (3 + 4 = 7), (5 + 6 = 11)의 규칙성을 가진다.

⑧ **도형수열** … 원이나 삼각형, 표 등에 숫자가 배열된 응용 형태로 일반 수열과 같이 해결하면 된다.

예

20	?	5
18		10
20	10	8

위 수열은 칠해진 면을 기준으로 시계방향으로 볼 때, ×2, −2, +2가 반복되고 있다. 따라서 ?에 들어갈 수는 40이다.

(2) 문자추리

숫자 대신 한글 자음이나 알파벳 등의 문자 배열에서 일정한 규칙을 찾아 다음에 올 문자를 추리하는 유형이다. 한글 자음이나 알파벳을 순서대로 숫자로 변환하여 규칙을 찾아 적용하면 빠르고 정확하게 풀 수 있다.

예 A C F J O

알파벳을 숫자로 변환하면 다음과 같다.

A	B	C	D	E	F	G	H	I	J	K	L	M	N	O	P	Q	R	S	T	U	…
1	2	3	4	5	6	7	8	9	10	11	12	13	14	15	16	17	18	19	20	21	…

즉 위 문자열은 수열 1 3 6 10 15와 같다고 볼 수 있으며 +2, +3, +4, +5 …의 규칙이 적용되고 있다. 따라서 O 다음에 올 문자를 구하면 15 + 6 = 21이므로 U가 된다.

(3) 도형추리

3 × 3 표 안의 도형이 어떤 규칙을 가지고 변화하는지를 파악하여 빈칸에 들어갈 알맞은 도형을 고르는 유형이다. 행별 또는 열별로 규칙을 가지기도 하고 시계방향 또는 반시계방향으로 규칙을 가지기도 하기 때문에 충분한 문제풀이를 통해 빠른 시간 내에 규칙을 찾아내는 연습이 필요하다.

예제풀이

다음 빈칸에 들어갈 알맞은 모양을 고르면?

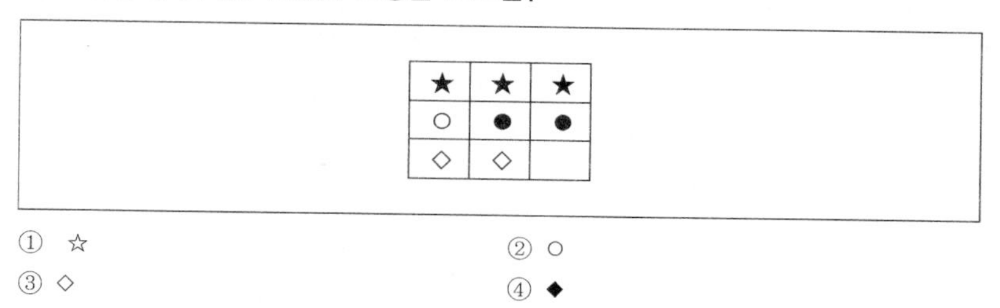

① ☆
② ○
③ ◇
④ ◆

[해설]
첫째 줄부터 별, 원, 다이아몬드 순으로 채워져 있으며 칠해진 도형의 수가 하나씩 줄어들고 있다. 따라서 빈칸에 들어가야 할 도형은 색칠된 다이아몬드임을 추론할 수 있다.

답 ④

대표유형 5 NCS 직업기초

실제 업무 수행에 필요한 능력을 파악하기 위한 유형으로 문서이해, 자료분석, 문제해결, 상황판단, 자원관리, 조직이해, 정보능력, 대인관계, 직업윤리 등 다양한 영역을 망라하는 내용을 다룬다. 시험 출제 빈도는 높지 않지만, 다양한 유형의 파악을 위해 대비할 필요가 있다.

예제풀이

교무행정사 A는 교사 B로부터 가을 수련회 예산이 축소되어 불가피하게 비용을 줄여야 한다는 이야기를 들었다. 다음 중 줄일 수 있는 비용 항목으로 가장 적절한 것은 무엇인가?

〈○○중학교 가을 수련회〉

1. 대상 : 1학년 재학생 및 담임교사
2. 일정 : 2018년 10월 10일~11일(1박 2일)
3. 장소 : 강원도 속초 ☆☆캠핑장
4. 내용 : 설악산 등산, 장기자랑, 친교의 밤, 기타

① 숙박비
② 교통비
③ 식비
④ 기념품비

[해설]
한정된 예산을 가지고 과업을 수행할 때에는 중요도를 기준으로 예산을 사용한다. 위와 같은 상황에서는 숙박비, 교통비, 식비와 같이 기본적인 비용이 아닌 기념품비를 줄이는 것이 가장 적절하다.

답 ④

출제예상문제

Ⅰ1～4Ⅰ 다음 조건을 읽고 옳은 설명으로 고르시오.

1

• 은영이는 철기보다 걸음이 빠르지 않다.
• 남수는 은영이보다 걸음이 느리다.
• 은진이는 남수와 걷는 속도가 똑같다.

A : 남수는 철기보다 걸음이 느리지 않다.
B : 철기는 은진이보다 걸음이 빠르다.

① A만 옳다.
② B만 옳다.
③ A와 B 모두 옳다.
④ A와 B 모두 그르다.

해설 은영이는 철기보다 걸음이 느리고, 남수는 은영이보다 걸음이 느리므로 남수<은영<철기의 순서가 된다. 남수는 철기보다 걸음이 느리므로 A는 옳지 않다. 은진이는 남수와 속도가 같으므로 철기는 은진이보다 걸음이 빠르다. 따라서 B는 옳은 결론이 된다.

Answer 1.②

2

일산서구 내 이비인후과 1, 2, 3, 4, 5의 공휴일 진료 현황은 다음과 같다.
• 만약 2 의원이 진료를 하지 않으면, 1 의원은 진료를 한다.
• 만약 2 의원이 진료를 하면, 4 의원은 진료를 하지 않는다.
• 1 의원과 3 의원은 공휴일 진료가 겹치지 않는다.
• 만약 3 의원이 진료를 하지 않으면 5 의원이 진료를 한다.
• 5 의원은 공휴일에 진료를 하지 않는다.

A : 공휴일에 진료를 하는 이비인후과 의원의 수는 2곳이다.
B : 공휴일에 진료를 하는 이비인후과 의원의 수는 4곳이다.

① A만 옳다.
② B만 옳다.
③ A와 B 모두 옳다.
④ A와 B 모두 그르다.

해설 2 의원이 진료를 하는 경우와 진료를 하지 않는 경우로 나누어 보면 다음과 같다.

㉠ 2 의원이 진료를 하는 경우

1	2	3	4	5
×	○	○	×	×

㉡ 2 의원이 진료를 하지 않는 경우

1	2	3	4	5
○	×	×		○

5 의원은 공휴일에 진료를 하지 않는다고 했으므로 ㉡의 경우는 될 수 없다.
따라서 공휴일에 진료를 하는 이비인후과 의원의 수는 2곳이다.

3

> 다섯 사람 갑, 을, 병, 정, 무가 달리기 경주를 하였다.
> 경기 결과에 대한 인터뷰 내용은 다음과 같으며 모두 진실을 말하였다.
> • 갑 : 나는 꼴찌를 하지 않았다.
> • 을 : 나는 무보다 나중에 들어왔다.
> • 병 : 나는 3등을 하였다.
> • 정 : 나는 무보다 앞서 들어왔다.
> • 무 : 나보다 갑이 먼저 들어왔다.

> A : 무는 4등으로 들어왔다.
> B : 갑이 1등으로 들어왔다.

① A만 옳다.
② B만 옳다.
③ A와 B 모두 옳다.
④ A와 B 모두 그르다.

해설 조건에 따라 생각해보면 다음과 같은 두 가지 경우가 존재하게 된다.

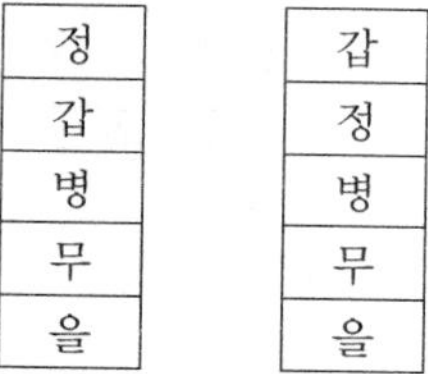

정	갑
갑	정
병	병
무	무
을	을

정과 갑은 누가 먼저 들어왔는지 알 수 없으므로 갑이 1등인지는 알 수 없다.
무는 4등이므로 A만 옳은 답이 된다.

Answer 2.① 3.①

4

경수, 경철, 경숙, 경희 4남매는 오늘 선호에 따라 싱크대, 화장실, 거실, 베란다를 각각 한 부분씩 맡아서 청소해야 한다.

- 경수는 싱크대와 화장실 청소를 싫어한다.
- 경철은 베란다 청소를 싫어한다.
- 경숙은 싱크대 청소를 좋아한다.
- 경희는 거실을 청소하기를 원한다.

A : 경수는 베란다 청소를 하게 될 것이다.
B : 경철이는 화장실 청소를 하게 될 것이다.

① A만 옳다.
② B만 옳다.
③ A와 B 모두 옳다.
④ A와 B 모두 그르다.

해설 제시된 조건에 의해 표로 정리하면 다음과 같다.

	싱크대	화장실	거실	베란다
경수	×	×	×	○
경철	×	○	×	×
경숙	○	×	×	×
경희	×	×	○	×

선호에 따라 경수-베란다, 경철-화장실, 경숙-싱크대, 경희-거실을 청소하게 된다.
그러므로 A와 B 모두 옳은 결론이 된다.

Ⅰ5～6Ⅰ 다음의 말이 참일 때 항상 참인 것을 고르시오.

5

> • 민규는 지선이보다 포인트가 높다.
> • 지선이는 상훈이와 포인트가 같다.
> • 상훈이는 미정이보다 포인트가 적다.

① 미정이는 지선이보다 포인트가 높다.
② 민규는 미정이보다 포인트가 높다.
③ 포인트가 가장 높은 사람은 민규이다.
④ 포인트가 가장 높은 사람은 미정이다.

✔ 해설 미정이는 상훈보다 포인트가 높고, 지선이와 상훈이의 포인트는 같으므로 미정이는 지선이보다 포인트가 높다.

6

> • 모든 낙서는 시이다.
> • 모든 시는 문학이다.
> • 모든 문학은 언어이다.
> • 모든 언어는 위대하다.

① 낙서 중에 시가 아닌 것도 있다.
② 모든 시는 위대하다.
③ 모든 언어는 문학이다.
④ 모든 문학은 낙서이다.

✔ 해설 낙서 ⊂ 시 ⊂ 문학 ⊂ 언어 ⊂ 위대하다의 포함관계가 되므로 ②가 옳다.

Answer 4.③ 5.① 6.②

▌7 ~ 8 ▌ 다음의 말이 전부 진실일 때 항상 거짓인 것을 고르시오.

7

- 희철과 경훈 중 점수가 높은 사람은 희철이다.
- 영철은 희철과 경훈보다 높은 점수를 받았고 세 사람보다 상민의 점수가 높다.
- 호동은 희철이보다 높은 점수를 받았다.
- 수근은 장훈보다 높은 점수를 받고 희철이보다 낮은 점수를 받았다.

① 희철의 점수는 4위 안에 든다.

② 상민의 점수가 호동의 점수보다 높다.

③ 영철은 수근의 점수보다 낮다.

④ 장훈의 점수는 7명 중 가장 낮다.

✔ 해설 점수 : 상민 > 영철 > 희철 > 경훈, 호동 > 희철 > 수근 > 장훈
영철의 점수는 수근의 점수보다 높다.

8

- 민수는 25살이다.
- 민수는 2년 터울의 여동생이 2명 있다.
- 영민이는 29살이다.
- 영민이는 3년 터울의 여동생이 2명 있다.

① 영민이의 첫째 동생이 동생들 중 나이가 가장 많다.

② 영민이의 둘째 동생과 민수의 첫째 동생은 나이가 같다.

③ 민수의 막내동생이 가장 어리다.

④ 민수는 영민이의 첫째 동생보다는 나이가 많다.

✔ 해설 ④ 영민이의 첫째 동생은 26살, 민수는 25살로 영민이의 첫째 동생이 민수보다 나이가 많다.

【9 ~ 10】 다음에 제시된 전제에 따라 결론을 바르게 추론한 것을 고르시오.

9

> • A 지역은 B 지역보다 기온이 높다.
> • C 지역은 D 지역보다 기온이 낮지 않다.
> • A 지역은 D 지역보다 기온이 낮다.
> • 그러므로 ______________

① B는 기온이 가장 낮은 지역이다.

② C 지역은 기온이 가장 높지 않다.

③ A 지역은 2번째로 기온이 높다.

④ D 지역은 2번째로 기온이 낮다.

해설 기온이 높은 지역을 순서대로 나열하면 'C>D>A>B'가 된다.

10

> • 오전에 반드시 눈이 오거나 비가 올 것이다.
> • 오전에 비가 오지 않았다.
> • 그러므로 ______________

① 오전에 날씨가 개었다.

② 오전에 비가 왔다.

③ 오전에 눈이 왔다.

④ 날씨를 알 수 없다.

해설 ③ 오전에 반드시 눈이나 비가 온다고 했으나, 비가 오지 않았으므로 눈이 왔다가 맞다.

Answer 7.③ 8.④ 9.① 10.③

▌11 ~ 12▐ 주어진 결론을 반드시 참으로 하는 전제를 고르시오.

11

> 전제1 : 뱀은 단 사과만을 좋아한다.
> 전제2 : ____________________
> 결론 : 뱀은 작은 사과를 좋아하지 않는다.

① 작은 사과는 달지 않다.
② 작지 않은 사과는 달다.
③ 어떤 뱀은 큰 사과를 좋아하지 않는다.
④ 작지 않은 사과는 달지 않다.

✔해설 뱀은 단 사과만 좋아하므로 '작은 사과는 달지 않다'는 전제가 있어야 결론을 도출할 수 있다.

12

> 전제1 : ____________________
> 전제2 : 어떤 사원은 탁월한 성과를 낸다.
> 결론 : 사전교육을 받은 어떤 사원은 탁월한 성과를 낸다.

① 모든 사원은 사전교육을 받는다.
② 어떤 사원은 사전교육을 받는다.
③ 모든 신입사원은 사전교육을 받는다.
④ 어떤 신입사원은 사전교육을 받는다.

✔해설 '모든 사원은 사전교육을 받는다.'라는 전제가 있어야 결론이 참이 된다.

13 A, B, C, D, E 5명의 입사성적을 비교하여 높은 순서로 순번을 매겼더니 다음과 같은 사항을 알게 되었다. 입사성적이 두 번째로 높은 사람은?

> • 순번 상 E의 앞에는 2명 이상의 사람이 있고 C보다는 앞이었다.
> • D의 순번 바로 앞에는 B가 있다.
> • A의 순번 뒤에는 2명이 있다.

① A
② B
③ C
④ D

✔해설 조건에 따라 순번을 매겨 높은 순으로 정리하면 BDAEC가 된다.

14 A, B, C, D는 영업, 사무, 전산, 관리의 일을 각각 맡아서 하기로 하였다. A는 영업과 사무 분야의 업무를 싫어하고, B는 관리 업무를 싫어하며, C는 영업 분야 일을 하고 싶어하고, D는 전산 분야 일을 하고 싶어한다. 인사부에서 각자의 선호에 따라 일을 시킬 때 옳게 짝지은 것은?

① A − 관리
② B − 영업
③ C − 전산
④ D − 사무

✔ 해설 조건에 따르면 영업과 사무 분야의 일은 A가 하는 것이 아니고, 관리는 B가 하는 것이 아니므로 'A − 관리, B − 사무, C − 영업, D − 전산'의 일을 하게 된다.

15 건후, 승연, 유리, 은솔 네 사람은 1층에서 타서 1층을 제외한 5층 건물의 각 층에 내렸다고 한다. 승연이가 내리기 전 층에서는 아무도 내리지 않았으며, 승연이는 본인이 내리기 전 한 명이 내린 것을 보았다고 한다. 은솔은 본인이 내리기 전에 모든 사람이 내리는 것을 보았고, 건후는 다른 누군가와 함께 내렸을 때, 다음 중 설명이 바르게 된 것은?

① 홀수 층에서 내린 사람은 은솔이 한 명뿐이다.
② 건후와 함께 내린 것은 유리이다.
③ 3층에 승연이가 아닌 누군가가 내렸다.
④ 승연이는 건후와 함께 5층에서 내렸다.

✔ 해설 조건에 따라 각 층에 내린 사람을 정리하면 다음 표와 같다.

1층	2층	3층	4층	5층
╳	유리	╳	승연, 건후	은솔

16 다음 제시된 글에서 범하고 있는 논리적 오류는?

> 이것은 위대한 그림이다. 왜냐하면 모든 훌륭한 미술 평론가가 평하고 있기 때문이다. 훌륭한 미술 평론가란 이런 위대한 그림을 평하는 이이다.

① 논점일탈의 오류
② 원칙혼동의 오류
③ 순환논증의 오류
④ 흑백논리의 오류

✔ 해설 순환논증의 오류(선결문제 요구의 오류) … 전제로부터 어떤 새로운 결론이 도출된 것이 아니라, 전제와 결론이 동어 반복으로 이루어진 오류

Answer 11.① 12.① 13.④ 14.① 15.① 16.③

▌17 ~ 18 ▌ 다음 중 논리적 오류의 성격이 나머지와 다른 하나를 고르시오.

17 ① 아버지는 외로운 존재이다. 왜냐하면 아버지는 쓸쓸하고 외롭기 때문이다.

② 공부를 하지 않았음에도 시험을 운 좋게 잘 본 철수는 전날 밤 집이 불타는 꿈을 꾼 것이 그 요인이었다고 말한다.

③ 테니스 선수 진호는 경기 당일에 면도를 하지 않는다. 면도를 하지 않았을 때 진호는 늘 이겼다. 진호는 내일 경기를 위해 면도를 하지 않을 것이다.

④ 생선 먹고 체했을 때 주문을 외우면 괜찮아진다는 속신(俗信)을 나는 믿는다. 어저께 생선 먹고 체했을 때 주문을 외웠더니 정말 속이 괜찮아졌다.

✔ 해설 ① 순환논증의 오류
②③④ 잘못된 인과관계의 오류

18 ① 김OO 선생은 아주 유명 학원의 수학강사이다. 그러나 그의 강의를 믿을 수 없다. 그가 얼마나 욕을 잘하고 남을 잘 속이는지는 알 만한 사람은 다 안다.

② 당신은 지금 신의 존재를 입증하지 못하고 있지 않소. 그러니 신은 존재한다고 말할 수 없는 것 아니요.

③ 이OO 의원은 국립대학교 특별법 제정을 강력하게 주장하고 있다. 그러나 그의 주장에는 문제가 있다. 그 역시 국립대학교 출신이기 때문이다.

④ 당신은 내가 게으르다고 비난하는데 그것은 잘못된 거야. 당신 자신을 돌아봐. 아침에 일어나면 이부자리 하나 정리도 안하면서 어떻게 내가 게으르다고 말할 수 있지.

✔ 해설 ② 무지에 호소하는 오류 : 어떤 주장이 반증되지 못했기 때문에 참이라 하던가, 그 주장이 증명되지 못했기 때문에 거짓이라고 추리하는 오류이다.
①③④ 인신공격의 오류 : 상대방 주장을 반박하려는 논증으로, 상대의 주장과 무관한 개인의 성향(인격, 권위, 재산, 사상, 행실)에 대해 부정적인 발언을 하면서 그 사람의 주장이 정당하지 못하다는 것을 보여주려고 하는 경우를 말한다.

【19 ~ 22】 다음 제시된 숫자의 배열을 보고 규칙을 적용하여 빈칸에 들어갈 알맞은 숫자를 고르시오.

19

78 86 92 94 98 106 ( )

① 110
② 112
③ 114
④ 116

✔ 해설 일의 자리에 온 숫자를 그 항에 더한 값이 그 다음 항의 값이 된다.
78 + 8 = 86, 86 + 6 = 92, 92 + 2 = 94, 94 + 4 = 98, 98 + 8 = 106, 106 + 6 = 112

20

−120 −4 30 2 15 −5 ( )

① −3
② −1
③ 1
④ 3

✔ 해설 제시된 수열은 홀수 번에 있는 숫자를 뒤에 있는 짝수번의 숫자로 나누면 다음 홀수 번의 숫자가 되는 것이다. 따라서 15÷(−5)=−3이므로 빈칸에 해당하는 숫자는 −3이다.

21

2 4 6 ( ) 16 26

① 8
② 9
③ 10
④ 12

✔ 해설 해당 수열의 규칙은 피보나치수열이다. 따라서 빈칸 전에 있는 두 수의 합인 4+6=10이 답이 된다.

22

1 3 5 15 17 51 ( )

① 50
② 53
③ 55
④ 58

✔ 해설 처음의 숫자에서 ×3, +2가 반복되고 있다.

Answer 17.① 18.② 19.② 20.① 21.③ 22.②

▌23 ~ 26 ▌ 배열된 수나 문자의 일정한 규칙을 추리하여 (　) 안에 알맞은 것을 고르시오.

23

3 5 12　4 7 25　5 6 27　6 7 (　)

① 25
② 29
③ 39
④ 42

해설 규칙성을 찾으면 $3\times5-12=3$, $4\times7-25=3$, $5\times6-27=3$이므로
$6\times7-(\quad)=3$
∴ (　) 안에 들어갈 수는 39이다.

24

20 10 3　30 5 7　40 5 (　)

① 8
② 9
③ 10
④ 11

해설 첫 번째 수를 두 번째 수로 나눈 후 그 몫에 1을 더하고 있다.
$20\div10+1=3$, $30\div5+1=7$, $40\div5+1=9$

25

8 3 2　14 4 3　20 6 3　(　) 7 4

① 25
② 27
③ 30
④ 34

해설 규칙성을 찾으면 $8=(3\times2)+2$, $14=(4\times3)+2$, $20=(6\times3)+2$이므로
$(\quad)=(7\times4)+2$
∴ (　) 안에 들어갈 수는 30이다.

26

S – N – K – J – E – (　)

① A
② B
③ C
④ D

해설 각 문자의 차가 5, 3, 1의 순서로 바뀌고 있다.

| 27 ~ 30 | 다음의 빈칸에 들어갈 알맞은 수를 고르시오.

27

$6 \circ 3 = 6 \quad 8 \circ 6 = 24 \quad 9 \circ 12 = 36 \quad 18 \circ 9 = (\quad)$

① 9
② 12
③ 18
④ 36

해설 계산법칙을 유추하면 첫 번째 수와 두 번째 수를 곱한 후 두 수의 차만큼 나누면 계산 결과가 된다.

28

$2 * 3 = 3 \quad 4 * 7 = 21 \quad 5 * 8 = 32 \quad 7 * (5 * 3) = (\quad)$

① 70
② 72
③ 74
④ 76

해설 계산법칙을 유추하면 두 수를 곱한 후 두 번째 수를 뺀 것이다.

29

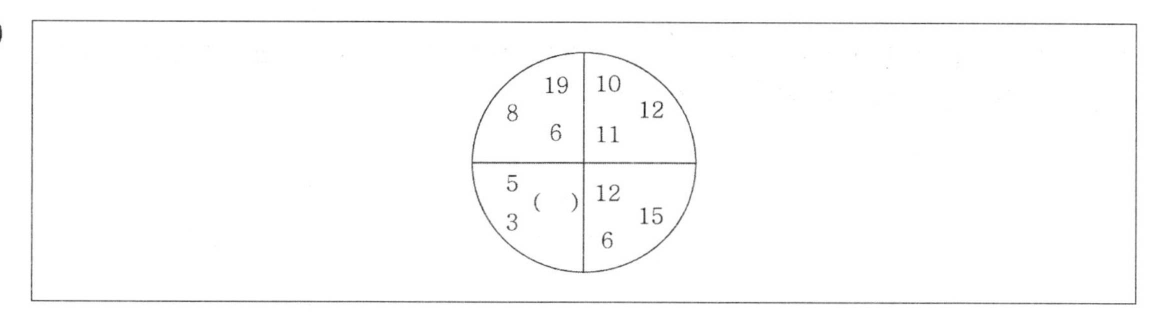

① 12
② 19
③ 25
④ 32

해설 원의 나누어진 한 부분의 합이 33이 되어야 한다.

Answer 23.③ 24.② 25.③ 26.② 27.③ 28.② 29.③

30

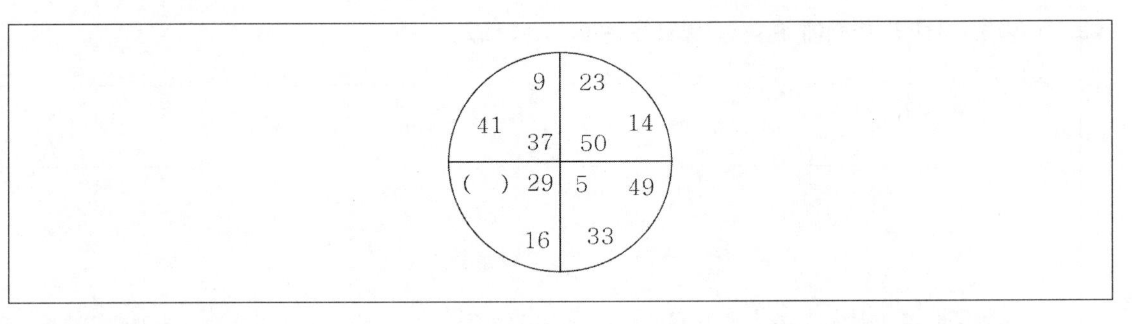

① 42　　② 41

③ 40　　④ 39

해설 원의 나누어진 한 부분의 숫자의 합은 87이다.

▌31 ~ 32 ▌ 다음 색칠된 곳의 숫자에서부터 시계방향으로 진행하면서 숫자와의 관계를 고려하여 ? 표시된 곳에 들어갈 알맞은 숫자를 고르시오.

31

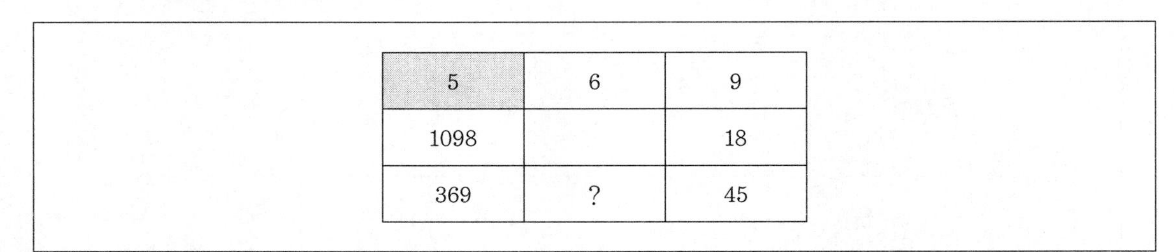

5	6	9
1098		18
369	?	45

① 120　　② 126

③ 132　　④ 138

해설 색칠 된 곳 다음부터 (전 숫자의−3)×3이 반복되며 변하고 있다.

32

5488	392	ㄱ
↑		28
76832	1075648	?

① 2
② 4
③ 6
④ 8

✔ 해설 각 숫자에 $\frac{1}{14}$가 곱해지면서 변하고 있다.

| 33 ~ 34 | 다음 ?에 들어갈 알맞은 숫자를 고르시오.

33

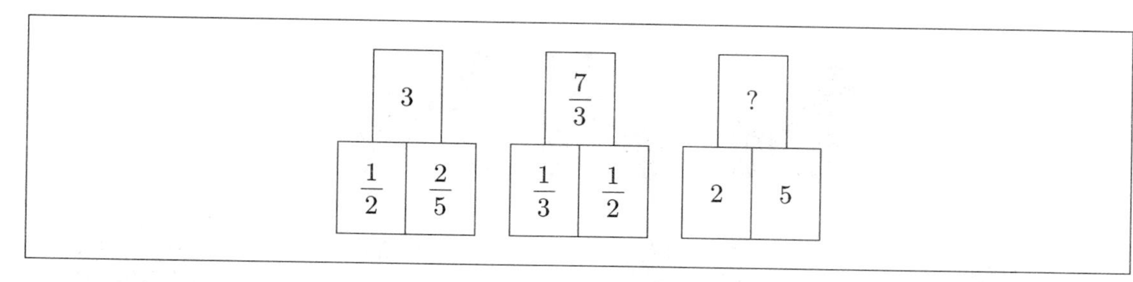

① $\frac{11}{5}$
② $\frac{17}{5}$
③ $\frac{11}{2}$
④ $\frac{17}{2}$

✔ 해설

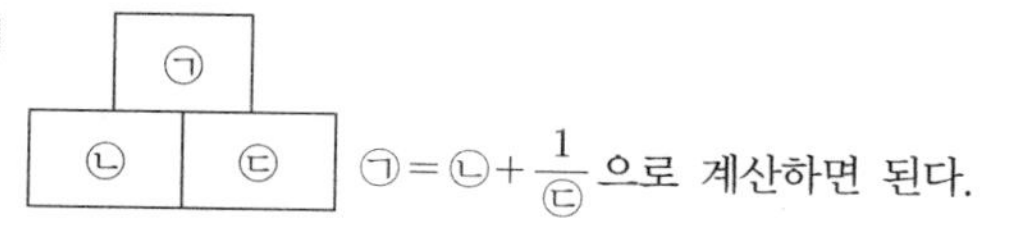

㉠ = ㉡ + $\frac{1}{㉢}$ 으로 계산하면 된다.

Answer 30.① 31.② 32.① 33.①

34

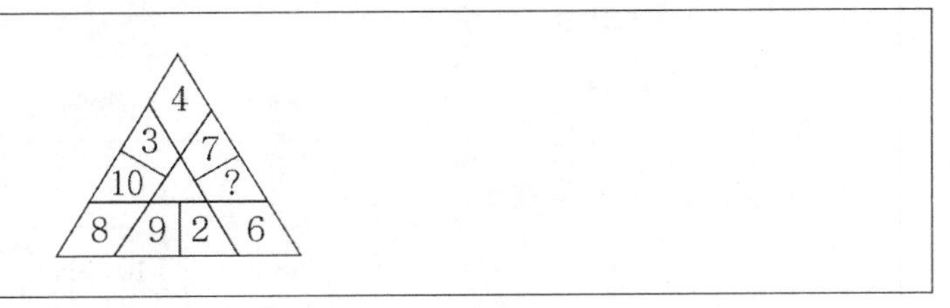

① 5
② 8
③ 11
④ 14

해설 한 변의 숫자를 더하면 모두 25가 되어야 한다.

▌35 ~ 40 ▌ 다음 도형들의 일정한 규칙을 찾아 ? 표시된 부분에 들어갈 도형을 고르시오.

35

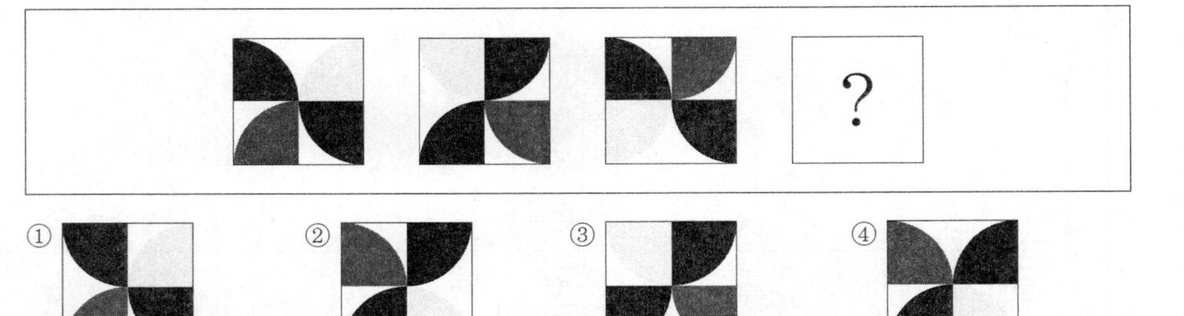

해설 왼쪽으로 90° 씩 회전하였다.

36

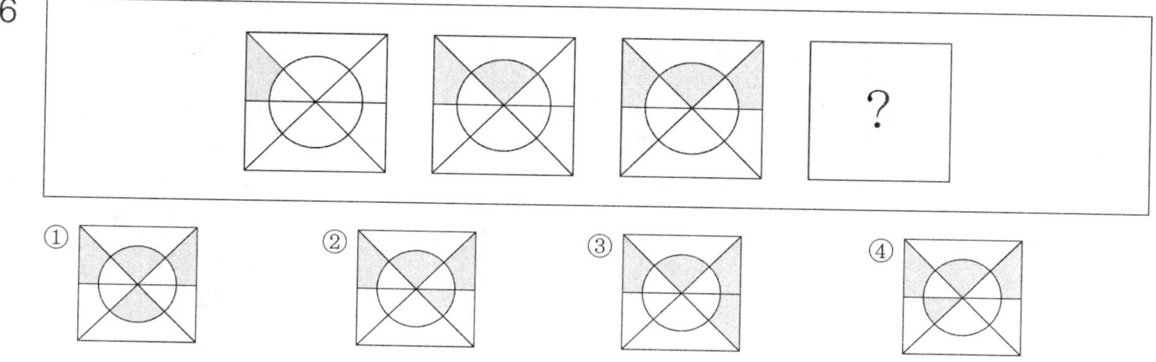

① ② ③ ④

해설 시계 방향으로 서로 접하지 않게 색깔이 칠해지고 있다.

37

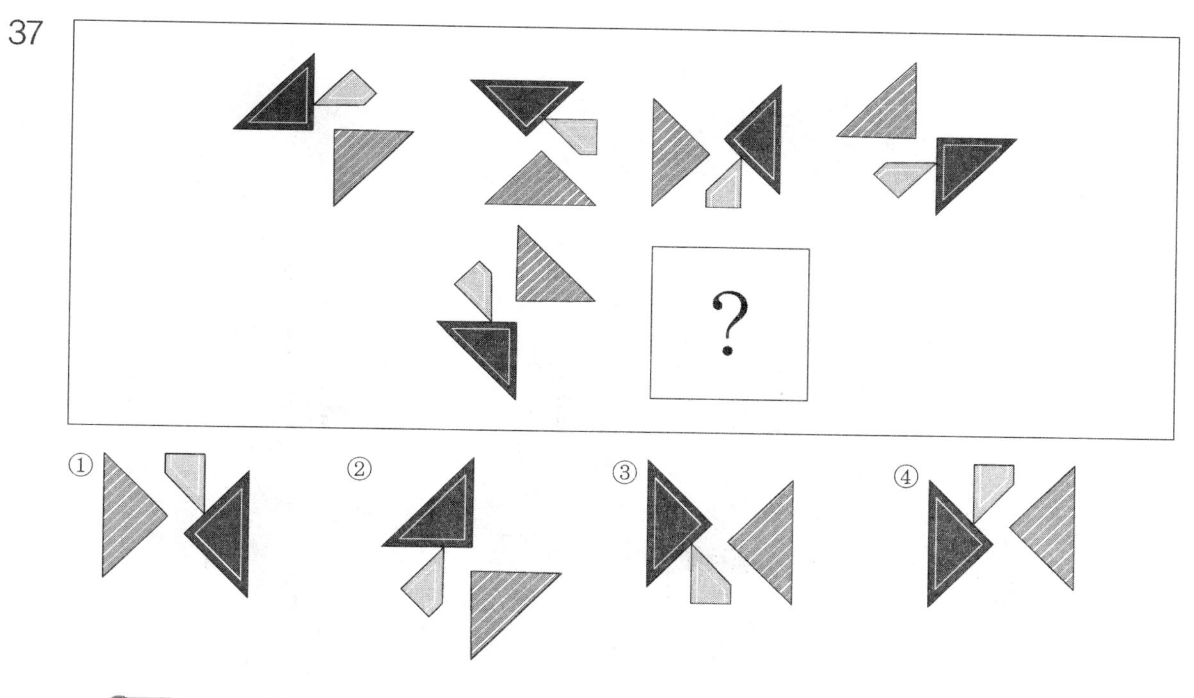

해설 오른쪽으로 '45° 회전 후 다시 90° 회전'하는 것을 반복하고 있다.

Answer 34.② 35.② 36.② 37.④

38

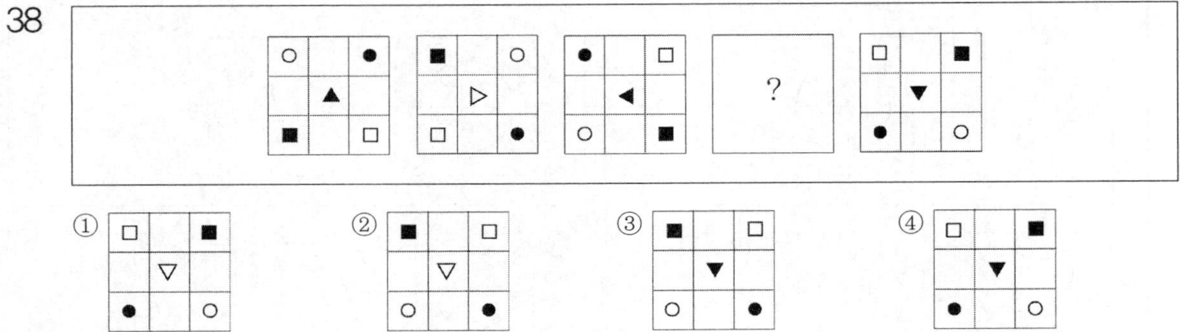

해설 제시된 도형은 시계방향으로 90°→180°→270°→360° 순으로 회전하며, 삼각형은 홀수에만 색칠 되는 패턴을 반복하고 있다.

39

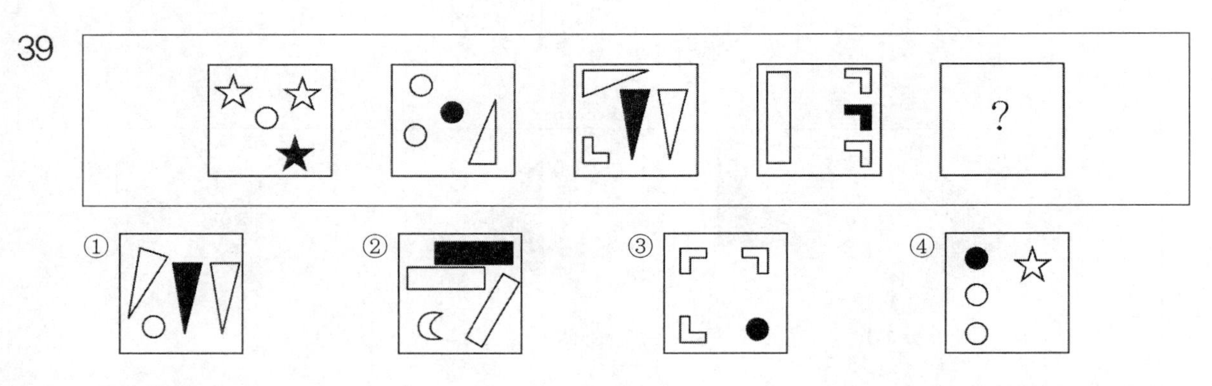

해설 제시된 문제는 도형의 종류와 그 수가 많아 법칙성을 찾기 힘들지만 자세히 보면, 처음 제시된 도형 중 하나만 제시된 것이 다음에서 다시 세 개로 변하고 있으며, 세 개 중 하나는 검은색이 되는 것을 알 수 있다.

40

?

① ② ③ ④

해설 '匚' 모양의 도형은 왼쪽으로 90° 씩 회전하고 있으며 그 안에 있는 도형들 중 사각형을 제외한 세 도형은 흰색, 검정색으로 번갈아가며 색이 변경된다.

▌41 ~ 43 ▌ 다음 빈칸에 들어갈 알맞은 모양으로 옳은 것을 고르시오.

41

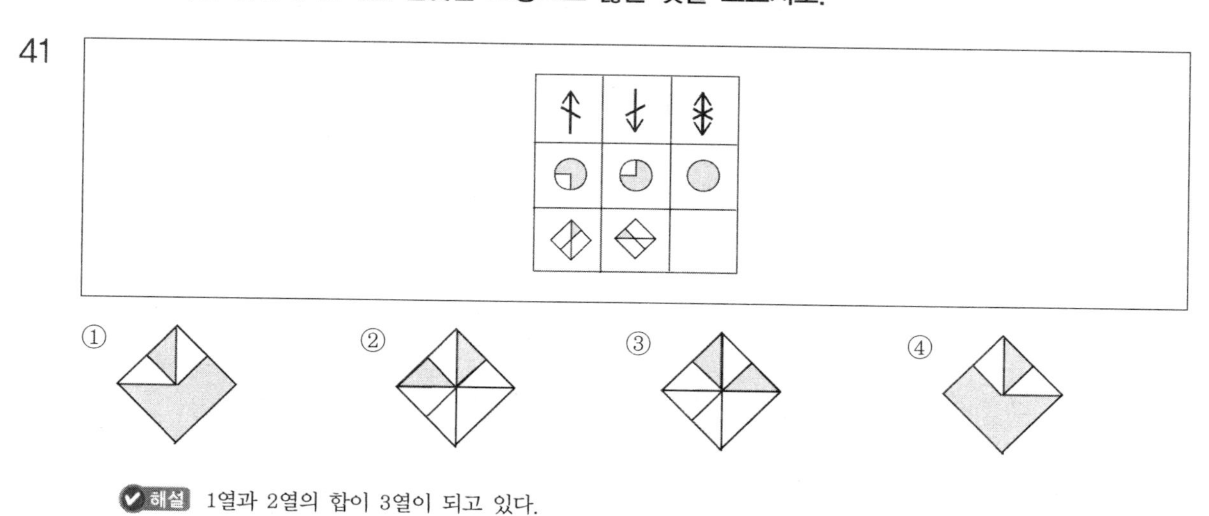

해설 1열과 2열의 합이 3열이 되고 있다.

Answer 38.① 39.② 40.④ 41.②

42

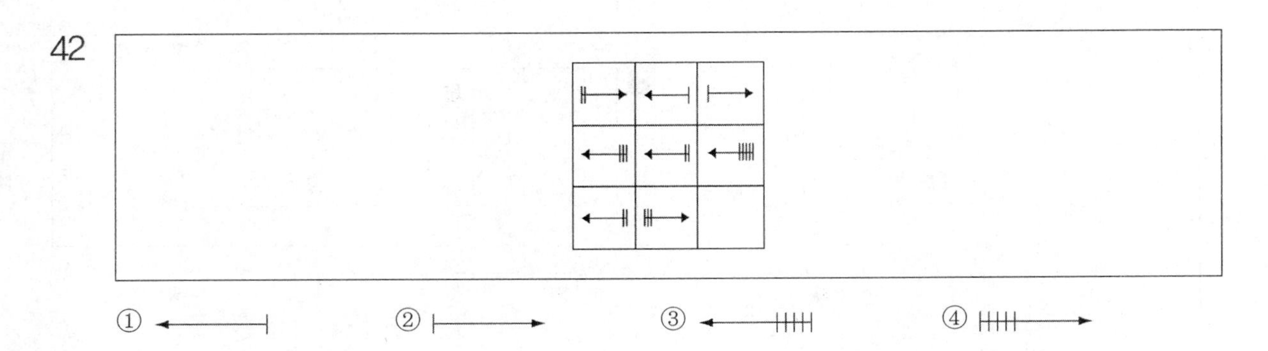

해설 1열과 2열을 서로 계산하여 3열이 나오는 관계인데 화살표의 방향이 같으면 덧셈을, 화살표의 방향이 반대이면 뺄셈을 하며, 화살표 끝의 작대기가 숫자의 크기를 의미한다.

43

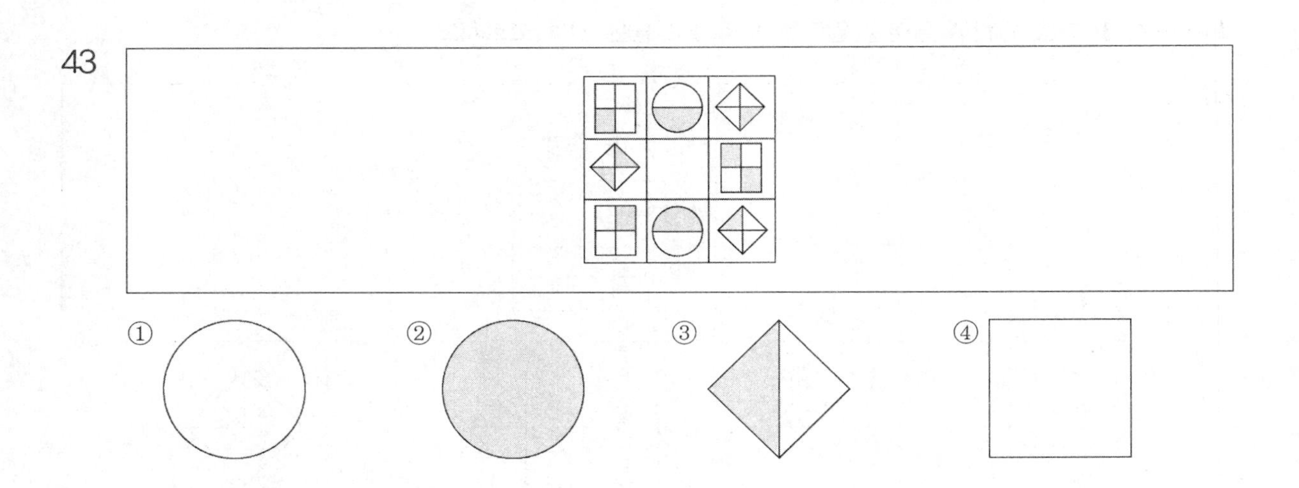

해설 각 행과 열의 가운데 부분은 양 옆의 도형의 전체 면적에 대한 색칠한 부분의 상대적 비율의 합을 나타낸다.

| 44 ~ 48 | 다음 ? 표시된 부분에 들어갈 알맞은 모양의 도형을 고르시오.

44

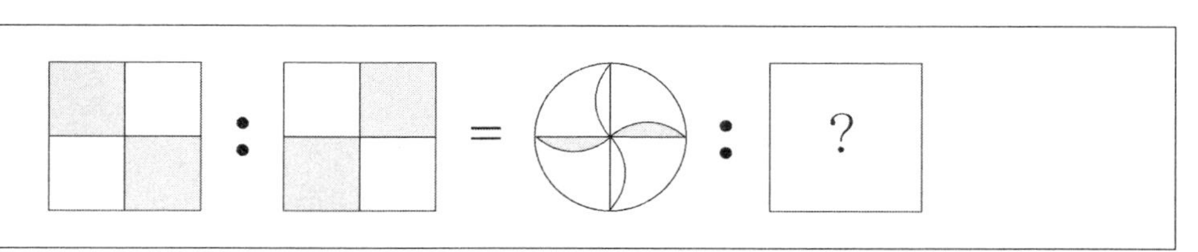

① ② 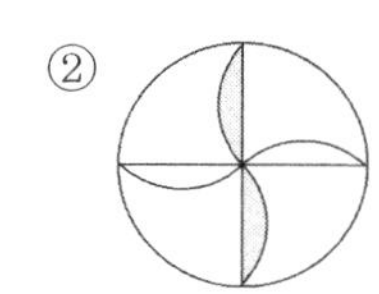 ③ 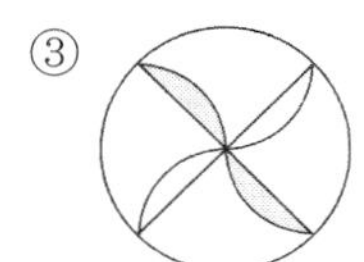 ④ 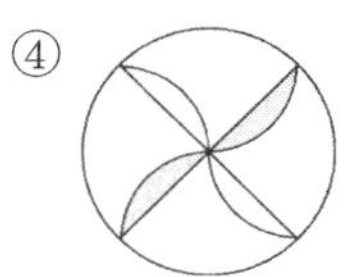

해설 시계 방향으로 90° 회전하는 관계이다.

45

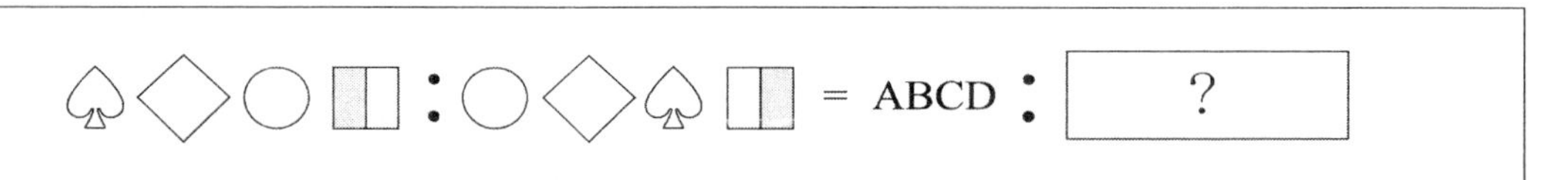

① CBAD ② CBDA

③ CADꓭ ④ CBAᗡ

해설 순서대로 대입하여 비교하여 바뀐 부분을 찾으면 된다.

46

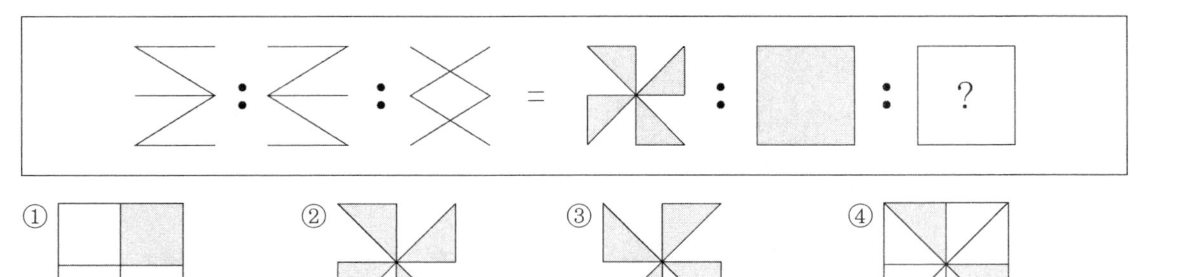

해설 처음 그림과 두 번째 그림을 합쳤을 때 겹치는 부분을 삭제한 것이 세 번째 그림이 된다.

Answer 42.② 43.② 44.② 45.④ 46.③

47

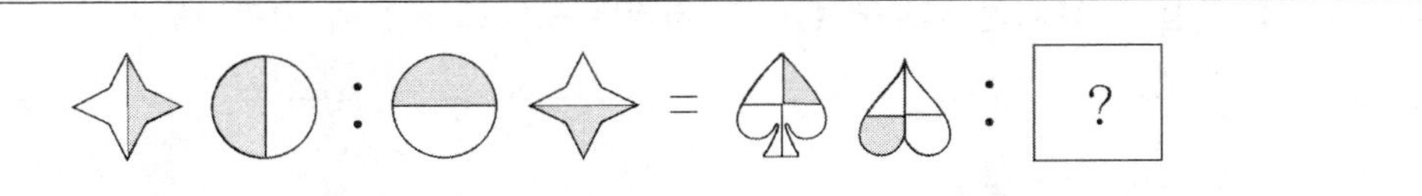

① ② ③ ④

해설 도형의 위치가 바뀌고 내부에 색칠된 것은 시계방향으로 90° 회전한 것이다.

48

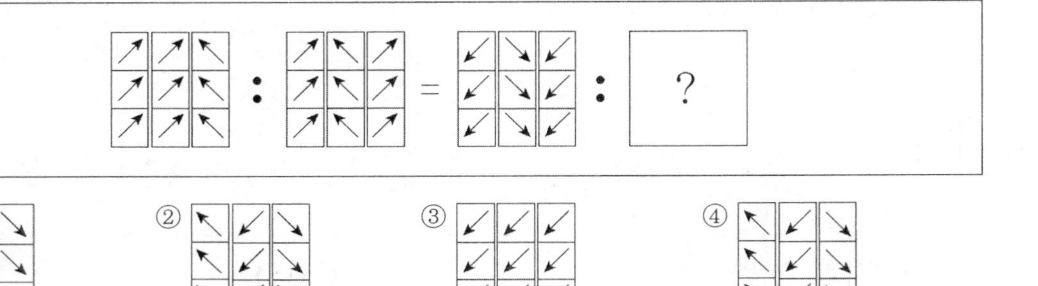

해설 1열은 변화가 없고 2열과 3열의 모양은 대칭이 되어 변하고 있다.

49 다음 중 공문서 작성에 대한 설명으로 가장 적절하지 못한 것은?

① 공문서나 유가증권 등에 금액을 표시할 때에는 한글로 기재하고 그 옆에 괄호를 넣어 숫자로 표기한다.

② 날짜는 숫자로 표기하되 년, 월, 일의 글자는 생략하고 그 자리에 온점(.)을 찍어 표시한다.

③ 첨부물이 있는 경우에는 붙임 표시문 끝에 1자 띄우고 "끝."이라고 표시한다.

④ 공문서의 본문이 끝났을 경우에는 1자를 띄우고 "끝."이라고 표시한다.

해설 공문서 금액 표시
아라비아 숫자로 쓰고, 숫자 다음에 괄호를 하여 한글로 기재한다.
예) 123,456원의 표시 : 금 123,456(금 일십이만삼천사백오십육원)

50 유아용품 홍보팀의 사원 은이씨는 일산 킨텍스에서 열리는 유아용품박람회에 참여하고자 한다. 당일 회의 후 출발해야 하며 회의 종료 시간은 오후 3시이다.

장소	일시
일산 킨텍스 제2전시장	20xx. 1. 20(금) PM 15:00~19:00 * 입장가능시간은 종료 2시간 전 까지

오시는 길

지하철 : 4호선 대화역(도보 30분 거리)

버스 : 8109번, 8407번(도보 5분 거리)

• 회사에서 버스정류장 및 지하철역까지 소요시간

출발지	도착지	소요시간	
회사	×× 정류장	도보	15분
		택시	5분
	지하철역	도보	30분
		택시	10분

• 일산 킨텍스 가는 길

교통편	출발지	도착지	소요시간
지하철	강남역	대화역	1시간 25분
버스	×× 정류장	일산 킨텍스 정류장	1시간 45분

위의 제시 상황을 보고 은이씨가 선택할 교통편으로 가장 적절한 것은?

① 도보 – 지하철

② 도보 – 버스

③ 택시 – 지하철

④ 택시 – 버스

해설 ④ 택시로 버스정류장까지 이동해서 버스를 타고 가게 되면 택시(5분), 버스(1시간 45분), 도보(5분)으로 1시간 55분이 걸린다.

① 도보–지하철 : 도보(30분), 지하철(1시간 25분), 도보(30분)이므로 총 2시간 25분이 걸린다.

② 도보–버스 : 도보(15분), 버스(1시간 45분), 도보(5분)이므로 총 2시간 5분이 걸린다.

③ 택시–지하철 : 택시(10분), 지하철(1시간 25분), 도보(30분)이므로 총 2시간 5분이 걸린다.

Answer 47.④ 48.① 49.① 50.④

CHAPTER

05 관찰탐구력

대표유형 1 기호 · 문자 · 숫자 비교

숫자 · 문자 · 기호 등을 불규칙하게 나열해 놓고 좌우를 비교하는 유형이다. 시각적인 차이점을 정확히 찾아내는 능력을 파악하며, 비교적 간단한 문제들이 출제된다. 그러나 빠르게 찾아낼 수 있는 집중력이 더욱 필요한 파트이다. 한글, 알파벳, 로마자, 세 자리 숫자, 전각기호 등이 나왔고, 아랍어도 출제되었다. 사전에 비슷한 유형의 문제를 풀어보는 것이 중요하며 가장 직관적으로 접해야 하는 파트이다. 전체적인 것을 보고 문제를 해결하려고 하지 말고, 특징적인 부분을 파악하여 해결하는 연습을 하면 빠른 시간 안에 풀 수 있다.

예제풀이

짝지어진 문자가 서로 다른 것은?

① abcdefghijklmn − abcdefghijklmn
② 가갸거겨고교구규그기 − 가갸거겨고교구규그기
③ 13421423455543 − 13421423455543
④ 小貪大失 − 小倉大失

[해설]
①②③④를 좌우를 비교했을 때, ④는 '小貪大失 − 小倉大失' 밑줄 친 글자가 다르다. 이렇게 양쪽을 비교하는 문제가 출제된다.

답 ④

대표유형 2 특정 문자 · 숫자 · 기호 찾기

큰 지문에 다양한 문자 · 숫자 · 기호들을 섞어놓고 문제에서 제시한 문자 · 숫자 · 기호를 지문 안에서 찾는 유형이다.

① 제시되지 않은 문자 또는 모형 고르기

② 제시된 문자 또는 기호가 모두 몇 번 제시되었는지 개수 찾기

예제풀이

다음에서 마늘은 몇 번 제시되었나?

마음	마을	마늘	마야	마약	마우	마술
마부	마력	마루	마늘	말다	마당	마마
마디	마감	마개	마린	마크	마임	마중
마취	망상	막차	마하	막리	막간	막내

① 1번　② 2번
③ 3번　④ 4번

[해설]
아래의 표를 보면 마늘은 두 번 제시되었다.

마음	마을	<u>마늘</u>	마야	마약	마우	마술
마부	마력	마루	<u>마늘</u>	말다	마당	마마
마디	마감	마개	마린	마크	마임	마중
마취	망상	막차	마하	막리	막간	막내

답 ②

대표유형 3 물리영역

01 여러 가지 힘과 에너지

(1) 중력과 탄성력

① 힘 … 물체의 모양이나 운동 상태를 변화시키는 원인

㉠ 힘의 효과

ⓐ 모양이 변한다.

ⓑ 운동 상태가 변한다.(속력이나 방향이 바뀜)

ⓒ 모양과 운동 상태가 동시에 변한다.

㉡ 힘의 단위와 표시

ⓐ **힘의 단위** : N(뉴턴)

ⓑ **힘의 크기와 표시** : 물체가 변형된 정도로 크기를 측정하며, 화살표로 표시한다. 화살표의 길이가 길수록 힘의 크기가 크다.

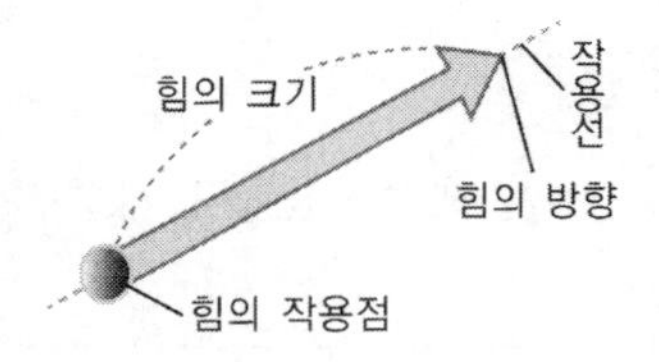

② **중력** … 지구가 물체를 끌어당기는 힘

㉠ **크기** : 물체의 질량에 비례하며, 지구에 가까울수록 중력이 크다. 이 중력의 크기를 무게라고 한다.

㉡ **방향** : 지구의 중심방향(=연직방향)

㉢ 중력에 의한 현상과 이용

ⓐ 고드름이 아래로 자란다.

ⓑ 물이 높은 곳에서 낮은 곳으로 흐른다.

ⓒ 달이 지구 주위를 공전한다.

ⓓ 물건을 던지면 아래로 떨어진다.

㉣ 질량과 무게

ⓐ **질량** : 장소에 따라 변하지 않는 물체의 고유한 양이며, 측정 장소에 따라 달라지지 않는다.(단위 : kg, g)

ⓑ **무게** : 물체에 작용하는 중력의 크기이며, 측정 장소에 따라 달라진다.(단위 : N)

ⓒ **질량과 무게의 관계** : 질량이 큰 물체일수록 물체에 작용하는 중력의 크기는 커진다. 즉 물체의 무게는 질량에 비례한다.

③ **탄성력** … 변형된 물체가 원래의 모양으로 되돌아가려는 힘

㉠ **방향** : 물체에 작용한 힘의 방향과 반대 방향

㉡ **크기** : 탄성체의 변형된 정도가 클수록 크며, 탄성체에 작용한 힘의 크기와 같다.

㉢ **탄성력의 이용** : 양궁, 침대의 매트리스, 고무줄, 용수철 등

③ **마찰력** … 물체와 접촉면 사이에서 물체의 운동을 방해하는 힘

㉠ **방향** : 물체의 운동 방향과 반대 방향

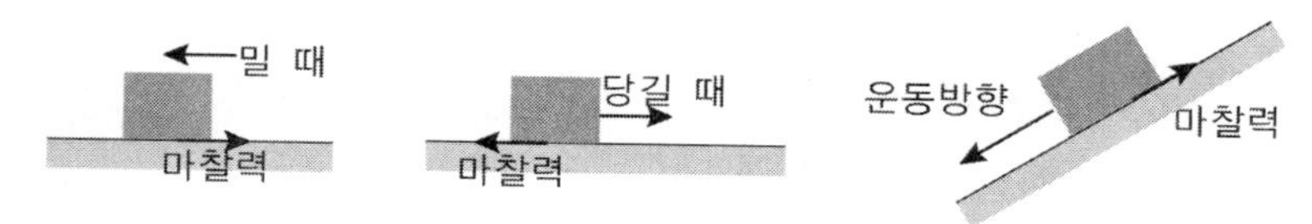

㉡ 크기 : 물체의 무게가 무거울수록, 접촉면이 거칠수록 크다. 접촉면의 넓이와는 관계없다.

㉢ 마찰력의 이용

ⓐ 마찰력을 크게 하는 경우 : 자동차 스노우체인, 미끄럼 방지 패드, 등산화 바닥 등

ⓑ 마찰력을 작게 하는 경우 : 수영장 미끄럼틀, 창문에 사용하는 바퀴, 스케이트 등

④ 부력 … 액체나 기체가 그 속에 있는 물체를 밀어 올리는 힘

㉠ 방향 : 중력과 반대인 위쪽 방향

㉡ 크기 : 물에 잠긴 물체의 부피가 클수록 크다. 물체의 질량과는 관계없다.

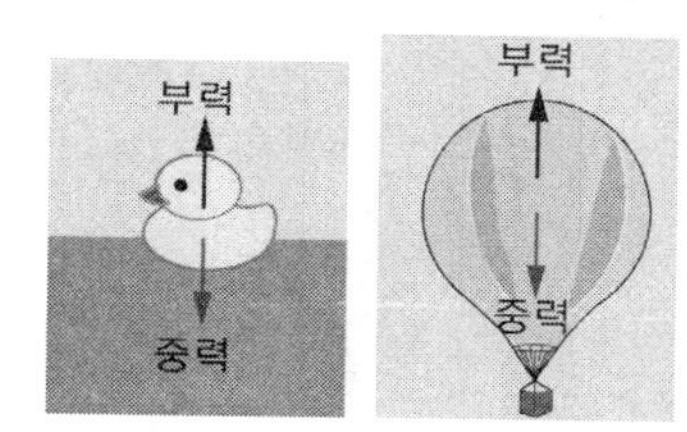

㉢ 부력과 중력의 크기(무게) 비교

ⓐ 부력이 무게보다 크면 물체는 떠오르고, 부력이 무게보다 작으면 물체는 가라앉는다.

ⓑ 물체가 떠 있을 때는 부력과 중력의 크기가 같다.

㉣ 부력의 이용

ⓐ 수영장에서 튜브를 이용하면 물에 쉽게 뜬다.

ⓑ 열기구 속의 공기를 가열하여 부피를 크게 하면 더 큰 부력을 받아 위로 올라간다.

ⓒ 잠수함의 통속에 물을 채우면 가라앉고 물을 비우면 떠오른다.

(2) 운동

① 운동 … 시간에 따라 위치가 변하는 현상이다.

㉠ 운동하는 물체의 빠르기 비교

ⓐ 같은 거리를 이동할 때 : 걸린 시간이 짧을수록 빠르다.

ⓑ 같은 시간 동안 이동할 때 : 이동한 거리가 길수록 빠르다.

② **속력** … 물체의 빠르기를 나타내는 값으로 단위 시간 동안 이동한 거리를 뜻한다.

㉠ 단위 : m/s, km/h

㉡ $속력(V) = \frac{이동거리(s)}{걸린시간(t)}$

③ **등속운동** … 속력과 방향이 변하지 않고 일정한 운동이다.

④ **자유낙하운동** … 공기저항이 없을 때 정지해 있던 물체가 중력만 받으면서 아래로 떨어지는 운동이다. 같은 시간 동안 물체가 이동하는 거리는 점점 증가한다.

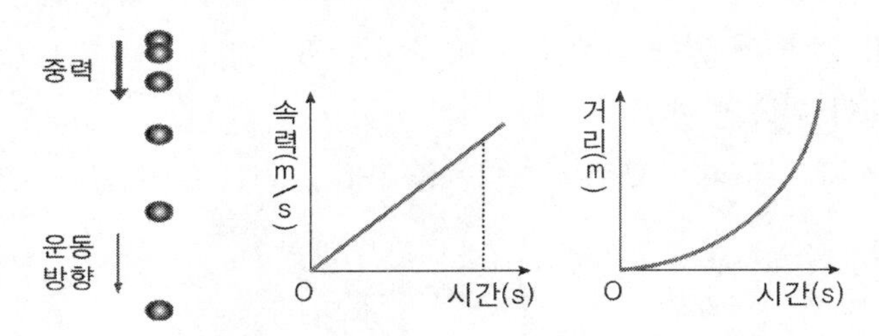

⑤ **질량이 다른 물체의 자유 낙하 운동**

㉠ 진공 상태에서 질량이 다른 두 물체를 같은 높이에서 동시에 떨어뜨리면 동시에 바닥에 도달한다.

㉡ **공기저항이 낙하운동에 미치는 영향**

ⓐ **공기저항이 있을 때** : 쇠구슬보다 깃털이 천천히 떨어진다.

ⓑ **공기저항이 없을 때** : 쇠구슬과 깃털이 동시에 떨어진다.

(3) 일과 에너지

① **일** … 물체에 힘을 주어서 힘의 방향으로 이동한 거리가 있을 경우 일을 했다라고 한다.

㉠ **일의 양** = 힘의 크기×힘의 방향으로 이동한 거리(일의 단위 : J, N · m)

㉡ **과학에서 일을 하지 않은 경우(일의 양이 0)**

ⓐ **물체의 이동거리가 0일 때** : 벽을 미는 경우, 짐을 들고 가만히 서 있는 경우

ⓑ **물체에 작용하는 힘이 0일 때** : 마찰이 없는 얼음판에서 미끄러져 등속 직선 운동을 하는 경우

ⓒ **물체의 이동 방향과 힘이 방향이 수직일 때** : 가방을 들고 수평 방향으로 걸어가는 경우

② **에너지** … 일을 할 수 있는 능력을 말한다.(단위 : J)

㉠ **운동에너지** : 운동하는 물체가 갖는 에너지

㉡ **위치에너지** : 어떤 위치에 있는 물체가 갖는 에너지

(4) 에너지의 전환과 보존

① 역학적 에너지

물체가 가지고 있는 위치 에너지와 운동 에너지의 합

역학적 에너지 = 위치 에너지 + 운동 에너지

② 역학적 에너지 보존

㉠ **역학적 에너지 보존 법칙** : 마찰이나 공기의 저항이 없으면 물체의 역학적 에너지는 일정하게 보존된다.

역학적 에너지 = 위치 에너지 + 운동 에너지 = 일정

㉡ 역학적 에너지가 보존될 때 위치 에너지와 운동 에너지의 전환

ⓐ **물체가 내려올 때** : 높이 감소(위치 에너지 감소), 속력 증가(운동 에너지 증가)

- 위치 에너지 → 운동 에너지
- 감소한 위치 에너지 = 증가한 운동 에너지

ⓑ **물체가 올라갈 때** : 높이 증가(위치 에너지 증가), 속력 감소(운동 에너지 감소)

- 운동 에너지 → 위치 에너지
- 증가한 위치 에너지 = 감소한 운동 에너지

㉢ 여러 가지 운동에서 역학적 에너지 보존

ⓐ 낙하하는 물체의 운동

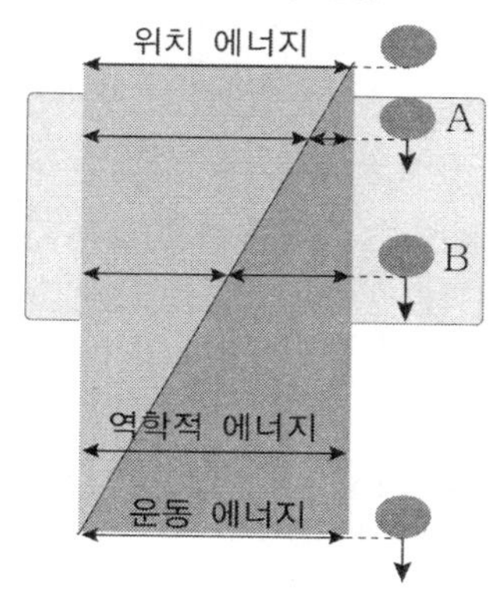

- A점에서의 역학적 에너지 = B점에서의 역학적 에너지
- A~B에서 감소한 위치 에너지 = A~B에서 증가한 운동 에너지
- 꼭대기의 위치에너지 = 바닥의 운동에너지

ⓑ 진자의 운동

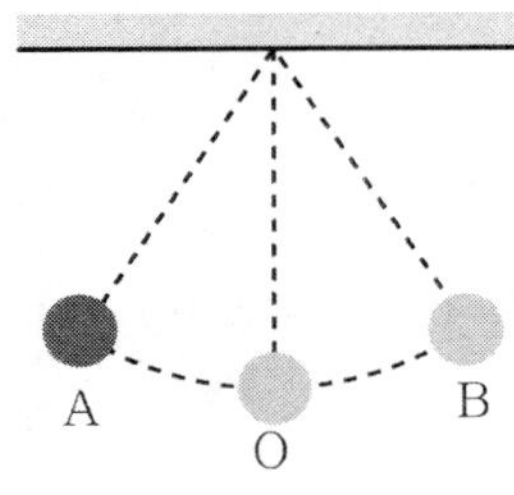

구분	A	A→O	O	O→B	B
위치 에너지	최대	감소	0	증가	최대
운동 에너지	0	증가	최대	감소	0
역학적 에너지	일정				

ⓒ 포물선 운동

- C점에서 운동에너지가 존재한다.
- A, E지점의 운동에너지는 C지점의 역학적 에너지(위치 에너지 + 운동 에너지)와 같다.

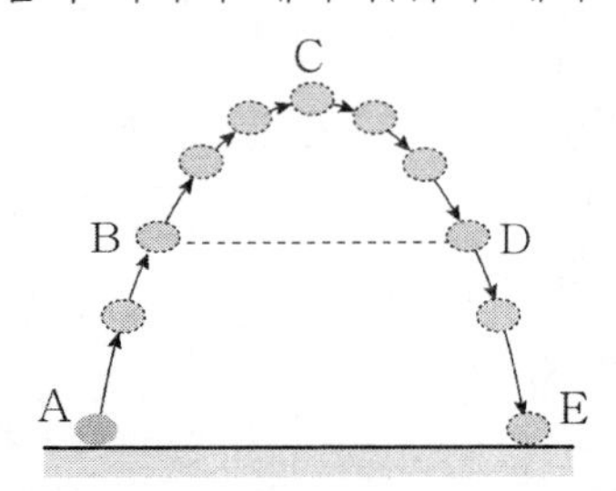

구분	A	B	C	D	E
위치 에너지	최소	증가	최대	감소	최소
운동 에너지	최대	감소	최소	증가	최대
역학적 에너지	일정				

ⓓ 수평으로 던진 공의 운동

- A점의 운동에너지가 존재한다.
- A지점의 역학적 에너지(위치 에너지 + 운동 에너지)는 C지점의 운동 에너지와 같다.

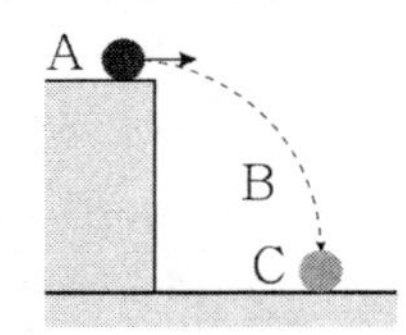

구분	A	B	C
위치 에너지	최대	감소	0
운동 에너지	최소	증가	최대
역학적 에너지		일정	

③ 여러가지 에너지

㉠ **화학 에너지** : 화석연료(석유, 석탄, 천연가스), 음식과 전지

㉡ **소리 에너지** : 물체의 진동으로 발생, 공기를 통해 전달되는 파동

㉢ **빛 에너지** : 태양이나 조명에서 나오는 에너지. 물체를 볼 수 있게 하고 진공에서도 전달된다.

㉣ **열 에너지** : 온도나 상태를 변화시키는 에너지

㉤ **핵 에너지** : 우라늄의 원자핵에 저장되어 있는 에너지

㉥ **전기 에너지** : 전자의 이동으로 일을 하거나 다른 에너지를 발생시킬 수 있는 에너지. 다른 에너지로 전환이 쉽고 편리하다.

④ 전기 에너지의 전환과 이용

㉠ **전기 에너지의 발생과 에너지 전환** : 일상에서 사용하는 전기 에너지는 주로 발전소에서 화학 에너지, 핵 에너지, 역학적 에너지, 빛 에너지 등 다양한 에너지원을 이용하여 생산한다.

ⓐ **화력발전** : 연료를 태워 물을 가열하고, 이때 발생하는 높은 압력의 수증기로 발전기를 회전시킨다. 연료의 화학에너지 → 열에너지 → 발전기의 운동에너지 → 전기에너지

ⓑ **수력발전** : 댐에 있는 물을 흘려 보내 발전기를 회전시킨다. 물의 위치에너지 → 발전기의 운동에너지 → 전기에너지

ⓒ **풍력발전** : 바람의 힘으로 발전기를 회전시킨다. 바람의 운동에너지 → 발전기의 운동에너지 → 전기에너지

㉡ 가정에서 전기 에너지의 전환

ⓐ **전등** : 빛에너지, 열에너지

ⓑ **청소기** : 운동에너지, 소리에너지

ⓒ **토스터기** : 열에너지

ⓓ **세탁기** : 운동에너지

ⓔ **선풍기** : 운동에너지

ⓕ **난로** : 열에너지

(5) 뉴턴의 운동법칙

① 뉴턴의 운동 제1법칙 : 관성의 법칙

외부로부터 물체에 어떤 힘이 작용하지 않는 한, 그 물체가 자신의 운동 상태를 계속해서 유지하려고 하는 성질이 '관성'이다. 예를 들어, 정지해 있는 물체는 계속해서 정지해 있으려 하고, 운동하고 있는 물체는 계속해서 일정한 속력으로 운동하려고 한다.

※ 관성의 예

㉠ 버스가 출발하면 사람 몸이 뒤로 쏠린다.

㉡ 이불에 있는 먼지를 털 때 먼지가 떨어진다.

㉢ 망치가 자루에서 빠지지 않도록 망치 자루를 세워서 바닥에 친다.

㉣ 지구의 인력을 벗어난 로켓은 관성의 힘으로 달까지 움직인다.

② 뉴턴의 운동 제2법칙 : 가속도의 법칙

물체의 운동 상태는 물체에 작용하는 힘의 크기와 방향에 따라 변한다. 이와 같은 운동 상태의 변화(속도의 변화)를 가속도라고 한다. 즉, 물체에 힘이 작용하면 물체는 그 힘에 비례해서 가속도를 갖게 된다. 예를 들면 축구공을 세게 차면 빠른 속도로 날아가고, 약하게 차면 천천히 날아간다.

※ 가속도의 예

㉠ 공을 얼마만큼 세게 차느냐에 따라 속도가 달라진다.

㉡ 비탈면에서 점점 빨라지는 것

㉢ 물건을 떨어뜨리고 일정한 시간(거의 0.1초)마다 사진을 찍으면 점점 빨라지는 것을 알 수 있다.

㉣ 자전거 페달을 더 세게 밟으면 더 빠르게 움직인다.

③ 뉴턴의 운동 제3법칙 : 작용과 반작용의 법칙

밀고 당기는 힘은 두 물체 사이에 일어나는 상호 작용이다. 두 물체가 서로 밀 때, 두 물체가 서로에게 작용하는 힘의 크기는 같지만 방향은 반대가 된다. 이때 한쪽 힘은 작용, 다른 쪽 힘은 반작용이다. 작용과 반작용은 힘의 크기가 같고 방향이 반대이며 동일 직선상에서 작용한다. 예를 들어 덩치 큰 사람과 날씬한 사람이 손바닥 밀기 게임을 할 때, 힘의 방향은 서로 반대이지만 크기는 같다.

※ 작용 · 반작용의 예

㉠ 포탄이 발사되면 포신이 뒤로 밀린다.

㉡ 가스를 뒤로 분사하면서 로켓이 날아간다.

㉢ 사람이 땅을 뒤로 밀어서 앞으로 걸어간다.

㉣ 자석이 철을 끌어당기면 철도 자석을 끌어당긴다.

④ **만유인력의 법칙(중력)** … 질량을 가진 두 물체 사이에 작용하는 힘으로 두 물체의 곱에 비례하고 거리의 제곱에 반비례한다.

02 빛과 파동

(1) 빛과 색

① 물체가 보이는 이유

㉠ **빛의 직진 :** 광원에서 나온 빛이 한 물질 내에서 곧게 나아가는 현상이다.(예 그림자, 레이저, 일식 · 월식현상 등)

㉡ **물체가 보이는 원리 :** 광원에서 나온 빛이 물체에서 반사되어 우리의 눈으로 들어오기 때문이다.

② 빛의 분해

㉠ **빛의 분산 :** 빛이 여러 가지 색으로 나누어지는 현상이다.

ⓐ **빛이 분산되는 원인 :** 빛의 색에 따라 굴절하는 정도가 다르기 때문이다.

ⓑ **빛이 굴절하는 정도 :** 빨강 $<$ 주황 $<$ 노랑 $<$ 초록 $<$ 파랑 $<$ 남색 $<$ 보라

㉡ **빛의 분산에 의한 현상 :** 무지개, 프리즘을 통과한 햇빛 등

③ 빛의 합성

㉠ **빛의 합성 :** 여러 가지 색의 빛을 합하는 것을 말한다.(예 텔레비전, 모니터 등)

㉡ **빛의 삼원색 :** 빨간색, 초록색, 파란색

ⓐ 빛의 삼원색을 합치면 흰색, 백색광이 된다.

- 빨간색 + 초록색 = 노란색
- 빨간색 + 파란색 = 자홍색
- 파란색 + 초록색 = 청록색

ⓑ 텔레비전은 빛의 3원색으로 이루어진 화소에 켜져 있는 빛의 색에 따라 다양한 색을 만들어 보여진다.

(2) 빛의 반사와 굴절

① 빛의 반사 … 빛이 진행하다 다른 물질을 만나면 경계면에서 부딛쳐 되돌아 나오는 현상이다.

㉠ 반사의 법칙 : 입사각과 반사각은 항상 같다.

㉡ 반사의 종류 : 매끄러운 면에서 일어나는 정반사와 거친 면에서 일어나는 난반사가 있다.

㉢ 거울에 의한 상

ⓐ 평면거울 : 상의 크기는 같고 좌우가 바뀌어 보인다. 실제 물체와 같은 모습을 보아야 할 때 사용한다. (예 전신거울, 자동차의 후방거울 등)

ⓑ 볼록거울과 오목거울

• 볼록거울에 의한 상

– 물체를 어디에 놓던지 항상 실제보다 작고 바로 선 상

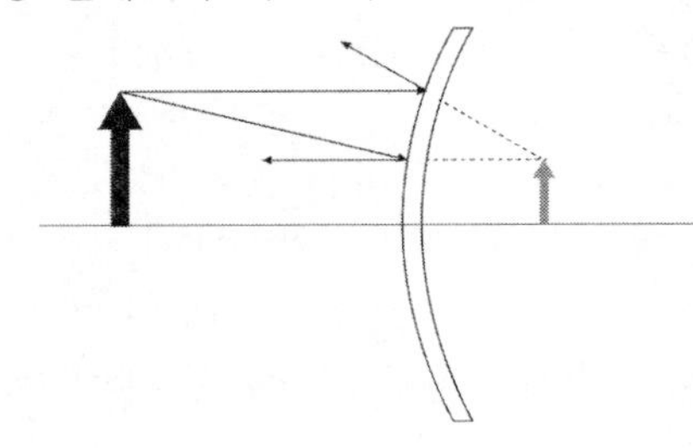

– 넓은 범위를 보아야 할 때

– 예 도로 반사경, 편의점의 거울, 자동차의 사이드미러 등

• 오목거울에 의한 상

– 물체가 초점 안에 있을 때 : 크고 바로 선 상

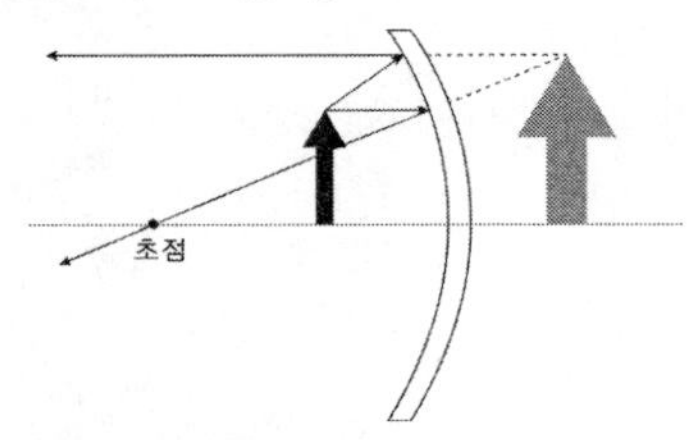

– 물체가 초점 밖에 있을 때 : 작고 거꾸로 선 상

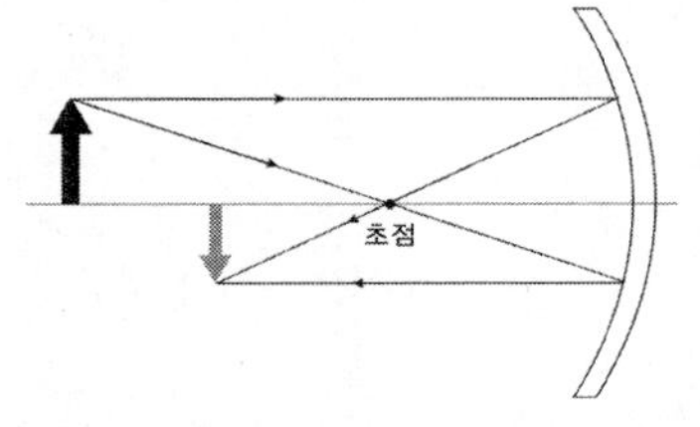

– 반사된 빛을 모아야 하는 곳이나 실제 물체보다 큰 상이 필요할 때

– 예 반사 망원경, 치과용 치아거울, 등대, 손전등, 성화 채화 등

② 빛의 굴절

㉠ 빛의 굴절 : 빛이 다른 물질로 들어갈 때 꺾이는 현상을 말한다.

ⓐ 빛의 굴절 이유 : 물질마다 빛의 속력이 다르기 때문이다.

ⓑ 빛의 굴절에 의한 현상 : 아지랑이, 신기루, 물 속의 빨대가 꺾여 보이는 것, 물 속의 물체가 떠 보이는 것, 물 속에 잠긴 부분이 짧아 보이는 것 등

㉡ 빛의 굴절 현상을 이용한 렌즈

ⓐ 볼록렌즈와 오목렌즈

• 볼록렌즈에 의한 상

– 물체가 가까이 있을 때 : 크고 바로 선 상

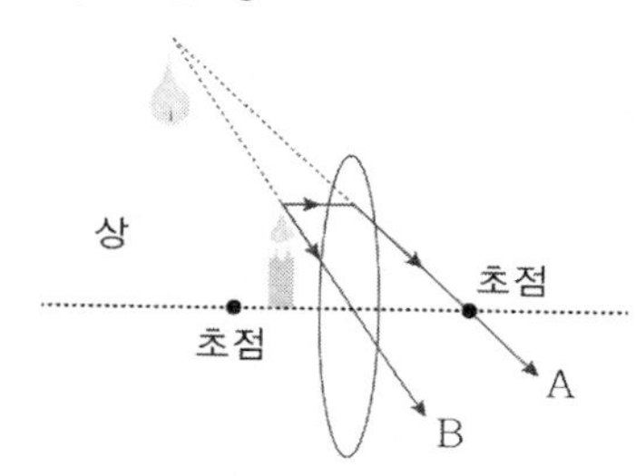

– 물체가 멀리 있을 때 : 작고 거꾸로 선 상

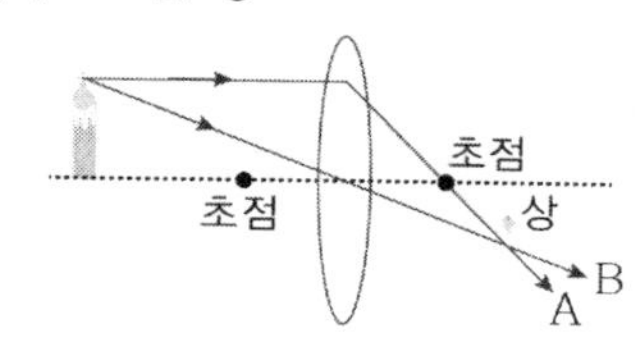

– 들어오는 빛을 모은다.

– 돋보기, 확대경, 현미경 등

• 오목렌즈에 의한 상

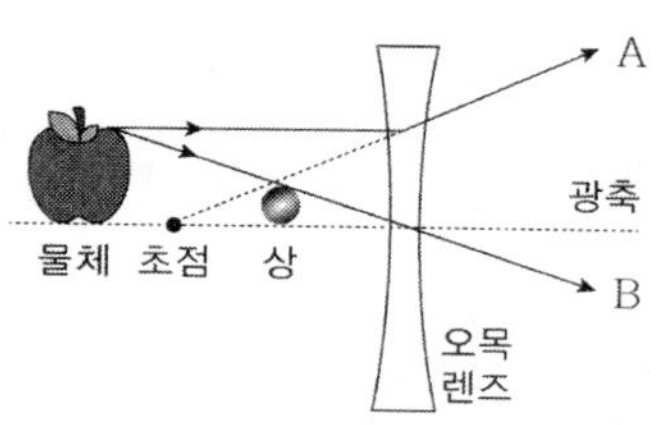

– 빛을 퍼지게 하고 항상 작게 바로 선 상

– 근시교정용 안경 등

③ 빛의 회절 … 빛이 슬릿이나 구멍을 통과할 때 직진하지 않고 동심원을 그리며 퍼져 나가는 현상. 파장이 길수록 슬릿의 틈이 좁을수록 잘 일어난다.

(3) 파동과 소리

① **파동** … 한곳에서 생성된 진동이 물질을 통해 전달되는 현상이다.

㉠ **매질** : 파동을 전달해 주는 물질을 말한다. 매질은 이동하지 않고 같은 위치에서 진동한다. 단, 빛과 전파는 매질이 없이도 전달된다.

㉡ **파동의 역할** : 에너지를 전달한다.

② **파동의 종류** … 파동의 진행방향과 매질의 진동방향에 따라 구분한다.

㉠ **횡파** : 파동의 진행방향과 매질의 진동방향이 수직이다. (예 줄의 진동, 물결파, 빛, 전파, 지진파의 S파)

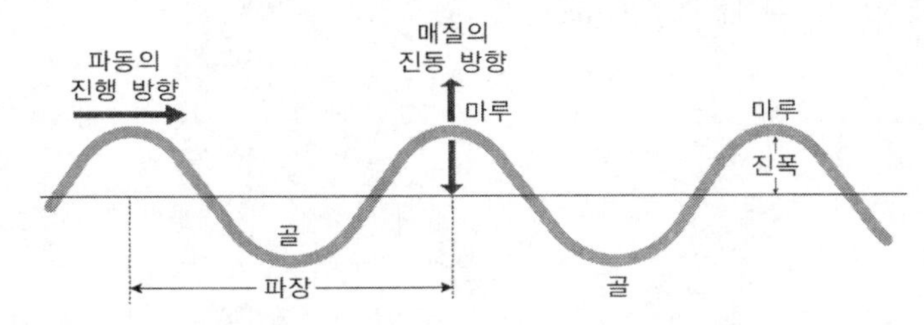

㉡ **종파** : 파동의 진행방향과 매질의 진동방향이 나란하다. (예 소리(음파), 초음파, 지진파의 P파)

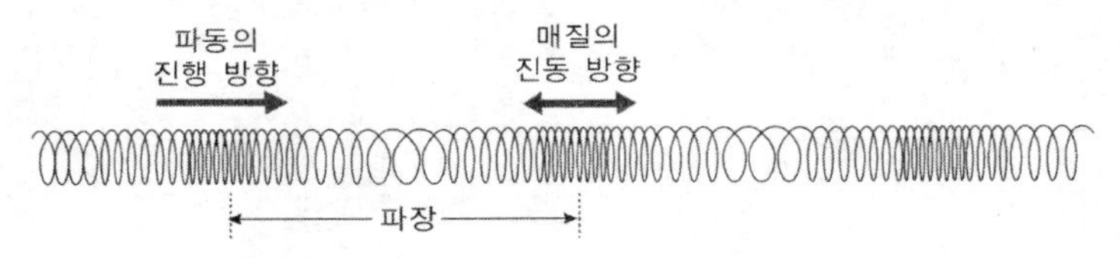

③ **파동의 성질**

㉠ **반사** : 파동이 진행 하다가 장애물에 부딪쳐 되돌아 나오는 현상이다.

ⓐ 파동이 반사될 때는 방향만 변하고 파장, 속력, 진동수 등은 변하지 않는다.

ⓑ **반사를 이용한 예** : 어군 탐지기, 음악당의 천장, 메아리 등

㉡ **굴절** : 두 매질에서 파동의 전파 속력이 다르므로 매질의 성질이 달라지는 경계면에서 진행 방향이 꺾이는 현상이다.

ⓐ **물결파의 굴절** : 파도가 해변으로 다가오면서 수심이 얕은 쪽으로 꺾인다.

ⓑ **소리의 굴절** : 밤에는 소리가 아래로 굴절되고, 낮에는 위로 굴절된다.

④ **소리의 발생과 전달**

㉠ **소리의 발생**

ⓐ **소리(음파)** : 물체가 진동하여 발생하고 주로 공기를 매질로 전달되는 파동이다.

ⓑ **소리의 특징** : 종파이며 반사, 굴절, 회절한다.

㉡ **소리의 전달 과정** : 물체의 떨림으로 발생한 진동이 매질을 통하여 귀의 고막을 진동시키면 소리를 들을 수 있다.

물체의 진동 → 주변 공기의 진동 → 고막의 진동 → 소리를 인식

㉢ **매질의 종류와 소리의 전달**

ⓐ 공기가 없는 진공 속에서는 소리가 전달되지 않는다

ⓑ 고체 > 액체 > 기체 순으로 소리의 전달이 빠르다.

ⓒ 온도가 높을수록 소리의 전달이 빠르다.

㉣ **소리의 3요소** … 소리의 특징을 나타내는 소리의 크기(세기), 높낮이, 음색을 소리의 3요소라 한다.

03 전기와 자기

(1) 정전기

① **원자의 구조**

㉠ **원자핵** : (+)전하를 띤다.

㉡ **전자** : (−)전하를 띤다.

㉢ **원자** : 원자핵의 (+)저하량과 전자들의 (−)전하량이 같아 전기적으로 중성이다.

② **마찰 전기** … 서로 다른 두 물체를 마찰시킬 때 물체가 띠는 전기이다.

㉠ **원인** : 마찰 과정에서 전자가 한 물체에서 다른 물체로 이동하기 때문이다.

㉡ **마찰한 두 물체가 띠는 전하** : 전자를 얻은 물체는 (−)전하, 전자를 잃은 물체는 (+)전하로 대전 된다. 그래서 마찰한 두 물체는 서로 끌어당긴다.

③ **대전** … 물체가 전하를 띠게 되는 현상을 말한다.

㉠ **대전체** : 대전된 물체

㉡ **대전열** : 물체를 마찰시킬 때 전자를 잃기 쉬운 순서대로 나열한 것이다.

털가죽 − 상아 − 유리 − 명주 − 나무 − 고무 − 플라스틱 (+) (−)

④ 전기력

㉠ 인력 : 다른 종류의 전하를 띤 물체 사이에서 서로 끌어당기는 힘이다.

㉡ 척력 : 같은 종류의 전하를 띤 물체 사이에서 서로 밀어내는 힘이다.

㉢ 전기력의 응용 예 : 터치스크린, 공기청정기 등

(2) 전류, 전압, 저항

① 전류(I)

㉠ 전류 : 전하의 흐름을 말한다.

㉡ 도선에서 전류가 흐르는 이유 : 도선을 따라 전자가 이동하면서 전하를 운반하기 때문이다.

ⓐ 전류의 이동방향 : (+) → (−)

ⓑ 전자의 이동방향 : (−) → (+)

㉢ 전류의 세기와 측정

ⓐ 전류의 세기 : 1초 동안 흐른 전하의 양으로 나타낸다.

ⓑ 전류의 단위 : A(암페어), mA

㉣ 전하량보존의 법칙

ⓐ 전하량 : 전하의 총량을 말한다.

ⓑ 전하량 보존의 법칙 : 도선에 흐르는 전하는 없어지거나 새로 생겨나지 않고 언제나 처음의 양이 그대로 보존된다.

- 직렬연결 : 어디에서나 전류의 세기는 같다.
- 병렬연결 : 나누어진 도선에 흐르는 전류의 세기의 합은 나누어지기 전과 같다.

㉤ 전기회로 : 전류가 흐르는 길이다.

② 전압(V)

㉠ 전압 : 전기회로에 전류를 흐르게 하는 능력이다.

㉡ 전압과 수압의 비교

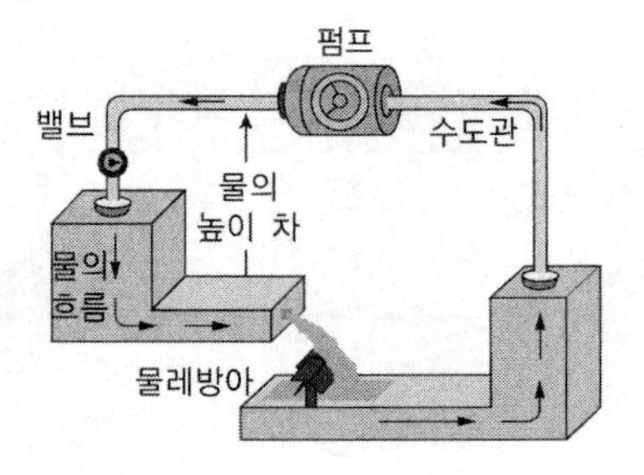

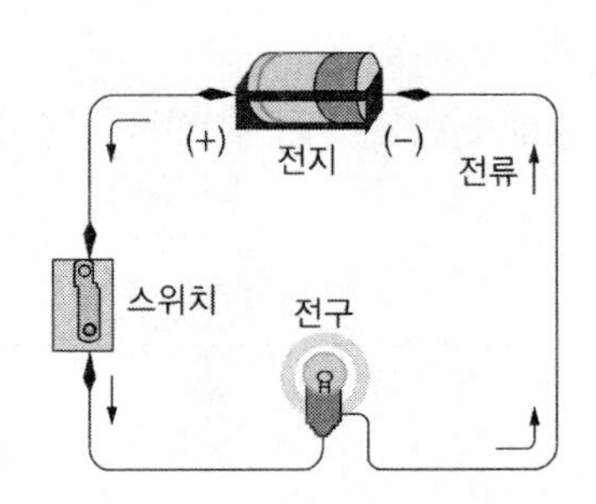

물	물의 흐름	수도관	물의 높이차 (수압)	펌프	물레방아	밸브
전기	전류	도선	전압	전지	전구	스위치

③ 저항(R)

㉠ **저항** : 전류의 흐름을 방해하는 정도를 말한다. 저항의 원인은 도선을 따라 이동하는 전자가 원자와 충돌하기 때문이다.

㉡ **전기 저항의 크기** : 물질마다 저항은 다르며, 길이에 비례하고 단면적에 반비례한다.

㉢ **옴의 법칙** : 전류는 전압에 비례하고 저항에 반비례한다.

$$V = IR \qquad I = \frac{V}{R} \qquad R = \frac{V}{I}$$

(V : 전압, I : 전류, R : 저항)

ⓐ **저항의 직렬연결** : 저항을 직렬로 연결할수록 전체 저항은 증가하고 전체 전류는 감소한다. 각각의 저항에 흐르는 전류와 걸리는 전압은 감소한다. (예 누전차단기, 퓨즈, 한 줄로 연결된 장식용 전구 등)

ⓑ **저항의 병렬연결** : 저항을 병렬로 연결할수록 전체 저항은 감소하고 전체 전류는 증가한다. 각각의 저항에 흐르는 전류와 걸리는 전압은 일정하다. (예 멀티탭, 가로등 등)

	저항의 직렬연결	저항의 병렬연결
정의	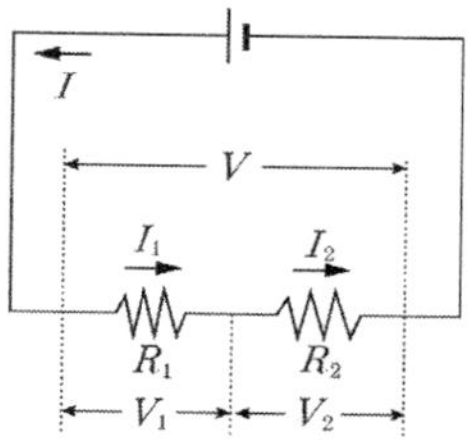 I, V, I_1, I_2, R_1, R_2, V_1, V_2	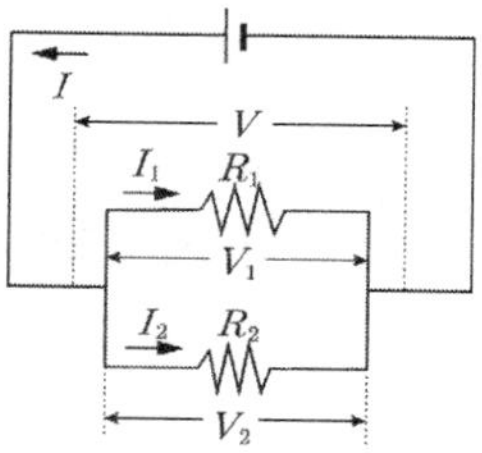 I, V, I_1, R_1, V_1, I_2, R_2, V_2
전체전류	전하량 보존 법칙에 의해 각 저항에 흐르는 전류와 같다. $I = I_1 = I_2$	전하량 보존 법칙에 의해 각 저항에 흐르는 전류의 합과 같다. $I = I_1 + I_2$
전체전압	각 저항에 걸리는 전압의 합과 같다. $V = V_1 + V_2$	각 저항에 걸리는 전압과 같다. $V = V_1 = V_2$
전체저항	각 저항의 합과 같다. $R = R_1 + R_2$	전체 저항의 역수는 각 저항의 역수의 합과 같다. $\frac{1}{R} = \frac{1}{R_1} + \frac{1}{R_2}$

대표유형 4 화학영역

01 기체의 성질

(1) 기체의 부피변화

① 압력에 따른 기체의 부피변화

㉠ **압력과 기체의 부피 관계** : 온도가 일정할 때, 압력이 증가하면 기체의 부피는 감소하고, 압력이 감소하면 기체의 부피는 증가한다.

㉡ **보일의 법칙** : 온도가 일정할 때, 압력이 증가하면 기체의 부피는 감소하고, 압력이 감소하면 기체의 부피는 증가한다.

ⓐ 풍선이 하늘 높이 올라가면 점점 커지다가 터진다.

ⓑ 주사기의 피스톤을 누르면 주사기 속 공기의 부피가 줄어든다.

ⓒ 보온병의 꼭지를 누르면 보온병 안의 공기가 압축되어 물이 나온다.

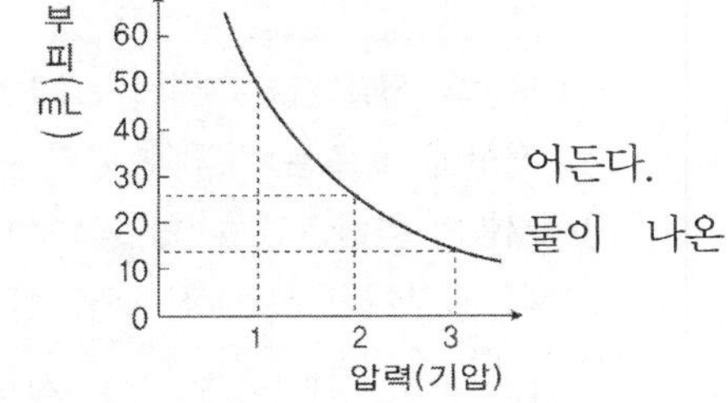

② 온도에 따른 기체의 부피변화

㉠ **온도와 기체의 부피 관계** : 압력이 일정할 때, 온도가 높아지면 기체의 부피가 증가하고, 온도가 낮아지면 기체의 부피가 감소한다.

㉡ **샤를의 법칙** : 압력이 일정할 때, 온도가 높아지면 기체의 부피가 증가하고, 온도가 낮아지면 기체의 부피가 감소한다.

ⓐ 찌그러진 탁구공을 뜨거운 물에 넣으면 펴진다.

ⓑ 열기구 속 기체를 가열하면 열기구가 떠오른다.

ⓒ 여름철에는 겨울철보다 자동차 타이어에 공기를 적게 넣는다.

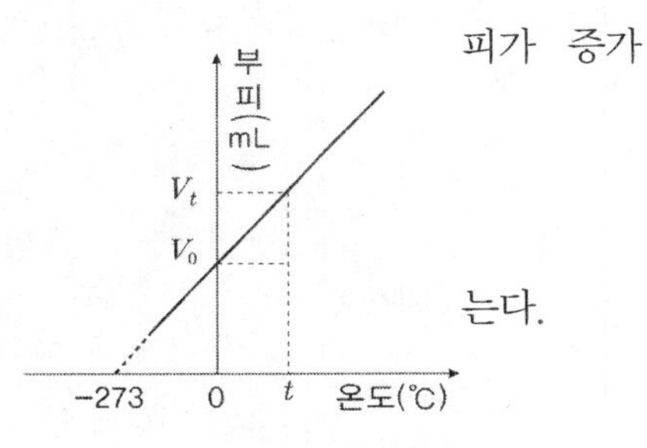

(2) 물질의 상태변화

① 물질의 상태 변화 … 온도와 압력에 따라 변함

㉠ 온도에 따른 상태 변화

ⓐ **승화** : 고체가 직접 기체로, 또는 기체가 직접 고체로 변하는 현상(**예** 드라이아이스가 작아진다. 냉동실의 얼음이 작아진다. 서리가 내린다. 성에가 낀다. 눈의 결정)

ⓑ **융해** : 고체가 액체로 변하는 현상(**예** 얼음이 녹는다. 초가 녹아 촛농이 생긴다.)

ⓒ 응고 : 액체가 고체로 변하는 현상(예 녹은 양초의 촛농이 다시 굳는다. 고드름이 생긴다. 물이 언다)

ⓓ 기화 : 증발이라고도 한다. 액체가 기체로 변하는 현상(예 물이 끓어 수증기가 된다. 빨래가 마른다. 염전에서 소금이 나온다)

ⓔ 액화 : 기체가 액체로 변하는 현상(예 새벽에 이슬이 맺힌다. 욕실에 물방울이 맺힌다. 물이 끓을 때 김이 생긴다)

㉡ 압력에 따른 상태 변화

ⓐ 일반적으로 압력이 커질 때 : 기체 → 액체 → 고체로 상태가 변한다.(예 부탄가스 등)

ⓑ 얼음에 압력을 가하면 녹는점이 낮아져 물로 상태가 변한다.(예 스케이트 날이 얼음에 압력을 가해 얼음이 녹아 스케이트가 미끄러진다)

(3) 상태변화와 열에너지

① 상태변화와 열에너지 … 물질은 상태에 따라 가지고 있는 에너지의 양이 다르므로 열에너지를 흡수하거나 방출하면 물질의 상태가 변한다.

㉠ 열에너지를 흡수하는 상태변화 : 융해, 기화, 승화(고체 → 기체). 상태가 변할 때 열에너지를 흡수하므로 주위 온도가 내려간다.

㉡ 열에너지를 방출하는 상태변화 : 응고, 액화, 승화(기체 → 고체). 상태가 변할 때 열에너지를 방출하므로 주위의 온도가 올라간다.

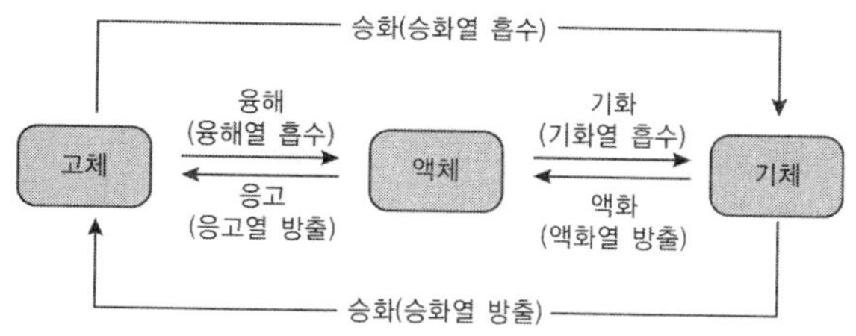

구분	생활 속의 예
응고(응고열방출)	• 이글루에 물을 뿌리면 이글루 안이 따뜻해진다.
액화(액화열방출)	• 스팀 난방으로 집 안을 따뜻하게 한다.
승화(기체 → 고체) (승화열방출)	• 눈이 내리는 날은 포근하다.
융해(융해열흡수)	• 음료수에 얼음을 넣으면 점점 음료수가 시원해진다.
기화(기화열흡수)	• 더운날 물을 뿌리면 시원해진다. • 여름에는 땀을 흘려 체온을 조절한다.
승화(고체 → 기체) (승화열흡수)	• 아이스크림 포장용기에 드라이아이스를 넣어 아이스크림이 녹지 않게 한다.

02 물질의 구성

(1) 원소

① 원소 … 더 이상 다른 종류의 물질로 분해되지 않는, 물질을 이루는 기본 성분

② 여러 가지 원소 기호 … 수소(H), 헬륨(He), 탄소(C), 질소(N), 산소(O), 규소(Si), 염소(Cl), 리튬(Li), 알루미늄(Al), 칼슘(Ca), 철(Fe), 구리(Cu), 수은(Hg), 금(Au) 등

(2) 원자와 분자

② 원자 … 더 이상 분해 할 수 없는 물질을 구성하는 기본 입자

③ 분자 … 원소와 원소가 결합한 화합물로 독립적으로 존재하며 물질의 성질을 갖는 가장 작은 입자

④ 분자식과 분자모형 이해하기

㉠ 분자식

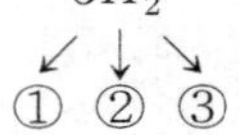

① 분자수, ② 원소기호, ③ 한 분자당 원자수

즉, 분자수는 3개이고 한 분자당 2개의 수소 원자가 들어 있으며 총 원자수는 6개이다.

㉡ 분자 모형

- 물(H_2O)의 분자 모형

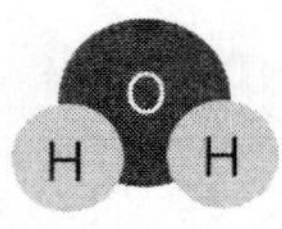

㉢ 여러 가지 분자식 : 수소(H_2), 산소(O_2), 질소(N_2), 오존(O_3), 이산화탄소(CO_2), 암모니아(NH_3), 황산(H_2SO_4), 과산화수소(H_2O_2), 물(H_2O), 염화수소(HCl), 일산화탄소(CO) 등

(3) 혼합물의 분리

① 밀도차이를 이용한 분리

㉠ 녹지 않는 고체 혼합물 : 소금물로 볍씨 고르기, 사금 채취, 소금물로 싱싱한 달걀 고르기 등

㉡ 섞이지 않는 액체 혼합물 : 바다에 유출된 기름 제거, 식용유 분리 등

② 끓는점 차이를 이용한 분리 … 증류(예 전통주 만들기, 원유 분리 등)

③ 용해도 차이를 이용한 분리

㉠ 거름 : 혼합물에서 용매에 녹지 않는 물질을 거름장치로 걸러서 분리(예 물에 녹인 모래와 소금을 거름종이위에서 분리)

㉡ 추출 : 혼합물 중 특정한 한 성분만을 녹일 수 있는 용매를 사용하여 분리(예 나물을 물에 담가 쓴맛 없애기, 감을 소금물에 담가 쓴맛 없애기. 원두커피 추출하기 등)

03 열

(1) 열의 이동방법

① 전도 … 물체를 이루는 입자의 운동이 이웃한 입자에 차례로 전달되어 열이 이동하는 방법. 주로 고체에서 일어나는 열의 이동방법(예 전기장판 위에 앉아 있으면 엉덩이가 따뜻해진다. 뜨거운 국이 담긴 냄비 속의 숟가락이 뜨거워졌다)

② 대류 … 기체나 액체를 이루는 입자가 직접 이동하여 열을 전달하는 방법. 액체 또는 기체에서 일어나는 열의 이동방법. 찬 공기는 아래로, 따뜻한 공기는 위로 움직이며 공기가 둥글게 도는 것(예 에어컨을 켜면 방 안 공기가 시원해진다)

③ 복사 … 물질의 도움 없이 직접 열이 전달되는 방법. 주로 공기 중이나 진공상태에서 일어난다.(예 전기난로를 향해 손을 내밀면 손이 따뜻해진다)

④ 단열 … 열의 이동을 막는 것. 전도, 대류, 복사로 인한 열의 이동을 모두 막아야 단열이 잘 된다.(예 스티로폼, 양모 등 전도가 잘 일어나지 않는 재질)

04 화학반응

(1) 물질의 변화

① 물리 변화 … 물질의 고유한 성질은 변하지 않으면서 모양이나 상태 등이 변하는 현상
(예 설탕이 물에 녹는다. 물을 끓이면 수증기가 된다.)

② 화학 변화 … 어떤 물질이 처음과 성질이 전혀 다른 새로운 물질로 변하는 현상
(예 못이 녹슨다. 양초가 빛과 열을 내며 탄다.)

③ 질량보존의 법칙 … 화학반응의 전후에서 반응물질의 총질량과 생성물질의 총질량은 같다고 하는 법칙이다.

(2) 물질의 특성

물의 산성이나 염기성의 정도를 나타내는 수치로 수소 이온 농도의 지수인 pH가 있다. 수소 이온은 pH를 낮추므로 수소이온 농도가 낮아지면 pH는 증가하고, pH가 낮다는 것은 수소이온이 많다는 것을 의미한다.

① 산성 … pH7보다 낮은 용액(예 식초, 사이다, 레몬주스 등)

② 중성 … 산성도 아니고 염기성도 아닌 용액(예 물, 설탕물, 소금물 등)

③ 염기성(알카리성) … pH7보다 높은 용액(예 비눗물, 암모니아수 등)

대표유형 5 생물영역

01 식물과 에너지

(1) 광합성

엽록체에서 빛에너지를 이용하여 물과 이산화탄소를 원료로 포도당을 만드는 과정이다.

$$물 + 이산화탄소 \xrightarrow{빛에너지} 포도당 + 산소$$

(2) 증산작용

잎의 기공을 통해 식물체 내의 물이 수증기 형태로 증발되는 현상이다. 기공은 광합성이 활발한 낮에 열린다.

(3) 식물의 호흡

식물을 구성하는 모든 세포에서 양분을 분해하여 생명활동에 필요한 에너지를 얻는 작용이다.

포도당 + 산소 → 물 + 이산화탄소 + 에너지

02 동물과 에너지, 순환

(1) 영양소

① 영양소의 역할 … 몸에 필요한 물질을 제공한다. 생명활동에 필요한 에너지원으로 쓰인다.

② 생물의 영양 획득 방법 … 식물은 광합성, 동물은 외부로부터 양분을 섭취해야 한다.

③ 3대 영양소 … 에너지원으로 이용되는 영양소

㉠ 탄수화물
- ⓐ 주에너지원으로 사용된다.(체내 구성 성분 중 가장 적다)
- ⓑ 곡류, 쌀, 감자 등

㉡ 지방
- ⓐ 에너지원으로 사용된다.
- ⓑ 세포막 등 몸의 구성 성분이 된다.
- ⓒ 버터, 식용유 등

㉢ 단백질
- ⓐ 에너지원으로 사용된다.
- ⓑ 아미노산이 결합하여 형성된다.
- ⓒ 체조직을 구성, 효소, 호르몬의 성분이다.
- ⓓ 살코기, 달걀, 콩, 두부, 치즈 등

㉣ **물, 비타민, 무기염류 :** 에너지원은 아니지만 몸의 구성 성분이 되거나 생리 작용을 조절한다.

ⓐ 물

- 동물의 70%를 구성한다.
- 혈액과 림프의 성분이며 체내 화학반응에 관여하고 물질의 운반, 체온조절을 담당한다.

ⓑ 비타민

- 몸의 생리작용을 조절하고 반드시 음식물로 섭취해야한다.
- 부족하면 결핍증이 생긴다.(A – 야맹증, B1 – 각기병, C – 괴혈병, D – 구루병)
- 몸에 저장되지 않고 배출된다.
- 과일과 채소류에 많이 포함되어있다.

ⓒ 무기염류

- 몸의 구성성분이다.
- 생리 작용 조절, 뼈나 혈액을 구성한다.
- 우유, 치즈 등 유제품과 멸치, 해조류 등에 많이 포함되어있다.

(2) 순환

① **혈액의 조성과 기능** … 혈액의 액체성분을 혈장, 고체성분은 혈구라고 한다.

② **혈구**

㉠ **적혈구 :** 핵이 없다. 산소운반 혈구 중 90%를 차지한다. 철을 포함한 색소 단백질인 헤모글로빈이 들어 있어 붉게 보인다.

㉡ **백혈구 :** 핵이 있다. 식균작용을 한다. 모양이 불규칙하다.

㉢ **혈소판 :** 핵이 없다. 혈액응고에 관여한다.

③ **혈장** … 물, 혈장 단백질, 영양소, 호르몬, 노폐물 등을 포함한다.

㉠ 양분과 노폐물, 이산화탄소 등을 운반한다.

㉡ 비열이 커 체온을 유지시킨다.

㉢ 면역관련물질을 포함한다.

(3) 신체기관

① 위 … 염산이 분비되어 살균, 음식물 부패방지를 돕는다.

② 이자 … 3대 영양소 분해 효소를 생성한다.

③ 소장 … 대부분의 영양소를 흡수한다.

④ 심장 … 심방과 심실의 규칙적인 수축, 이완 운동으로 온몸으로 혈액을 순환시킨다.

⑤ 폐 … 폐포와 모세혈관 사이에서 산소와 이산화탄소의 교환이 이루어진다.

⑥ 신장 … 혈액 속의 노폐물을 걸러낸다. 체액의 조성을 일정하게 유지시킨다.

03 유전

(1) 유전용어

① 형질 … 크기나 모양, 성질 등 생물이 가지는 여러 가지 특성

② 대립 형질 … 같은 종류의 형질에 대해 서로 명확하게 대비되는 형질(예 둥근 완두↔주름진 완두)

③ 표현형과 유전자형

㉠ 표현형 : 유전자 구성에 따라 겉으로 드러나는 형질(예 완두 씨의 둥근 모양, 주름진 모양)

㉡ 유전자형 : 유전자 구성을 기호로 나타낸 것(예 RR, RrYy)

④ 순종과 잡종

㉠ 순종 : 한 형질을 나타내는 유전자의 구성이 같은 개체(예 RR, rryy)

㉡ 잡종 : 한 형질을 나타내는 유전자의 구성이 다른 개체(예 Rr, RrYy)

⑤ 우성과 열성

㉠ 우성 : 순종의 대립형질을 교배할 경우, 잡종 제1대에 나타나는 형질

㉡ 열성 : 순종의 대립형질을 교배할 경우, 잡종 제1대에 나타나지 않는 형질

(2) 멘델의 실험(완두의 유전연구)

① 멘델의 실험 가설

㉠ 완두에는 특정한 형질을 결정하는 유전인자가 두 개 있으며, 자손은 부모로부터 유전 인자를 하나씩 물려받는다.

㉡ 유전 인자들은 변함이 없는 단위로 자손에게 전달된다.

㉢ 유전 인자들은 생식세포가 만들어질 때 분리된 단위로서 각각의 생식세포에 하나씩 나뉘어 들어간다.

㉣ 특정한 형질에 대해 서로 다른 유전 인자를 가지고 있을 때 그 중 한 유전 인자가 다른 유전 인자를 전적으로 억제하고 하나의 유전 인자만 표현된다.

㉤ 한 쌍의 대립 형질의 유전

ⓐ **우열의 법칙**: 대립 형질을 가진 순종의 개체끼리 교배하여 얻은 잡종 1대에서는 대립 형질 중 한 가지만 나타나는데, 잡종 1대에서 나타나는 형질이 우성, 나타나지 않는 형질이 열성이다.

ⓑ **분리의 법칙**: 생식세포를 만드는 과정에서 한 쌍의 대립 유전자가 분리되어 서로 다른 생식세포로 들어가는 현상이다. 그 결과 잡종 1대를 자가 수분하여 얻은 잡종 2대에서 우성과 열성이 일정한 비율로 나타난다.

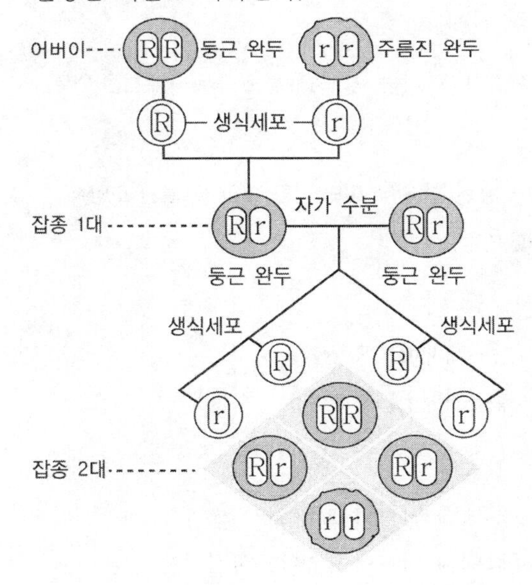

ⓑ 두쌍의 대립 형질의 유전

ⓐ **독립의 법칙** : 두 쌍 이상의 대립 형질이 동시에 유전될 때 각각의 형질이 서로 영향을 주지 않으며 독립적으로 유전되는 현상이다.

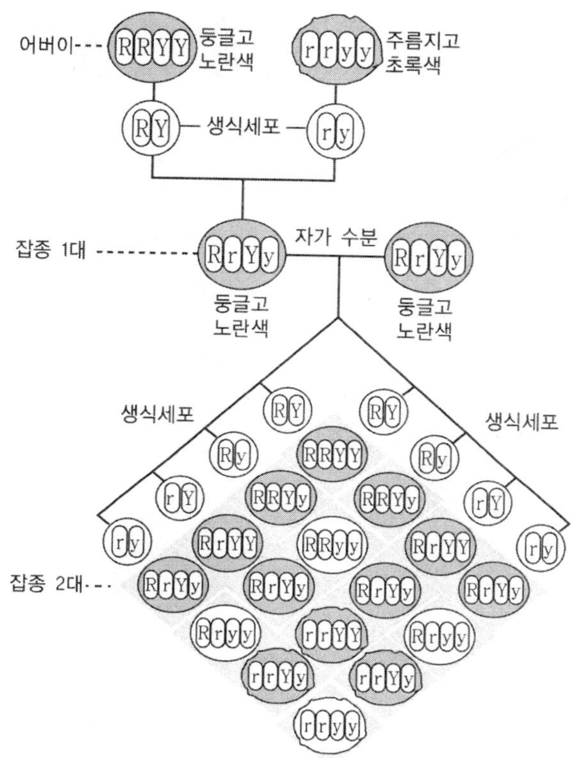

(3) 중간 유전

① 중간 유전 … 대립 유전자 사이에 우열 관계가 뚜렷하지 않아 어버이의 중간 형질이 나타나는 현상이다. (예 분꽃의 꽃잎 색깔, 금어초의 꽃잎 색깔 등)

② 중간 유전의 특징 … 우성과 열성에 대해 설명한 멘델의 가설에 맞지 않지만, 분리 법칙은 따른다.

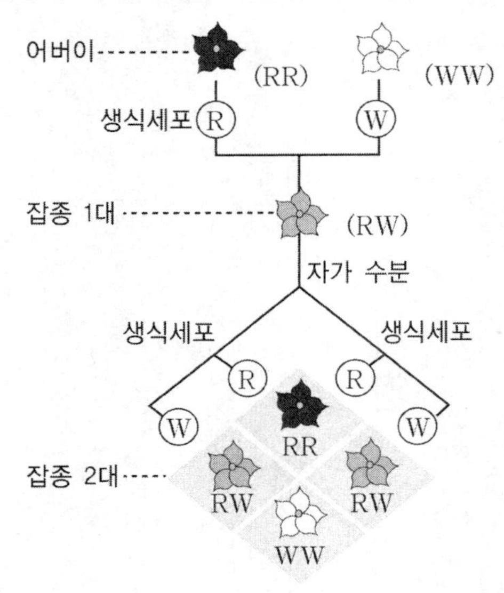

(4) 사람의 유전

① 사람의 유전 연구 방법 … 가계도 조사

② 가계도 분석 방법

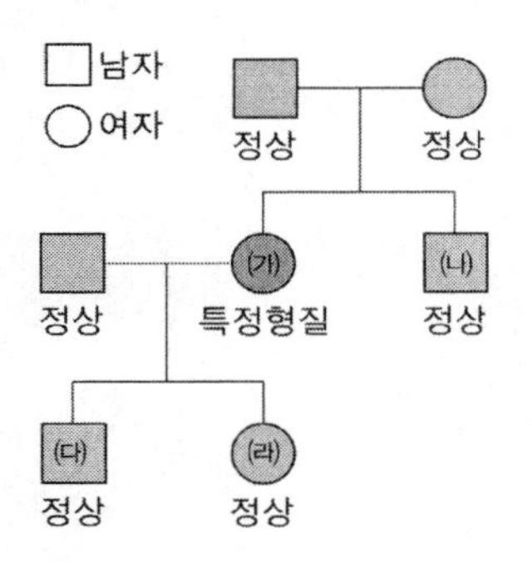

㉠ 부모에게 없던 특정 형질이 자녀 ㈎에게 나타났다.

→부모의 정상 형질이 우성, 자녀 ㈎의 특정 형질이 열성이다.

→정상 유전자를 A, 특정 형질 유전자를 a라고 할 때, 특정 형질을 가진 자녀 ㈎(aa)는 부모로부터 열성 유전자를 하나씩 물려받았으므로 정상인 부로의 유전자형은 정상 유전자와 특정 형질 유전자를 하나씩 가지는 잡종(Aa)이다.

㉡ ㈏는 유전자형이 순종(AA)인지 잡종(Aa)인지 정확히 알 수 없다.

㉢ 부모 중 한명인 ㈎는 열성 형질을 나타내므로 자녀 ㈐와 ㈑는 우성 형질을 나타내지만 열성 유전자를 가진다.

→㈐와 ㈑의 유전자형은 잡종(Aa)이다.

(5) ABO식 혈액형

① ABO식 혈액형 … 한 쌍의 대립 유전자에 의해 결정되는데, 대립 유전자의 종류는 A, B, O 세가지이다.(우열관계 : A = B > O)

표현형(혈액형)	A형	B형	AB형	O형
유전자형	AA, AO	BB, BO	AB	OO

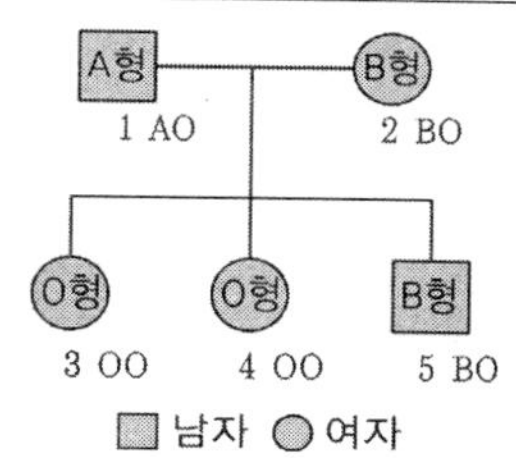

(6) 성염색체에 의한 유전 – 색맹

① 색맹 … 색깔을 잘 구별하지 못하는 눈의 이상

㉠ 색맹 유전자는 X 염색체에 있어 여자보다 남자에게 많이 나타난다.(반성유전)

㉡ 정상이 색맹에 대해 우성이다.

	남자		여자	
표현형	정상	색맹	정상	색맹
유전자형	XY	X'Y	XX, XX'(보인자)	X'X'

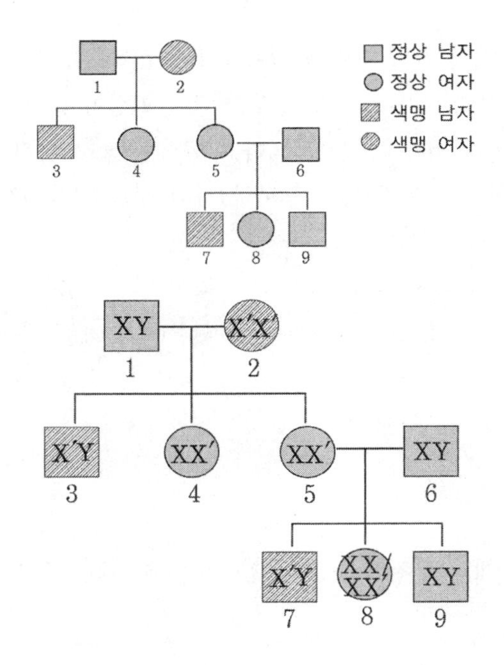

대표유형 6 지구과학영역 

(1) 지구의 자전과 공전

① 지구의 자전

㉠ 지구가 자전축을 중심으로 하루에 한 바퀴씩 도는 운동

㉡ 자전에 의한 현상 : 별과 태양의 일주 운동, 밤과 낮의 반복, 밀물과 썰물의 반복, 인공 위성 궤도의 서편 현상 등

㉢ 별의 일주운동 : 별이 북극성을 중심으로 동쪽에서 서쪽으로 1시간에 약 15°씩 도는 운동

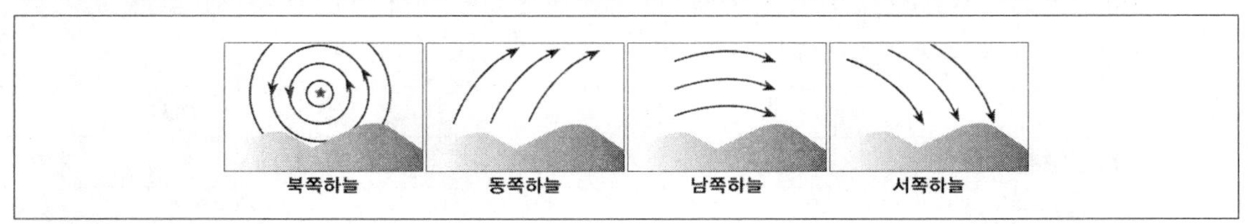

② 지구의 공전

㉠ 지구가 태양을 중심으로 1년에 한 바퀴씩 도는 운동

㉡ **태양의 연주운동** : 태양이 황도를 따라 하루에 약 1°씩 서쪽에서 동쪽으로 이동하는 운동

㉢ **별의 연주운동** : 천구상에서 하루에 약 1°씩 동쪽에서 서쪽으로 이동하는 겉보기 운동

㉣ **계절의 변화** : 지구의 자전축이 공전 궤도면에 대해 약 66.5° 기울어진 채 공전하기 때문에 계절의 변화가 나타난다.

③ **달의 자전** … 달이 자전축을 중심으로 한 달에 한 바퀴씩 도는 운동

㉠ 서쪽에서 동쪽으로 하루에 약 13°씩 회전한다.

㉡ 달의 모양은 변해도 표면 무늬는 변하지 않는다.

④ **달의 공전** … 달이 지구를 중심으로 한 달에 한 바퀴씩 도는 운동

㉠ 서쪽에서 동쪽으로 하루에 약 13°씩 회전한다.

㉡ 달의 모양이 변하는 이유이다.

㉢ 달이 뜨는 시각이 매일 약 50분씩 늦어진다.

⑤ 일식과 월식

㉠ **일식** : 달에 의해 태양이 가려지는 현상

ⓐ **개기 일식** : 달의 본그림자 지역에서 태양이 달에 의해 완전히 가려지는 현상

ⓑ **부분 일식** : 달의 반그림자 지역에서 태양의 일부가 달에 의해 가려지는 현상

ⓒ **지속 시간** : 짧다

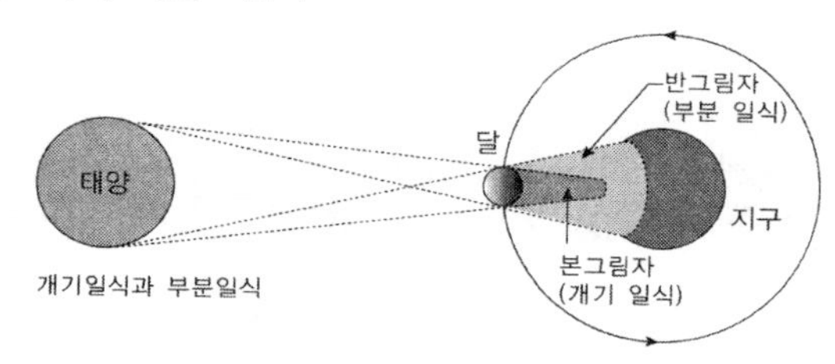

개기일식과 부분일식

㉡ **월식** : 달이 지구의 그림자 속으로 들어가 보이지 않는 현상

ⓐ **개기 월식** : 달 전체가 지구의 본그림자 속으로 들어가 가려지는 현상

ⓑ **부분 월식** : 달의 일부가 지구의 본그림자 속으로 들어가 가려지는 현상

ⓒ **지속 시간** : 길다.

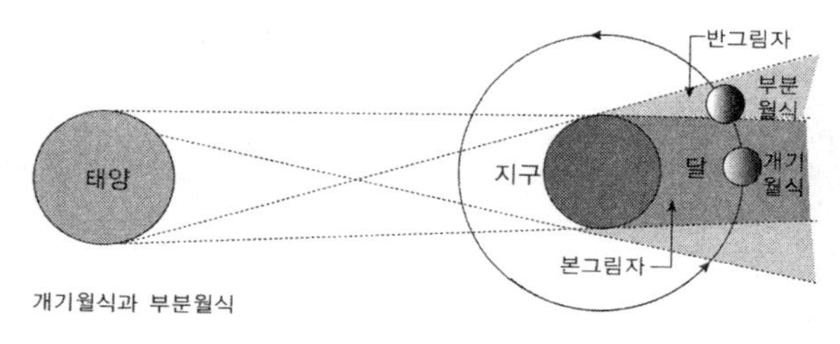

개기월식과 부분월식

(2) 지구의 대기

① 대기권 … 지구 중력에 이끌려 지표를 덮고 있는 높이 약 1,000km까지의 영역이다.

② 대기의 성분 … 질소 > 산소 > 아르곤 > 이산화탄소

③ 대기의 역할

㉠ 태양으로부터 오는 해로운 자외선을 막아준다.
㉡ 운석의 충돌을 막아주는 보호막 역할을 한다.
㉢ 지표에서 방출되는 열을 흡수하여 지구를 보온시켜 준다.
㉣ 생명체가 살 수 있도록 산소와 이산화탄소를 공급해 준다.
㉤ 대기 중의 수증기는 구름, 눈, 비와 같은 기상현상을 일으킨다.
㉥ 저위도의 남는 열을 고위도로 전달하여 지구 표면 전체의 온도차를 줄여준다.

④ 대기권의 구조

㉠ 대류권 : 지표 ~ 약 11km
ⓐ 전체 대기의 75% 차지한다.
ⓑ 올라갈수록 온도가 낮아진다.
ⓒ 대류 및 기상 현상이 일어난다.
ⓓ 무지개가 생긴다.

㉡ 성층권 : 약 11km ~ 50km
ⓐ 대기가 안정하여 비행기의 항로로 이용된다.
ⓑ 오존층이 있어 자외선을 흡수한다. 지구상의 생물체를 보호하고 성층권내의 기온 상승의 원인이 된다.

㉢ 중간권 : 약 50km ~ 80km
ⓐ 위로 올라갈수록 지구복사에너지를 적게 받기 때문에 기온이 내려간다.
ⓑ 공기의 양은 적지만 약한 대류현상이 일어난다.
ⓒ 수증기가 없어 기상현상이 일어나지 않는다.
ⓓ 유성이 관측된다.

㉣ 열권 : 약 80km 이상
ⓐ 태양복사에너지를 흡수하여 기온이 상승한다.
ⓑ 극지방에서 오로라가 나타난다.
ⓒ 대기가 희박하여 밤과 낮의 온도차가 심하다.
ⓓ 전파를 반사하는 전리층이 존재한다.

(3) 푄현상

높은 산을 넘어온 고온 건조한 바람이 부는 현상. 산맥을 경계로 정상으로 향하는 동안 공기는 단열 팽창하여 많은 비나 눈을 내리고 건조하게 된다. 산의 정상을 지나 경사면을 타고 내려오면서 공기는 단열 압축되어 다시 온도가 올라가게 되는데 이 결과로 공기는 지면에 고온 건조한 바람을 불게 한다. 우리나라도 태백산맥을 경계로 푄 현상이 자주 나타난다.

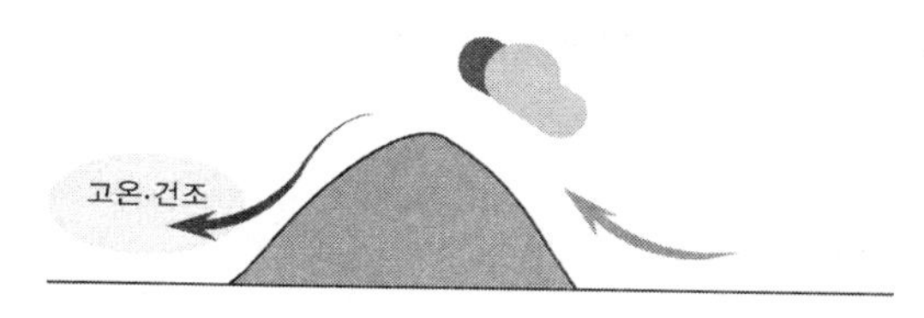

(4) 엘니뇨와 라니냐

지구 온난화로 인한 이상기후의 원인이 되고 있다. 엘니뇨와 라니냐는 각각 다른 현상이 아니라 서로 관련되어 연속적으로 일어난다.

① **엘니뇨** … 바다 표면의 온도가 6개월 이상 평균 수온보다 0.5℃ 이상 높아지는 현상이다. 무역풍이 약하게 불면 서태평양에 있는 필리핀과 인도네시아에서는 평소보다 비가 적게 내려 가뭄을 겪고, 동태평양에 있는 페루와 에콰도르에는 비가 많이 내리기도 한다.

② **라니냐** … 엘니뇨와 반대로 바닷물의 온도가 0.5℃ 이상 낮아지는 현상이다. 바닷물의 온도가 낮아지면 대기 순환에 영향을 주어 이상 기후가 나타난다. 그래서 인도네시아, 필리핀 등에 보통 때보다 더 많은 비가 내리며 페루 등 남아메리카는 서늘해지고 북아메리카에는 강추위가 찾아오기도 한다.

(5) 오존(O_3)

① **성층권 오존** … 오존층은 태양으로부터의 자외선을 차단하여 지상의 생물체를 보호해 주는 유익한 역할을 한다. 오존층을 파괴하는 가장 큰 원인은 프레온 가스이다. 프레온 가스는 냉장고나 에어컨을 시원하게 하는 데 쓰이며, 햇빛의 자외선과 만나면 오존층을 파괴한다.

② **대류권 오존** … 대도시의 여름철에 발령되는 오존주의보에서 오존은 자동차의 배기 가스에서 배출되는 이산화질소(NO_2)가 자외선에 의해 분해되어 생기는 2차 오염 물질로 광화학 스모그를 유발하고 호흡기를 자극하며 식물의 생장을 억제한다.

출제예상문제

▌1 ~ 4 ▌ 다음 제시된 문자를 서로 비교하여 다른 것을 고르시오.

1 ① 92374877492 － 92374877492
② 24170565476 － 24170655476
③ 09683752231 － 09683752231
④ 97230368561 － 97230368561

해설 24170565476 － 24170655476

2 ① ADOUVWXTNFIFGT － ADOUVWXTNFIFGT
② STUDENTMOMENT － STUDENTMOMENT
③ CNNMANHATANOV － CNNMANAHTANOV
④ GKQRURGKTPDYD － GKQRURGKTPDYD

해설 CNNMANHATANOV － CNNMANAHTANOV

3 ① 츄코츄코카쾨퇴멍경핑 － 츄코츄코카퇴쾨멍경핑
② 푸르디딩컹콩크몽트타 － 푸르디딩컹콩크몽트타
③ 하쿠나푸타나마아타아 － 하쿠나푸타나마아타아
④ 하으오루나버아러거머 － 하으오루나버아러거머

해설 츄코츄코카쾨퇴멍경핑 － 츄코츄코카퇴쾨멍경핑

4 ① 日就月將非夢似夢 － 日就月將非夢似夢
② 茫茫大海壯元及第 － 茫茫大海壯元及第
③ 塞翁之馬指鹿爲馬 － 塞翁之馬指鹿馬爲
④ 舊態依然九折羊腸 － 舊態依然九折羊腸

해설 塞翁之馬指鹿爲馬 － 塞翁之馬指鹿馬爲

【5～6】 다음 제시된 단어와 같은 단어의 개수를 모두 고르시오.

마음	마을	마물	마약	마술	마력	마귀	마하	마찰
마부	마을	마력	마늘	마당	마중	마부	마임	마음
마취	마감	마하	마찰	마간	마패	마지	마무	마파
마치	마비	마름	마다	마사	마루	마개	마감	마당
마루	마치	마비	마다	마감	마강	마상	마임	마귀
마지	마개	마하	마늘	마루	마을	마약	마술	마패

5

마을 마주 마인 마전 마정

① 1개
② 2개
③ 3개
④ 4개

해설 마을만 3개가 제시되어 있다.

6

마루 마개 마부 마제 마정

① 4개
② 5개
③ 6개
④ 7개

해설 마루 3개, 마개 2개, 마부 2개가 제시되어 있다.

Answer 1.② 2.③ 3.① 4.③ 5.③ 6.④

▌7 ~ 8 ▌ 다음 보기를 참고하여 제시된 단어를 바르게 표기한 것을 고르시오.

a = 소	b = 전	c = 원	d = 결
e = 망	f = 명	g = 리	h = 해
i = 개	j = 성	k = 설	l = 특

7

망 명 소 원 해 성

① e f a c h j
② e a f c h j
③ e f c a h j
④ e c f a h j

✔해설 망 명 소 원 해 성 – e f a c h j

8

원 성 특 전 해 결

① c j l b h d
② c l j b h d
③ c j l h b d
④ c j l b d h

✔해설 원 성 특 전 해 결 – c j l b h d

【9 ~ 11】 다음은 한글의 자음과 모음을 영문 알파벳의 대문자와 소문자로 대응한 것이다. 이를 참고하여 제시된 단어를 알파벳으로 바르게 표기한 것을 고르시오.

ㄱ	ㄴ	ㄷ	ㄹ	ㅁ	ㅂ	ㅅ	ㅇ	ㅈ	ㅊ	ㅋ	ㅌ	ㅍ	ㅎ
A	B	C	D	E	F	G	H	I	J	K	L	M	N
ㅏ	ㅑ	ㅓ	ㅕ	ㅗ	ㅛ	ㅜ	ㅠ	ㅡ	ㅣ	ㅔ	ㅐ	ㅖ	ㅒ
a	b	c	d	e	f	g	h	i	j	k	l	m	n

9

우리나라

① HgDjBaDa
② HhDiBaDa
③ HgDiBaDc
④ HhDlBaDa

해설 ㅇ→H, ㅜ→g, ㄹ→D, ㅣ→j, ㄴ→B, ㅏ→a, ㄹ→D, ㅏ→a

10

엘리트주의

① HkDDjLiIgHij
② HkDDjLiIgHjj
③ HkDDjLjIgHij
④ HkDDiLiIgHij

해설 ㅇ→H, ㅔ→k, ㄹ→D, ㄹ→D, ㅣ→j, ㅌ→L, ㅡ→i, ㅈ→I, ㅜ→g, ㅇ→H, ㅡ→i, ㅣ→j

11

건강한신체

① AcBAaHNAbGjBJk
② AcBAaHNaBGjBJk
③ AcBAaHNaBGjBJk
④ AcBAaHNaBGiBJk

해설 ㄱ→A, ㅓ→c, ㄴ→B, ㄱ→A, ㅏ→a, ㅇ→H, ㅎ→N, ㅏ→a, ㄴ→B, ㅅ→G, ㅣ→j, ㄴ→B, ㅊ→J, ㅔ→k

Answer 7.① 8.① 9.① 10.① 11.③

▌12 ~ 13 ▌ 다음 제시된 문자들을 뒤에서부터 거꾸로 쓴 것을 고르시오.

12

QIAXEZWIHAD

① DAHWIZEXAIQ ② DAHIWZEXAIQ
③ DAHIWEZXAIQ ④ DAHIWZEXIAQ

해설 QIAXEZWIHAD를 거꾸로 쓰면 DAHIWZEXAIQ가 된다.

13

π ρ κ δ ε ξ ι τ λ ω

① ω λ ι τ ξ ε δ κ ρ π ② ω λ τ ι ε ξ δ κ ρ π
③ ω λ τ ι ξ ε κ ρ δ π ④ ω λ τ ι ξ ε δ κ ρ π

해설 π ρ κ δ ε ξ ι τ λ ω 를 거꾸로 쓰면 ω λ τ ι ξ ε δ κ ρ π 가 된다.

| 14 ~ 15 | 다음 제시된 단어와 같은 단어의 개수를 고르시오.

14

계곡

계란	계륵	개미	거미	갯벌	계곡	계륵	갯벌	게임	계란
계곡	개미	거미	거미	계륵	갯벌	개미	개미	게임	거미
계곡	개미	계란	계륵	거미	게임	거미	계곡	개미	거미

① 1개
② 2개
③ 4개
④ 6개

해설
계란 계륵 개미 거미 갯벌 <u>계곡</u> 계륵 갯벌 게임 계란
<u>계곡</u> 개미 거미 거미 계륵 갯벌 개미 개미 게임 거미
<u>계곡</u> 개미 계란 계륵 거미 게임 거미 <u>계곡</u> 개미 거미

15

여신

여성	여선생	여민락	여성	여신	여사관	여법
여고생	여성복	여복	여린박	여관	여신	여사
여관집	여수	여섯	여반장	여급	여걸	여성미
여름철	여신	여세	여북	여신	여과통	여위다
여묘	여신	여간내기	여성	여배우	여름	여담
여명	여리다	여과기	여수	여비서	여명	여수

① 2개
② 3개
③ 4개
④ 5개

해설
여성 여선생 여민락 여성 <u>여신</u> 여사관 여법
여고생 여성복 여복 여린박 여관 <u>여신</u> 여사
여관집 여수 여섯 여반장 여급 여걸 여성미
여름철 <u>여신</u> 여세 여북 <u>여신</u> 여과통 여위다
여묘 <u>여신</u> 여간내기 여성 여배우 여름 여담
여명 여리다 여과기 여수 여비서 여명 여수

Answer 12.② 13.④ 14.③ 15.④

▌16 ~ 17 ▌ 다음 짝지어진 숫자나 문자 중에서 서로 같은 것을 찾으시오.

16 ① 9788962000269 − 9788962000269

② 9788962000301 − 9788960200301

③ 9788962000245 − 9788960200245

④ 9788962000252 − 9788960200252

✔ 해설 ② 9788962000301 − 9788960200301

③ 9788962000245 − 9788960200245

④ 9788962000252 − 9788960200252

17 ① EHIHIHIEHIHIEHI − EHIHIEIEHIHIEHI

② YAHOYAHOYAHO − YAHOAYHOYAHO

③ BINGGLEBINGGLE − BINGLGEBINGGLE

④ MERONGMERONG − MERONGMERONG

✔ 해설 ① EHIHIHIEHIHIEHI − EHIHIEIEHIHIEHI

② YAHOYAHOYAHO − YAHOAYHOYAHO

③ BINGGLEBINGGLE − BINGLGEBINGGLE

▌18 ~ 21 ▌ 각 문제의 왼쪽에 표시된 굵은 글씨(기호, 문자, 숫자)를 오른쪽에서 찾아 그 개수를 구하시오.

18

ㄹ	하와이 호놀룰루 대한민국총영사관

① 1개
② 2개
③ 3개
④ 4개

해설 하와이 호놀룰루 대한민국총영사관

19

e	He wants to join the police force

① 2개
② 4개
③ 6개
④ 8개

해설 He wants to join the police force

Answer 16.① 17.④ 18.④ 19.②

20

R	ITS RESTAURANT IS RUN BY A TOP CHEF

① 1개　　② 2개
③ 3개　　④ 4개

✔ 해설　ITS RESTAURANT IS RUN BY A TOP CHEF

21

㈏	(파)(하)(나)(라)(파)(하)(차)(사)(나)(가)(타)(파)(사)(바)(차)(자)(바)(라)(나)(마)

① 1개　　② 2개
③ 3개　　④ 4개

✔ 해설　(파)(하)(나)(라)(파)(하)(차)(사)(나)(가)(타)(파)(사)(바)(차)(자)(바)(라)(나)(마)

22 다음 현상과 같은 원리로 설명할 수 있는 것은?

> 유리컵은 시멘트 바닥에 떨어지면 잘 깨지지만, 같은 높이에서 이불 위에 떨어지면 잘 깨지지 않는다.

① 대포를 쏘면 포신이 뒤로 밀린다.
② 나무에 달린 사과가 땅으로 떨어진다.
③ 달리던 사람이 돌부리에 걸리면 넘어진다.
④ 공을 받을 때 손을 몸 쪽으로 당기면서 받는다.

✔ 해설　지문은 충격력을 완화시키는 방법이다.
① 작용 · 반작용의 법칙
② 만유인력의 법칙
③ 관성의 법칙

23 다음 물질의 상태변화와 관련된 설명 중 '승화'가 아닌 것은?

① 풀잎에 맺힌 이슬이 한낮이 되면 사라진다.
② 옷장 속에 넣어둔 좀약의 크기가 작아진다.
③ 늦가을 맑은 날 아침에 서리를 관찰할 수 있다.
④ 겨울철에는 그늘에 있던 얼음의 크기가 작아진다.

해설 ① 이슬이 사라지는 현상은 액체가 기체로 변화하는 '기화'의 예이다.
승화 : 물질의 상태변화에서 고체가 액체 상태를 거치지 않고 바로 기체로 변하거나 기체가 바로 고체로 변하는 현상

24 좋은 볍씨를 고르기 위하여 그림과 같이 소금물을 이용하였다. 이 때 이용한 물질의 성질은?

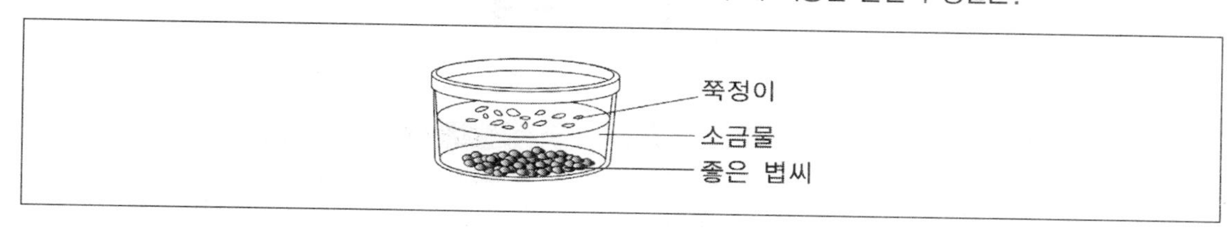

① 밀도 차이
② 용해도 차이
③ 끓는점 차이
④ 입자의 크기 차이

해설 ① 소금물에 넣으면 좋은 볍씨는 가라앉고 쭉정이는 뜬다. 이것은 밀도차이를 이용한 것이다.

25 물이 들어 있는 유리컵에 젓가락을 넣었을 때, 꺾여 보이게 하는 빛의 성질은?

① 직진
② 굴절
③ 반사
④ 분산

해설 ② 굴절 : 빛이 성질이 서로 다른 물질의 경계면을 지날 때, 그 경계면에서 진행 방향이 꺾이는 현상
① 직진 : 빛이 곧게 나아가는 현상
③ 반사 : 빛이 수면이나 거울과 같은 물체에 부딪혀 되돌아가는 현상
④ 분산 : 빛이 여러 가지 색으로 나누어지는 현상

Answer 20.③ 21.③ 22.④ 23.① 24.① 25.②

26 깜깜한 방에 들어가면 아무것도 보이지 않지만 전등을 켜면 방안의 물체들을 볼 수 있다. 이와 같이 빛이 있어야 물체가 보이는 까닭은 빛의 어떤 성질 때문인가?

① 반사　　② 직진
③ 굴절　　④ 회절

해설 ② 직진 : 빛이 균일한 매질 속에서 곧바로 나아가는 현상
③ 굴절 : 빛이 다른 물질로 들어갈 때 경계면에서 진행 방향이 꺾이는 현상
④ 회절 : 빛이 진행 도중에 틈이나 장애물을 만나면 빛의 일부분이 슬릿이나 장애물 뒤에까지 돌아 들어가는 현상

27 그림과 같이 용수철을 오른쪽으로 당겼을 때, 손에 작용하는 탄성력의 방향은?

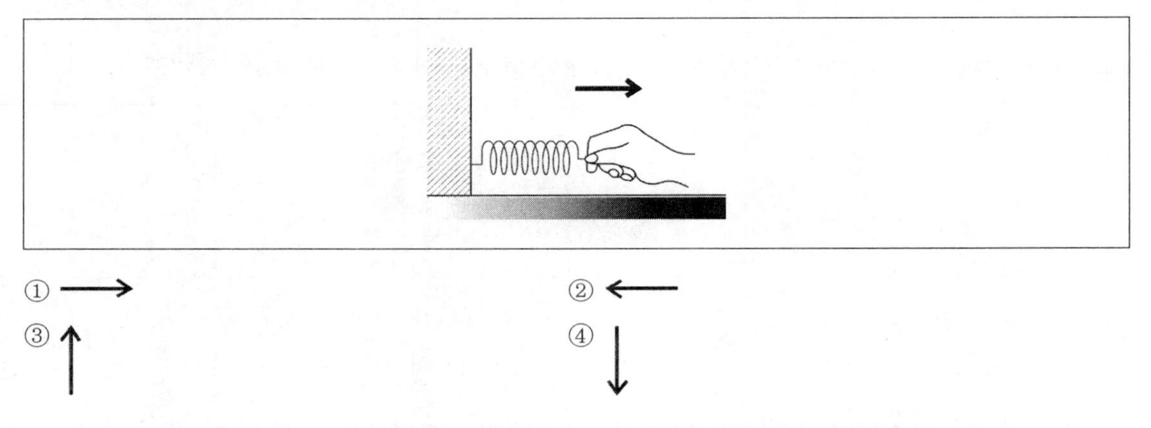

① →　　② ←
③ ↑　　④ ↓

해설 탄성력은 외부의 힘에 의해 변형된 물체가 원래의 모양으로 되돌아가려는 힘으로, 손에 작용하는 탄성력의 방향은 왼쪽이다.

28 다음 설명에서 A와 B에 들어갈 것으로 알맞은 것은?

• 압력이 일정할 때 온도가 높아지면 기체의 부피는 (A) 한다.
• 온도가 일정할 때 압력이 높아지면 기체의 부피는 (B) 한다.

	A	B		A	B
①	감소	감소	②	감소	증가
③	증가	감소	④	증가	증가

해설 압력이 일정할 때, 기체의 부피는 온도가 높아지면 증가하고, 온도가 낮아지면 감소한다.
온도가 일정할 때, 기체의 부피는 압력이 증가하면 감소하고, 압력이 감소하면 증가한다.

29 다음 현상과 관련된 힘은?

- 기계의 회전축에 윤활유를 바른다.
- 눈길을 달릴 때 자동차 바퀴에 체인을 감는다.

① 자기력
② 탄성력
③ 마찰력
④ 전기력

해설 마찰력이란 물체가 다른 물체에 접촉하면서 운동을 시작하려고 할 때, 혹은 운동하고 있을 때, 접촉면에 생기는 운동을 방해하는 힘을 말한다.

30 전지의 연결 방법 중 전체 전압이 가장 낮은 것은? (단, 각 전지의 전압은 1.5V이다.)

①
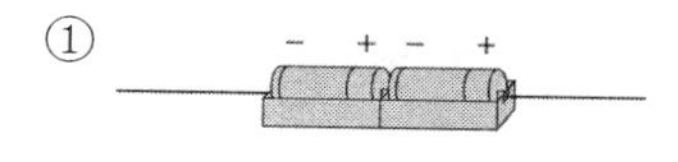

②
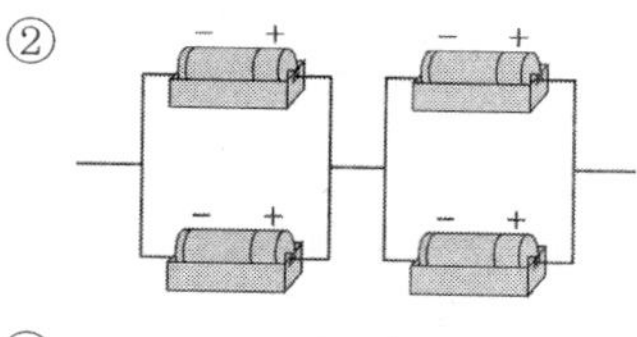

③
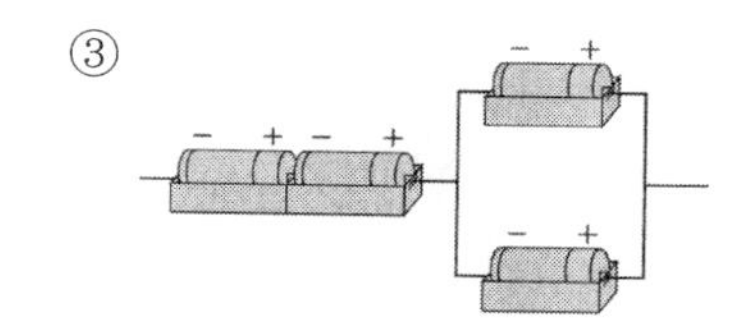

④
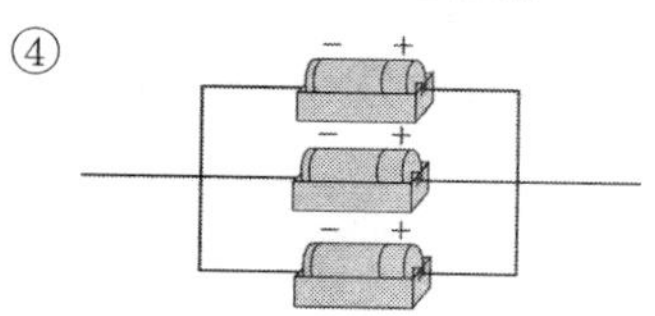

해설 전지 두 개를 병렬로 연결하면 1개보다 밝기는 같지만 시간은 2배 더 길게 사용이 가능하다.
전지 두 개를 직렬연결하면 1개때보다 전압이 2배 높아지며, 이에 따라 전류도 2배 증가하여 전력사용량은 4배가 된다. 즉 직렬연결시 1개보다 시간은 반으로 줄어든다.
따라서 가장 전압이 낮은 것은 ④번 병렬연결이다.

Answer 26.① 27.② 28.③ 29.③ 30.④

31 다음 현상과 관련된 빛의 성질로 가장 알맞은 것은?

- 햇빛을 프리즘에 통과시키면 여러 가지 색깔의 띠로 나누어진다.
- 무지개는 햇빛이 공기 중의 물방울에 의해 여러 가지 색으로 나누어지는 현상이다.

① 직진 ② 분산
③ 반사 ④ 합성

해설 ① 직진 : 빛이 직선으로 나아가는 현상
③ 반사 : 빛이 꺾여서 반대 방향으로 나아가는 현상
④ 합성 : 두 가지 이상의 단색광이 합쳐져 다른 색으로 보이는 현상

32 뉴턴의 운동 법칙에 대한 설명으로 옳은 것을 모두 고른 것은?

㉠ 질량이 큰 물체일수록 관성이 작다.
㉡ 물체의 가속도는 질량에 비례하고 힘에 반비례한다.
㉢ 버스가 급정지하면 앞으로 쏠리는 것은 관성 때문이다.
㉣ 롤러스케이트를 타고 벽을 밀면 반대로 밀리는 것은 작용 · 반작용 때문이다.

① ㉠㉡ ② ㉠㉢
③ ㉡㉣ ④ ㉢㉣

 ㉠ 질량이 큰 물체일수록 관성이 크다.
㉡ 물체의 가속도는 질량에 반비례하고 힘에 비례한다.

33 다음 글의 (가)와 (나)에 들어갈 알맞은 말은?

> 수력 발전이란 높은 곳에 있는 물의 ((가))을(를) 이용하여 ((나))을(를) 얻는 발전 방식이다.

	(가)	(나)
①	운동 에너지	위치 에너지
②	전기 에너지	운동 에너지
③	위치 에너지	전기 에너지
④	전기 에너지	위치 에너지

✔ 해설 수력 발전은 높은 곳의 물을 수압관로를 통하여 낮은 곳에 있는 수차로 보내어 그 물의 힘으로 수차를 돌리고, 그것을 동력으로 수차에 연결된 발전기를 회전시켜 전기를 발생시키는 것으로 물이 가진 운동 에너지를 기계 에너지로 변환시킨 후 전기 에너지를 얻는다.

34 반응속도에 영향을 미치는 요인 중 다음 내용과 가장 관련이 깊은 것은?

> • 채소를 저온창고에 넣어 장기간 보관한다.
> • 시베리아의 얼음 속에서 썩지 않은 동물의 사체가 발견되었다.

① 온도 ② 농도
③ 촉매 ④ 표면적

✔ 해설 온도와 반응속도 … 반응물질의 온도가 높을수록 활성화 에너지를 가진 입자들의 수가 많아져 반응이 빨라지고, 온도가 낮아지면 반응속도가 느려진다.

Answer 31.② 32.④ 33.③ 34.①

35 그림은 지면 위에 있는 물체에 작용하는 힘들을 나타낸 것이다. '물체가 지구를 잡아당기는 힘'에 대한 반작용에 해당하는 힘은?

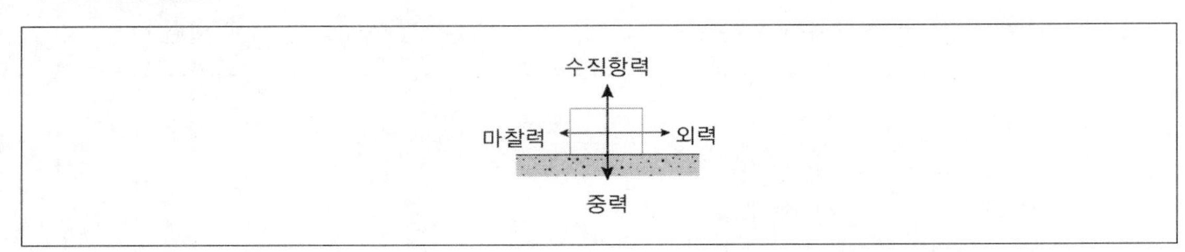

① 중력
② 외력
③ 마찰력
④ 수직항력

해설 중력 … 물체에 작용하는 지구의 인력으로 무게라고도 한다.

36 오징어는 물을 뒤로 내뿜는 작용을 반복하며 앞으로 나아간다. 이와 가장 관련이 깊은 법칙은?

① 관성
② 가속도
③ 만유인력
④ 작용과 반작용

해설 ① 물체에 힘이 작용하지 않을 때 물체는 정지상태나 일정한 운동상태, 즉 현재의 운동상태를 계속 유지하려는 성질을 말한다.
② 단위 시간(1초) 동안에 나타나는 속도의 변화량을 말한다.
③ 질량을 가진 두 물체 사이에 작용하는 힘으로 두 물체의 곱에 비례하고 거리의 제곱에 반비례한다.

37 다음은 어떤 기체에 대한 설명인가?

- 화석연료가 연소될 때 발생한다.
- 온실효과를 일으켜 지구의 온난화를 촉진한다.

① 질소(N_2)
② 산소(O_2)
③ 아르곤(Ar)
④ 이산화탄소(CO_2)

해설 화석연료가 연소될 때 이산화탄소(CO_2)가 발생하며, 이산화탄소의 증가로 온실효과가 생겨 해수면 상승, 생태계 변화, 기온 상승에 영향을 미친다.

38 높은 곳에서 물체를 가만히 떨어뜨렸을 때, 낙하하는 동안 일정하게 유지되는 것은? (단, 공기의 저항은 무시한다.)

① 물체의 속력
② 물체의 운동 에너지
③ 물체의 위치 에너지
④ 물체의 역학적 에너지

해설 중력과 역학적 에너지 보존 … 물체가 높은 곳에서 떨어지면 위치 에너지는 감소하나 속도가 증가하여 운동 에너지는 증가한다. 이 때 역학적 에너지의 크기는 일정하게 유지된다.

39 다음 설명에 해당하는 식물의 기관은?

- 기공이 있다.
- 증산작용이 일어난다.
- 빛을 받아 포도당(녹말)을 만든다.

① 잎
② 꽃
③ 뿌리
④ 열매

해설 식물의 녹색 잎은 광합성을 하고 기공을 통해 수증기를 배출하고 기체를 교환한다.

40 다음 설명에 해당하는 혈액이 구성 성분은?

- 핵을 가지고 있다.
- 모양이 불규칙하다.
- 외부에서 들어온 세균을 잡아먹는다.

① 혈장
② 백혈구
③ 적혈구
④ 혈소판

해설 ① 혈장 : 혈액 속의 유형성분을 부유시키는 액체인데, 단백질을 비롯하여 다종다양한 유기물이나 무기물을 녹인다.
③ 적혈구 : 붉은색 납작한 원반 모양의 혈액세포로 혈관을 통해 전신조직에 산소를 공급하고 이산화탄소를 제거한다.
④ 혈소판 : 혈액응고의 중요한 역할을 하는 고형성분의 하나이다.

Answer 35.① 36.④ 37.④ 38.④ 39.① 40.②

41 그림은 사람의 혀말기 유전 가계도이다. 혀를 둥글게 말 수 있는 아버지(RR)와 말 수 없는 어머니(rr) 사이에서 태어난 자녀가 모두 혀를 말 수 있었다. 이와 관계있는 유전법칙은?

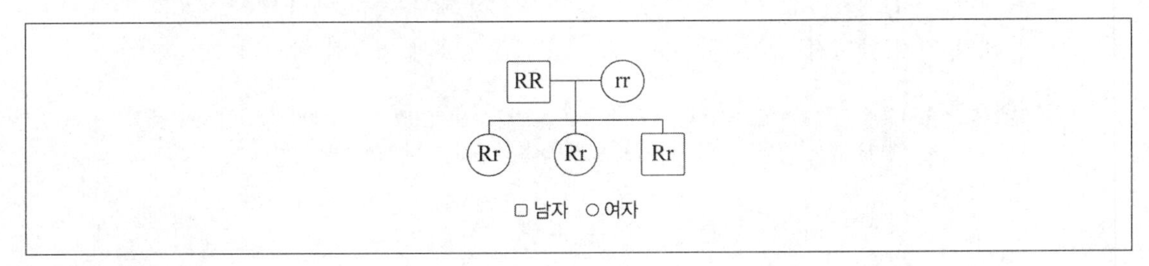

① 중간 유전
② 우열의 법칙
③ 분리의 법칙
④ 독립의 법칙

해설 ① 중간 유전 : 대립 유전자 사이의 우열관계가 불완전하여 잡종 제1대에 어버이의 중간 형질이 나타나는 현상
③ 분리의 법칙 : 순종을 교배한 잡종 제1대를 자가 교배 했을 때 우성과 열성이 나뉘어 나타난다는 법칙
④ 독립의 법칙 : 서로 다른 형질은 독립적으로 우열의 법칙과 분리의 법칙을 만족한다는 법칙

42 사람이 섭취하는 영양소 중 대표적인 에너지원은?

① 물
② 비타민
③ 무기염류
④ 탄수화물

해설 영양소란 인간을 비롯한 생물이 외부로부터 받아들인 물질 중에서 생물체의 몸을 구성하거나, 에너지원으로 사용되거나 또는 생리작용을 조절하는 물질을 말한다.
탄수화물, 단백질, 지방, 비타민, 무기염류, 물 등이 있으며, 그 중 주영양소는 탄수화물, 지방, 단백질이다.

43 우리나라에서 그림과 같이 북극성을 중심으로 한, 별의 일주운동 모습을 관측할 수 있는 방향은?

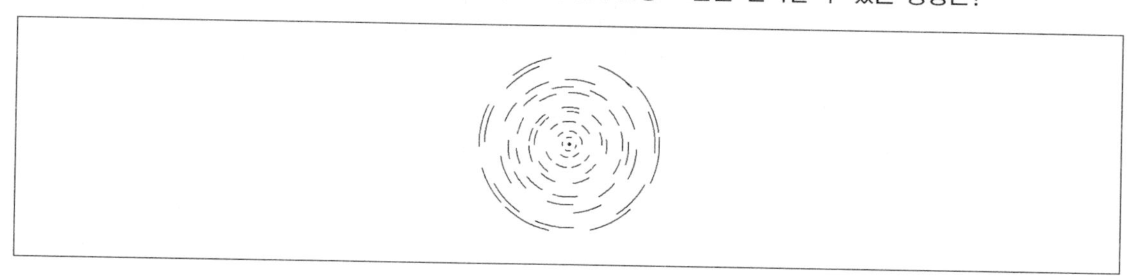

① 동쪽
② 서쪽
③ 남쪽
④ 북쪽

해설 우리나라에서 별의 일주운동 상태는 하늘의 방향에 따라 일주 운동 모습이 다르게 보인다.
㉠ 북쪽 하늘의 별 : 북극성 중심 → 반시계 방향 회전
㉡ 동쪽 하늘의 별 : 별이 남쪽으로 기울어져 떠오름
㉢ 남쪽 하늘의 별 : 동쪽에서 서쪽으로 이동
㉣ 서쪽 하늘의 별 : 별이 북쪽으로 기울어져 내려감

북쪽하늘

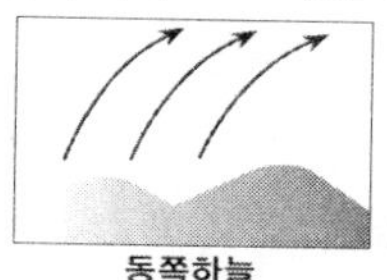
동쪽하늘

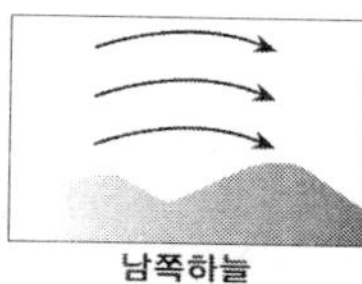
남쪽하늘

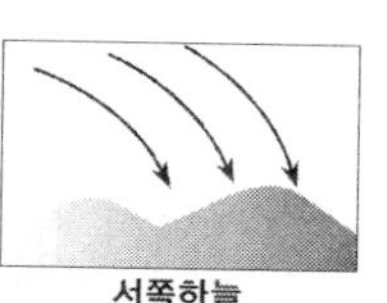
서쪽하늘

44 다음과 같은 특징이 나타나는 것은?

- 물체가 가까이 있을 때는 크고 바로 선 상이 보인다.
- 물체가 멀리 있을 때는 작고 거꾸로 선 상이 보인다.
- 들어오는 빛을 모은다.
- 확대경이나 현미경에 사용된다.

① 오목렌즈
② 볼록거울
③ 볼록렌즈
④ 오목거울

 ① 오목렌즈 : 빛을 퍼지게 하고 항상 작게 바로 선 상이 보인다. 근시교정용 안경 등에 사용된다.
② 볼록거울 : 물체가 어디에 있던지 항상 작고 바로 선 상이 보인다. 넓은 범위를 볼 때 사용하여 도로 반사경이나 자동차의 사이드미러 등에 사용된다.
④ 오목거울 : 물체가 초점 안에 있을 때는 크고 바로 선 상이 보이고, 물체가 초점 밖에 있을 때는 작고 거꾸로 선 상이 보인다. 반사 망원경이나, 손전등, 등대 등에 사용된다.

Answer 41.② 42.④ 43.④ 44.③

45 다음과 같은 특징이 나타나는 대기권 구간은?

- 상층은 온도가 매우 높다.
- 공기가 가장 희박한 층이다.
- 극지방에서는 오로라가 나타난다.

① 열권 ② 중간권
③ 성층권 ④ 대류권

해설 ① 열권은 중간권 위에 있는 층으로 태양열을 흡수하기 때문에 고도가 올라갈수록 온도가 높아지며, 인공위성의 궤도로 이용된다.

46 다음 중 미생물 증식의 필수 조건이 아닌 것은?

① 수분 ② 영양소
③ 바람 ④ 온도

해설 미생물 증식의 3대 필수 조건은 영양소, 수분, 온도이다.

47 신체에 들어가 에너지를 내는 영양소가 아닌 것은?

① 지방 ② 무기질
③ 단백질 ④ 탄수화물

해설 ② 무기질은 신체를 구성하고 성장과 유지에 필요한 영양소이며, 인체의 기능을 조절하는 영양소이기도 하다.
열량 영양소 : 에너지를 내는 영양소로 탄수화물, 지방, 단백질이 이에 해당한다.

48 감자와 같은 싹이 나는 채소의 발아를 억제하기 위한 살균 방법은?

① 일광 소독
② 여과법
③ 자외선법
④ 방사선법

✔ 해설 코발트와 세슘 등의 방사선을 이용하여 살균하는 방법은 침투력이 좋아 주로 싹이 나는 채소의 발아를 억제하기 위해 사용한다.

49 다음 중 기생충의 예방법으로 맞지 않은 것은?

① 채소는 여러 번 세척하여 섭취한다.
② 조리도구는 살균하여 보관한다.
③ 육류와 어패류는 충분히 세척하여 섭취한다.
④ 손의 위생을 항상 청결히 유지한다.

✔ 해설 ③ 육류와 어패류는 완전히 가열하여 익힌 후 섭취하여야 한다.

50 해산 어패류는 섭취한 후 손발저림이나 운동장애를 일으키는 중금속은?

① 비소
② 수은
③ 납
④ 카드뮴

✔ 해설 ② 수은이 축적된 어패류를 섭취하거나, 공장 폐수에 오염되거나 잘못된 소독제 사용등으로 재배된 농작물을 섭취하였을 때 수은에 의한 중독이 일어난다. 증상으로는 미나마타병(손발저림, 운동장애 등), 신경마비, 연하곤란 등이 있다.
① 비소제 농약이나 도자기의 안료에 의해 비소 중독이 나타나며 발열, 설사, 위장장애, 피부암 등의 증상이 나타난다.
③ 오래된 수도관이나 통조림의 땜납에서 유입되며, 잇몸의 색이 청흑색으로 착색되거나 구토, 설사, 빈혈 등의 증상이 나타난다.
④ 식기의 도금이나 공장의 폐수에 카드뮴이 다량 함유되어 농작물로 유입되어 카드뮴 중독이 나타나며, 이타이이타이병(골연화증, 골절, 단백뇨, 신장기능장애 등)을 일으킨다.

Answer 45.① 46.③ 47.② 48.④ 49.③ 50.②

PART 03

면접

CHAPTER 01

면접의 기본

01 면접준비

(1) 면접의 기본 원칙

① **면접의 의미** … 다양한 면접기법을 활용하여 지원한 직무에 필요한 능력을 지원자가 보유하고 있는지를 확인하는 절차라고 할 수 있다. 즉, 지원자의 입장에서는 채용 직무수행에 필요한 요건들과 관련하여 자신의 환경, 경험, 관심사, 성취 등에 대해 기업에 직접 어필할 수 있는 기회를 제공받는 것이며, 기업의 입장에서는 서류전형만으로 알 수 없는 지원자에 대한 정보를 직접적으로 수집하고 평가하는 것이다.

② **면접의 특징** … 면접은 기업의 입장에서 서류전형이나 필기전형에서 드러나지 않는 지원자의 능력이나 성향을 볼 수 있는 기회로, 면대면으로 이루어지며 즉흥적인 질문들이 포함될 수 있기 때문에 지원자가 완벽하게 준비하기 어려운 부분이 있다. 하지만 지원자 입장에서도 서류전형이나 필기전형에서 모두 보여주지 못한 자신의 능력 등을 기업의 인사담당자에게 어필할 수 있는 추가적인 기회가 될 수도 있다.

[서류 · 필기전형과 차별화되는 면접의 특징]

- 직무수행과 관련된 다양한 지원자 행동에 대한 관찰이 가능하다.
- 면접관이 알고자 하는 정보를 심층적으로 파악할 수 있다.
- 서류상의 미비한 사항과 의심스러운 부분을 확인할 수 있다.
- 커뮤니케이션 능력, 대인관계 능력 등 행동 · 언어적 정보도 얻을 수 있다.

③ 면접의 유형

㉠ **구조화 면접** : 사전에 계획을 세워 질문의 내용과 방법, 지원자의 답변 유형에 따른 추가 질문과 그에 대한 평가 역량이 정해져 있는 면접 방식으로 표준화 면접이라고도 한다.

- 표준화된 질문이나 평가요소가 면접 전 확정되며, 지원자는 편성된 조나 면접관에 영향을 받지 않고 동일한 질문과 시간을 부여받을 수 있다.
- 조직 또는 직무별로 주요하게 도출된 역량을 기반으로 평가요소가 구성되어, 조직 또는 직무에서 필요한 역량을 가진 지원자를 선발할 수 있다.
- 표준화된 형식을 사용하는 특성 때문에 비구조화 면접에 비해 신뢰성과 타당성, 객관성이 높다.

㉡ **비구조화 면접** : 면접 계획을 세울 때 면접 목적만을 명시하고 내용이나 방법은 면접관에게 전적으로 일임하는 방식으로 비표준화 면접이라고도 한다.

- 표준화된 질문이나 평가요소 없이 면접이 진행되며, 편성된 조나 면접관에 따라 지원자에게 주어지는 질문이나 시간이 다르다.
- 면접관의 주관적인 판단에 따라 평가가 이루어져 평가 오류가 빈번히 일어난다.
- 상황 대처나 언변이 뛰어난 지원자에게 유리한 면접이 될 수 있다.

④ 경쟁력 있는 면접 요령

㉠ 면접 전에 준비하고 유념할 사항

- 예상 질문과 답변을 미리 작성한다.
- 작성한 내용을 문장으로 외우지 않고 키워드로 기억한다.
- 지원한 회사의 최근 기사를 검색하여 기억한다.
- 지원한 회사가 속한 산업군의 최근 기사를 검색하여 기억한다.
- 면접 전 1주일간 이슈가 되는 뉴스를 기억하고 자신의 생각을 반영하여 정리한다.
- 찬반토론에 대비한 주제를 목록으로 정리하여 자신의 논리를 내세운 예상답변을 작성한다.

㉡ 면접장에서 유념할 사항

- 질문의 의도 파악 : 답변을 할 때에는 질문 의도를 파악하고 그에 충실한 답변이 될 수 있도록 질문사항을 유념해야 한다. 많은 지원자가 하는 실수 중 하나로 답변을 하는 도중 자기 말에 심취되어 질문의 의도와 다른 답변을 하거나 자신이 알고 있는 지식만을 나열하는 경우가 있는데, 이럴 경우 의사소통능력이 부족한 사람으로 인식될 수 있으므로 주의하도록 한다.
- 답변은 두괄식 : 답변을 할 때에는 두괄식으로 결론을 먼저 말하고 그 이유를 설명하는 것이 좋다. 미괄식으로 답변을 할 경우 용두사미의 답변이 될 가능성이 높으며, 결론을 이끌어 내는 과정에서 논리성이 결여될 우려가 있다. 또한 면접관이 결론을 듣기 전에 말을 끊고 다른 질문을 추가하는 예상치 못한 상황이 발생될 수 있으므로 답변은 자신이 전달하고자 하는 바를 먼저 밝히고 그에 대한 설명을 하는 것이 좋다.

- 지원한 회사의 기업정신과 인재상을 기억 : 답변을 할 때에는 회사가 원하는 인재라는 인상을 심어주기 위해 지원한 회사의 기업정신과 인재상 등을 염두에 두고 답변을 하는 것이 좋다. 모든 회사에 해당되는 두루뭉술한 답변보다는 지원한 회사에 맞는 맞춤형 답변을 하는 것이 좋다.
- 나보다는 회사와 사회적 관점에서 답변 : 답변을 할 때에는 자기중심적인 관점을 피하고 좀 더 넓은 시각으로 회사와 국가, 사회적 입장까지 고려하는 인재임을 어필하는 것이 좋다. 자기중심적 시각을 바탕으로 자신의 출세만을 위해 회사에 입사하려는 인상을 심어줄 경우 면접에서 불이익을 받을 가능성이 높다.
- 난처한 질문은 정직한 답변 : 난처한 질문에 답변을 해야 할 때에는 피하기보다는 정면 돌파로 정직하고 솔직하게 답변하는 것이 좋다. 난처한 부분을 감추고 드러내지 않으려 회피하는 지원자의 모습은 인사담당자에게 입사 후에도 비슷한 상황에 처했을 때 회피할 수도 있다는 우려를 심어줄 수 있다. 따라서 직장생활에 있어 중요한 덕목 중 하나인 정직을 바탕으로 솔직하게 답변을 하도록 한다.

(2) 면접의 종류 및 준비 전략

① 인성면접

㉠ 면접 방식 및 판단기준

- 면접 방식 : 인성면접은 면접관이 가지고 있는 개인적 면접 노하우나 관심사에 의해 질문을 실시한다. 주로 입사지원서나 자기소개서의 내용을 토대로 지원동기, 과거의 경험, 미래 포부 등을 이야기하도록 하는 방식이다.
- 판단기준 : 면접관의 개인적 가치관과 경험, 해당 역량의 수준, 경험의 구체성 · 진실성 등

㉡ 특징 : 인성면접은 그 방식으로 인해 역량과 무관한 질문들이 많고 지원자에게 주어지는 면접질문, 시간 등이 다를 수 있다. 또한 입사지원서나 자기소개서의 내용을 토대로 하기 때문에 지원자별 질문이 달라질 수 있다.

㉢ 예시 문항 및 준비전략

- 예시 문항

> - 3분 동안 자기소개를 해 보십시오.
> - 자신의 장점과 단점을 말해 보십시오.
> - 학점이 좋지 않은데 그 이유가 무엇입니까?
> - 최근에 인상 깊게 읽은 책은 무엇입니까?
> - 회사를 선택할 때 중요시하는 것은 무엇입니까?
> - 일과 개인생활 중 어느 쪽을 중시합니까?
> - 10년 후 자신은 어떤 모습일 것이라고 생각합니까?
> - 휴학 기간 동안에는 무엇을 했습니까?

- 준비전략 : 인성면접은 입사지원서나 자기소개서의 내용을 바탕으로 하는 경우가 많으므로 자신이 작성한 입사지원서와 자기소개서의 내용을 충분히 숙지하도록 한다. 또한 최근 사회적으로 이슈가 되고 있는 뉴스에 대한 견해를 묻거나 시사상식 등에 대한 질문을 받을 수 있으므로 이에 대한 대비도 필요하다. 자칫 부담스러워 보이지 않는 질문으로 가볍게 대답하지 않도록 주의하고 모든 질문에 입사 의지를 담아 성실하게 답변하는 것이 중요하다.

② 발표면접

㉠ 면접 방식 및 판단기준

- 면접 방식 : 지원자가 특정 주제와 관련된 자료를 검토하고 그에 대한 자신의 생각을 면접관 앞에서 주어진 시간 동안 발표하고 추가 질의를 받는 방식으로 진행된다.
- 판단기준 : 지원자의 사고력, 논리력, 문제해결력 등

㉡ 특징 : 발표면접은 지원자에게 과제를 부여한 후, 과제를 수행하는 과정과 결과를 관찰 · 평가한다. 따라서 과제수행 결과뿐 아니라 수행과정에서의 행동을 모두 평가할 수 있다.

ⓒ 예시 문항 및 준비전략

• 예시 문항

[신입사원 조기 이직 문제]

※ 지원자는 아래에 제시된 자료를 검토한 뒤, 신입사원 조기 이직의 원인을 크게 3가지로 정리하고 이에 대한 구체적인 개선안을 도출하여 발표해 주시기 바랍니다.

※ 본 과제에 정해진 정답은 없으나 논리적 근거를 들어 개선안을 작성해 주십시오.

• A기업은 동종업계 유사기업들과 비교해 볼 때, 비교적 높은 재무안정성을 유지하고 있으며 업무강도가 그리 높지 않은 것으로 외부에 알려져 있음.

• 최근 조사결과, 동종업계 유사기업들과 연봉을 비교해 보았을 때 연봉 수준도 그리 나쁘지 않은 편이라는 것이 확인되었음.

• 그러나 지난 3년간 1~2년차 직원들의 이직률이 계속해서 증가하고 있는 추세이며, 경영진 회의에서 최우선 해결과제 중 하나로 거론되었음.

• 이에 따라 인사팀에서 현재 1~2년차 사원들을 대상으로 개선되어야 하는 A기업의 조직문화에 대한 설문조사를 실시한 결과, '상명하복식의 의사소통'이 36.7%로 1위를 차지했음.

• 이러한 설문조사와 함께, 신입사원 조기 이직에 대한 원인을 분석한 결과 파랑새 증후군, 셀프홀릭 증후군, 피터팬 증후군 등 3가지로 분류할 수 있었음.

〈동종업계 유사기업들과의 연봉 비교〉

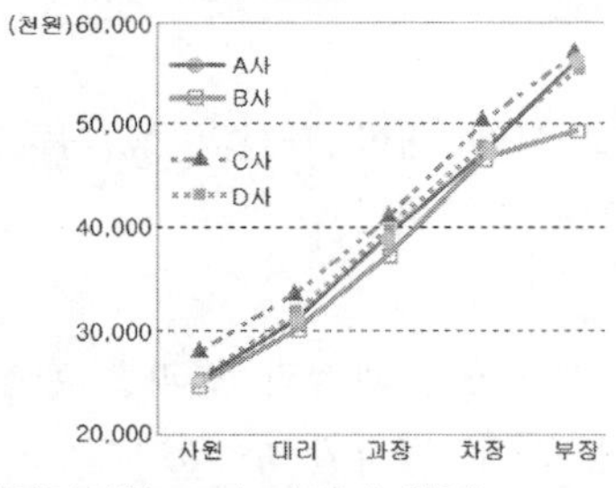

〈우리 회사 조직문화 중 개선되었으면 하는 것〉

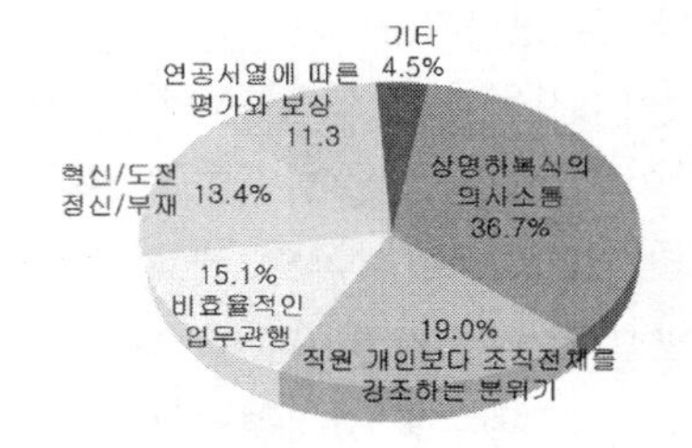

〈신입사원 조기 이직의 원인〉

• 파랑새 증후군

-현재의 직장보다 더 좋은 직장이 있을 것이라는 막연한 기대감으로 끊임없이 새로운 직장을 탐색함.

-학력 수준과 맞지 않는 '하향지원', 전공과 적성을 고려하지 않고 일단 취업하고 보자는 '묻지마 지원'이 파랑새 증후군을 초래함.

• 셀프홀릭 증후군

-본인의 역량에 비해 가치가 낮은 일을 주로 하면서 갈등을 느낌.

• 피터팬 증후군

-기성세대의 문화를 무조건 수용하기보다는 자유로움과 변화를 추구함.

-상명하복, 엄격한 규율 등 기성세대가 당연시하는 관행에 거부감을 가지며 직장에 답답함을 느낌.

• 준비전략 : 발표면접의 시작은 과제 안내문과 과제 상황, 과제 자료 등을 정확하게 이해하는 것에서 출발한다. 과제 안내문을 침착하게 읽고 제시된 주제 및 문제와 관련된 상황의 맥락을 파악한 후 과제를 검토한다. 제시된 기사나 그래프 등을 충분히 활용하여 주어진 문제를 해결할 수 있는 해결책이나 대안을 제시하며, 발표를 할 때에는 명확하고 자신 있는 태도로 전달할 수 있도록 한다.

③ 토론면접

㉠ 면접 방식 및 판단기준

• 면접 방식 : 상호갈등적 요소를 가진 과제 또는 공통의 과제를 해결하는 내용의 토론 과제를 제시하고, 그 과정에서 개인 간의 상호작용 행동을 관찰하는 방식으로 면접이 진행된다.

• 판단기준 : 팀워크, 적극성, 갈등 조정, 의사소통능력, 문제해결능력 등

㉡ 특징 : 토론을 통해 도출해 낸 최종안의 타당성도 중요하지만, 결론을 도출해 내는 과정에서의 의사소통능력이나 갈등상황에서 의견을 조정하는 능력 등이 중요하게 평가되는 특징이 있다.

㉢ 예시 문항 및 준비전략

• 예시 문항

• 군 가산점제 부활에 대한 찬반토론
• 담뱃값 인상에 대한 찬반토론
• 비정규직 철폐에 대한 찬반토론
• 대학의 영어 강의 확대 찬반토론
• 워크숍 장소 선정을 위한 토론

• 준비전략 : 토론면접은 무엇보다 팀워크와 적극성이 강조된다. 따라서 토론과정에 적극적으로 참여하며 자신의 의사를 분명하게 전달하며, 갈등상황에서 자신의 의견만 내세울 것이 아니라 다른 지원자의 의견을 경청하고 배려하는 모습도 중요하다. 갈등상황을 일목요연하게 정리하여 조정하는 등의 의사소통능력을 발휘하는 것도 좋은 전략이 될 수 있다.

④ 상황면접

㉠ 면접 방식 및 판단기준

• 면접 방식 : 상황면접은 직무 수행 시 접할 수 있는 상황들을 제시하고, 그러한 상황에서 어떻게 행동할 것인지를 이야기하는 방식으로 진행된다.

• 판단기준 : 해당 상황에 적절한 역량의 구현과 구체적 행동지표

㉡ 특징 : 실제 직무 수행 시 접할 수 있는 상황들을 제시하므로 입사 이후 지원자의 업무수행능력을 평가하는 데 적절한 면접 방식이다. 또한 지원자의 가치관, 태도, 사고방식 등의 요소를 통합적으로 평가하는 데 용이하다.

㉢ 예시 문항 및 준비전략

• 예시 문항

당신은 생산관리팀의 팀원으로, 생산팀이 기한에 맞춰 효율적으로 제품을 생산할 수 있도록 관리하는 역할을 맡고 있습니다. 3개월 뒤에 제품A를 정상적으로 출시하기 위해 생산팀의 생산 계획을 수립한 상황입니다. 그러나 원가가 곧 실적으로 이어지는 구매팀에서는 최대한 원가를 줄여 전반적 단가를 낮추려고 원가절감을 위한 제안을 하였으나, 연구개발팀에서는 구매팀이 제안한 방식으로 제품을 생산할 경우 대부분이 구매팀의 실적으로 산정될 것이므로 제대로 확인도 해보지 않은 채 적합하지 않은 방식이라고 판단하고 있습니다. 당신은 어떻게 하겠습니까?

• 준비전략 : 상황면접은 먼저 주어진 상황에서 핵심이 되는 문제가 무엇인지를 파악하는 것에서 시작한다. 주질문과 세부질문을 통하여 질문의 의도를 파악하였다면, 그에 대한 구체적인 행동이나 생각 등에 대해 응답할수록 높은 점수를 얻을 수 있다.

⑤ 역할면접

㉠ 면접 방식 및 판단기준

• 면접 방식 : 역할면접 또는 역할연기 면접은 기업 내 발생 가능한 상황에서 부딪히게 되는 문제와 역할을 가상적으로 설정하여 특정 역할을 맡은 사람과 상호작용하고 문제를 해결해 나가도록 하는 방식으로 진행된다. 역할연기 면접에서는 면접관이 직접 역할연기를 하면서 지원자를 관찰하기도 하지만, 역할연기 수행만 전문적으로 하는 사람을 투입할 수도 있다.

• 판단기준 : 대처능력, 대인관계능력, 의사소통능력 등

㉡ 특징 : 역할면접은 실제 상황과 유사한 가상 상황에서의 행동을 관찰함으로서 지원자의 성격이나 대처 행동 등을 관찰할 수 있다.

㉢ 예시 문항 및 준비전략

• 예시 문항

[금융권 역할면접의 예]
당신은 ㅇㅇ은행의 신입 텔러이다. 사람이 많은 월말 오전 한 할아버지(면접관 또는 역할담당자)께서 ㅇㅇ은행을 사칭한 보이스피싱으로 인해 500만 원을 피해 보았다며 소란을 일으키고 있다. 실제 업무상황이라고 생각하고 상황에 대처해 보시오.

• 준비전략 : 역할연기 면접에서 측정하는 역량은 주로 갈등의 원인이 되는 문제를 해결 하고 제시된 해결방안을 상대방에게 설득하는 것이다. 따라서 갈등해결, 문제해결, 조정 · 통합, 설득력과 같은 역량이 중요시된다. 또한 갈등을 해결하기 위해서 상대방에 대한 이해도 필수적인 요소이므로 고객 지향을 염두에 두고 상황에 맞게 대처해야 한다.
역할면접에서는 변별력을 높이기 위해 면접관이 압박적인 분위기를 조성하는 경우가 많기 때문에 스트레스 상황에서 불안해하지 않고 유연하게 대처할 수 있도록 시간과 노력을 들여 충분히 연습하는 것이 좋다.

02 면접 이미지 메이킹

(1) 성공적인 이미지 메이킹 포인트

① 복장 및 스타일

㉠ 남성

• 양복 : 양복은 단색으로 하며 넥타이나 셔츠로 포인트를 주는 것이 효과적이다. 짙은 회색이나 감청색이 가장 단정하고 품위 있는 인상을 준다.
• 셔츠 : 흰색이 가장 선호되나 자신의 피부색에 맞추는 것이 좋다. 푸른색이나 베이지색은 산뜻한 느낌을 줄 수 있다. 양복과의 배색도 고려하도록 한다.
• 넥타이 : 의상에 포인트를 줄 수 있는 아이템이지만 너무 화려한 것은 피한다. 지원자의 피부색은 물론, 정장과 셔츠의 색을 고려하며, 체격에 따라 넥타이 폭을 조절하는 것이 좋다.
• 구두 & 양말 : 구두는 검정색이나 짙은 갈색이 어느 양복에나 무난하게 어울리며 깔끔하게 닦아 준비한다. 양말은 정장과 동일한 색상이나 검정색을 착용한다.
• 헤어스타일 : 머리스타일은 단정한 느낌을 주는 짧은 헤어스타일이 좋으며 앞머리가 있다면 이마나 눈썹을 가리지 않는 선에서 정리하는 것이 좋다.

㉡ 여성

- 의상 : 단정한 스커트 투피스 정장이나 슬랙스 슈트가 무난하다. 블랙이나 그레이, 네이비, 브라운 등 차분해 보이는 색상을 선택하는 것이 좋다.
- 소품 : 구두, 핸드백 등은 같은 계열로 코디하는 것이 좋으며 구두는 너무 화려한 디자인이나 굽이 높은 것을 피한다. 스타킹은 의상과 구두에 맞춰 단정한 것으로 선택한다.
- 액세서리 : 액세서리는 너무 크거나 화려한 것은 좋지 않으며 과하게 많이 하는 것도 좋은 인상을 주지 못한다. 착용하지 않거나 작고 깔끔한 디자인으로 포인트를 주는 정도가 적당하다.
- 메이크업 : 화장은 자연스럽고 밝은 이미지를 표현하는 것이 좋으며 진한 색조는 인상이 강해 보일 수 있으므로 피한다.
- 헤어스타일 : 커트나 단발처럼 짧은 머리는 활동적이면서도 단정한 이미지를 줄 수 있도록 정리한다. 긴 머리의 경우 하나로 묶거나 단정한 머리망으로 정리하는 것이 좋으며, 짙은 염색이나 화려한 웨이브는 피한다.

② 인사

㉠ **인사의 의미** : 인사는 예의범절의 기본이며 상대방의 마음을 여는 기본적인 행동이라고 할 수 있다. 인사는 처음 만나는 면접관에게 호감을 살 수 있는 가장 쉬운 방법이 될 수 있기도 하지만 제대로 예의를 지키지 않으면 지원자의 인성 전반에 대한 평가로 이어질 수 있으므로 각별히 주의해야 한다.

㉡ **인사의 핵심 포인트**

- 인사말 : 인사말을 할 때에는 밝고 친근감 있는 목소리로 하며, 자신의 이름과 수험번호 등을 간략하게 소개한다.
- 시선 : 인사는 상대방의 눈을 보며 하는 것이 중요하며 너무 빤히 쳐다본다는 느낌이 들지 않도록 주의한다.
- 표정 : 인사는 마음에서 우러나오는 존경이나 반가움을 표현하고 예의를 차리는 것이므로 살짝 미소를 지으며 하는 것이 좋다.
- 자세 : 인사를 할 때에는 가볍게 목만 숙인다거나 흐트러진 상태에서 인사를 하지 않도록 주의하며 절도 있고 확실하게 하는 것이 좋다.

③ 시선처리와 표정, 목소리

㉠ 시선처리와 표정 : 표정은 면접에서 지원자의 첫인상을 결정하는 중요한 요소이다. 얼굴표정은 사람의 감정을 가장 잘 표현할 수 있는 의사소통 도구로 표정 하나로 상대방에게 호감을 주거나, 비호감을 사기도 한다. 호감이 가는 인상의 특징은 부드러운 눈썹, 자연스러운 미간, 적당히 볼록한 광대, 올라간 입 꼬리 등으로 가볍게 미소를 지을 때의 표정과 일치한다. 따라서 면접 중에는 밝은 표정으로 미소를 지어 호감을 형성할 수 있도록 한다. 시선은 면접관과 고르게 맞추되 생기 있는 눈빛을 띄도록 하며, 너무 빤히 쳐다본다는 인상을 주지 않도록 한다.

㉡ 목소리 : 면접은 주로 면접관과 지원자의 대화로 이루어지므로 목소리가 미치는 영향이 상당하다. 답변을 할 때에는 부드러우면서도 활기차고 생동감 있는 목소리로 하는 것이 면접관에게 호감을 줄 수 있으며 적당한 제스처가 더해진다면 상승효과를 얻을 수 있다. 그러나 적절한 답변을 하였음에도 불구하고 콧소리나 날카로운 목소리, 자신감 없는 작은 목소리는 답변의 신뢰성을 떨어뜨릴 수 있으므로 주의하도록 한다.

④ 자세

㉠ 걷는 자세

- 면접장에 입실할 때에는 상체를 곧게 유지하고 발끝은 평행이 되게 하며 무릎을 스치듯 11자로 걷는다.
- 시선은 정면을 향하고 턱은 가볍게 당기며 어깨나 엉덩이가 흔들리지 않도록 주의한다.
- 발바닥 전체가 닿는 느낌으로 안정감 있게 걸으며 발소리가 나지 않도록 주의한다.
- 보폭은 어깨넓이만큼이 적당하지만, 스커트를 착용했을 경우 보폭을 줄인다.
- 걸을 때도 미소를 유지한다.

㉡ 서있는 자세

- 몸 전체를 곧게 펴고 가슴을 자연스럽게 내민 후 등과 어깨에 힘을 주지 않는다.
- 정면을 바라본 상태에서 턱을 약간 당기고 아랫배에 힘을 주어 당기며 바르게 선다.
- 양 무릎과 발뒤꿈치는 붙이고 발끝은 11자 또는 V형을 취한다.
- 남성의 경우 팔을 자연스럽게 내리고 양손을 가볍게 쥐어 바지 옆선에 붙이고, 여성의 경우 공수자세를 유지한다.

㉢ 앉은 자세

• 남성

• 의자 깊숙이 앉고 등받이와 등 사이에 주먹 1개 정도의 간격을 두며 기대듯 앉지 않도록 주의한다. (남녀 공통 사항)
• 무릎 사이에 주먹 2개 정도의 간격을 유지하고 발끝은 11자를 취한다.
• 시선은 정면을 바라보며 턱은 가볍게 당기고 미소를 짓는다. (남녀 공통 사항)
• 양손은 가볍게 주먹을 쥐고 무릎 위에 올려놓는다.
• 앉고 일어날 때에는 자세가 흐트러지지 않도록 주의한다. (남녀 공통 사항)

• 여성

• 스커트를 입었을 경우 왼손으로 뒤쪽 스커트 자락을 누르고 오른손으로 앞쪽 자락을 누르며 의자에 앉는다.
• 무릎은 붙이고 발끝을 가지런히 한다.
• 양손을 모아 무릎 위에 모아 놓으며 스커트를 입었을 경우 스커트 위를 가볍게 누르듯이 올려놓는다.

(2) 면접 예절

① 행동 관련 예절

㉠ **지각은 절대금물** : 시간을 지키는 것은 예절의 기본이다. 지각을 할 경우 면접에 응시할 수 없거나, 면접 기회가 주어지더라도 불이익을 받을 가능성이 높아진다. 따라서 면접장소가 결정되면 교통편과 소요시간을 확인하고 가능하다면 사전에 미리 방문해 보는 것도 좋다. 면접 당일에는 서둘러 출발하여 면접 시간 20~30분 전에 도착하여 회사를 둘러보고 환경에 익숙해지는 것도 성공적인 면접을 위한 요령이 될 수 있다.

㉡ **면접 대기 시간** : 지원자들은 대부분 면접장에서의 행동과 답변 등으로만 평가를 받는다고 생각하지만 그렇지 않다. 면접관이 아닌 면접진행자 역시 대부분 인사실무자이며 면접관이 면접 후 지원자에 대한 평가에 있어 확신을 위해 면접진행자의 의견을 구한다면 면접진행자의 의견이 당락에 영향을 줄 수 있다. 따라서 면접 대기 시간에도 행동과 말을 조심해야 하며, 면접을 마치고 돌아가는 순간까지도 긴장을 늦춰서는 안 된다. 면접 중 압박적인 질문에 답변을 잘 했지만, 면접장을 나와 흐트러진 모습을 보이거나 욕설을 한다면 면접 탈락의 요인이 될 수 있으므로 주의해야 한다.

㉢ **입실 후 태도** : 본인의 차례가 되어 호명되면 또렷하게 대답하고 들어간다. 만약 면접장 문이 닫혀 있다면 상대에게 소리가 들릴 수 있을 정도로 노크를 두세 번 한 후 대답을 듣고 나서 들어가야 한다. 문을 여닫을 때에는 소리가 나지 않게 조용히 하며 공손한 자세로 인사한 후 성명과 수험번호를 말하고 면접관의 지시에 따라 자리에 앉는다. 이 경우 착석하라는 말이 없는데 먼저 의자에 앉으면 무례한 사람으로 보일 수 있으므로 주의한다. 의자에 앉을 때에는 끝에 앉지 말고 무릎 위에 양손을 가지런히 얹는 것이 예절이라고 할 수 있다.

㉣ **옷매무새를 자주 고치지 마라.** : 일부 지원자의 경우 옷매무새 또는 헤어스타일을 자주 고치거나 확인하기도 하는데 이러한 모습은 과도하게 긴장한 것 같아 보이거나 면접에 집중하지 못하는 것으로 보일 수 있다. 남성 지원자의 경우 넥타이를 자꾸 고쳐 맨다거나 정장 상의 끝을 너무 자주 만지작거리지 않는다. 여성 지원자는 머리를 계속 쓸어 올리지 않고, 특히 짧은 치마를 입고서 신경이 쓰여 치마를 끌어 내리는 행동은 좋지 않다.

㉤ **다리를 떨거나 산만한 시선은 면접 탈락의 지름길** : 자신도 모르게 다리를 떨거나 손가락을 만지는 등의 행동을 하는 지원자가 있는데, 이는 면접관의 주의를 끌 뿐만 아니라 불안하고 산만한 사람이라는 느낌을 주게 된다. 따라서 가능한 한 바른 자세로 앉아 있는 것이 좋다. 또한 면접관과 시선을 맞추지 못하고 여기저기 둘러보는 듯한 산만한 시선은 지원자가 거짓말을 하고 있다고 여겨지거나 신뢰할 수 없는 사람이라고 생각될 수 있다.

② 답변 관련 예절

㉠ **면접관이나 다른 지원자와 가치 논쟁을 하지 않는다.** : 질문을 받고 답변하는 과정에서 면접관 또는 다른 지원자의 의견과 다른 의견이 있을 수 있다. 특히 평소 지원자가 관심이 많은 문제이거나 잘 알고 있는 문제인 경우 자신과 다른 의견에 대해 이의가 있을 수 있다. 하지만 주의할 것은 면접에서 면접관이나 다른 지원자와 가치 논쟁을 할 필요는 없다는 것이며 오히려 불이익을 당할 수도 있다. 정답이 정해져 있지 않은 경우에는 가치관이나 성장배경에 따라 문제를 받아들이는 태도에서 답변까지 충분히 차이가 있을 수 있으므로 굳이 면접관이나 다른 지원자의 가치관을 지적하고 고치려 드는 것은 좋지 않다.

㉡ **답변은 항상 정직해야 한다.** : 면접이라는 것이 아무리 지원자의 장점을 부각시키고 단점을 축소시키는 것이라고 해도 절대로 거짓말을 해서는 안 된다. 거짓말을 하게 되면 지원자는 불안하거나 꺼림칙한 마음이 들게 되어 면접에 집중을 하지 못하게 되고 수많은 지원자를 상대하는 면접관은 그것을 놓치지 않는다. 거짓말은 그 지원자에 대한 신뢰성을 떨어뜨리며 이로 인해 다른 스펙이 아무리 훌륭하다고 해도 채용에서 탈락하게 될 수 있음을 명심하도록 한다.

㉢ **경력직인 경우 전 직장에 대해 험담하지 않는다.** : 지원자가 전 직장에서 무슨 업무를 담당했고 어떤 성과를 올렸는지는 면접관이 관심을 둘 사항일 수 있지만, 이전 직장의 기업문화나 상사들이 어땠는지는 그다지 궁금해 하는 사항이 아니다. 전 직장에 대해 험담을 늘어놓는다든가, 동료와 상사에 대한 악담을 하게 된다면 오히려 지원자에 대한 부정적인 이미지만 심어줄 수 있다. 만약 전 직장에 대한 말을 해야 할 경우가 생긴다면 가능한 한 객관적으로 이야기하는 것이 좋다.

㉣ **자기 자신이나 배경에 대해 자랑하지 않는다.** : 자신의 성취나 부모 형제 등 집안사람들이 사회 · 경제적으로 어떠한 위치에 있는지에 대한 자랑은 면접관으로 하여금 지원자에 대해 오만한 사람이거나 배경에 의존하려는 나약한 사람이라는 이미지를 갖게 할 수 있다. 따라서 자기 자신이나 배경에 대해 자랑하지 않도록 하고, 자신이 한 일에 대해서 너무 자세하게 얘기하지 않도록 주의해야 한다.

03 면접 질문 및 답변 포인트

(1) 가족 및 대인관계에 관한 질문

① 당신의 가정은 어떤 가정입니까?

면접관들은 지원자의 가정환경과 성장과정을 통해 지원자의 성향을 알고 싶어 이와 같은 질문을 한다. 비록 가정 일과 사회의 일이 완전히 일치하는 것은 아니지만 '가화만사성'이라는 말이 있듯이 가정이 화목해야 사회에서도 화목하게 지낼 수 있기 때문이다. 그러므로 답변 시에는 가족사항을 정확하게 설명하고 집안의 분위기와 특징에 대해 이야기하는 것이 좋다.

② 친구 관계에 대해 말해 보십시오.

지원자의 인간성을 판단하는 질문으로 교우관계를 통해 답변자의 성격과 대인관계능력을 파악할 수 있다. 새로운 환경에 적응을 잘하여 새로운 친구들이 많은 것도 좋지만, 깊고 오래 지속되어온 인간관계를 말하는 것이 더욱 바람직하다.

(2) 성격 및 가치관에 관한 질문

① 당신의 PR포인트를 말해 주십시오.

PR포인트를 말할 때에는 지나치게 겸손한 태도는 좋지 않으며 적극적으로 자기를 주장하는 것이 좋다. 앞으로 입사 후 하게 될 업무와 관련된 자기의 특성을 구체적인 일화를 더하여 이야기하도록 한다.

② 당신의 장 · 단점을 말해 보십시오.

지원자의 구체적인 장 · 단점을 알고자 하기 보다는 지원자가 자기 자신에 대해 얼마나 알고 있으며 어느 정도의 객관적인 분석을 하고 있나, 그리고 개선의 노력 등을 시도하는지를 파악하고자 하는 것이다. 따라서 장점을 말할 때는 업무와 관련된 장점을 뒷받침할 수 있는 근거와 함께 제시하며, 단점을 이야기할 때에는 극복을 위한 노력을 반드시 포함해야 한다.

③ 가장 존경하는 사람은 누구입니까?

존경하는 사람을 말하기 위해서는 우선 그 인물에 대해 알아야 한다. 잘 모르는 인물에 대해 존경한다고 말하는 것은 면접관에게 바로 지적당할 수 있으므로, 추상적이라도 좋으니 평소에 존경스럽다고 생각했던 사람에 대해 그 사람의 어떤 점이 좋고 존경스러운지 대답하도록 한다. 또한 자신에게 어떤 영향을 미쳤는지도 언급하면 좋다.

(3) 학교생활에 관한 질문

① 지금까지의 학교생활 중 가장 기억에 남는 일은 무엇입니까?

가급적 직장생활에 도움이 되는 경험을 이야기하는 것이 좋다. 또한 경험만을 간단하게 말하지 말고 그 경험을 통해서 얻을 수 있었던 교훈 등을 예시와 함께 이야기하는 것이 좋으나 너무 상투적인 답변이 되지 않도록 주의해야 한다.

② 성적은 좋은 편이었습니까?

면접관은 이미 서류심사를 통해 지원자의 성적을 알고 있다. 그럼에도 불구하고 이 질문을 하는 것은 지원자가 성적에 대해서 어떻게 인식하느냐를 알고자 하는 것이다. 성적이 나빴던 이유에 대해서 변명하려 하지 말고 담백하게 받아들이고 그것에 대한 개선노력을 했음을 밝히는 것이 적절하다.

(4) 지원동기 및 직업의식에 관한 질문

① 왜 우리 회사를 지원했습니까?

이 질문은 어느 회사나 가장 먼저 물어보고 싶은 것으로 지원자들은 기업의 이념, 대표의 경영능력, 재무구조, 복리후생 등 외적인 부분을 설명하는 경우가 많다. 이러한 답변도 적절하지만 지원회사의 주력 상품에 관한 소비자의 인지도, 경쟁사 제품과의 시장점유율을 비교하면서 입사동기를 설명한다면 상당히 주목 받을 수 있을 것이다.

② 만약 이번 채용에 불합격하면 어떻게 하겠습니까?

불합격할 것을 가정하고 회사에 응시하는 지원자는 거의 없을 것이다. 이는 지원자를 궁지로 몰아넣고 어떻게 대응하는지를 살펴보며 입사 의지를 알아보려고 하는 것이다. 이 질문은 너무 깊이 들어가지 말고 침착하게 답변하는 것이 좋다.

③ 당신이 생각하는 바람직한 사원상은 무엇입니까?

직장인으로서 또는 조직의 일원으로서의 자세를 묻는 질문으로 지원하는 회사에서 어떤 인재상을 요구하는 가를 알아두는 것이 좋으며, 평소에 자신의 생각을 미리 정리해 두어 당황하지 않도록 한다.

④ 직무상의 적성과 보수의 많음 중 어느 것을 택하겠습니까?

이런 질문에서 회사 측에서 원하는 답변은 당연히 직무상의 적성에 비중을 둔다는 것이다. 그러나 적성만을 너무 강조하다 보면 오히려 솔직하지 못하다는 인상을 줄 수 있으므로 어느 한 쪽을 너무 강조하거나 경시하는 태도는 바람직하지 못하다.

⑤ 상사와 의견이 다를 때 어떻게 하겠습니까?

과거와 다르게 최근에는 상사의 명령에 무조건 따르겠다는 수동적인 자세는 바람직하지 않다. 회사에서는 때에 따라 자신이 판단하고 행동할 수 있는 직원을 원하기 때문이다. 그러나 지나치게 자신의 의견만을 고집한다면 이는 팀원 간의 불화를 야기할 수 있으며 팀 체제에 악영향을 미칠 수 있으므로 선호하지 않는다는 것에 유념하여 답해야 한다.

⑥ 근무지가 지방인데 근무가 가능합니까?

근무지가 지방 중에서도 특정 지역은 되고 다른 지역은 안 된다는 답변은 바람직하지 않다. 직장에서는 순환 근무라는 것이 있으므로 처음에 지방에서 근무를 시작했다고 해서 계속 지방에만 있는 것은 아님을 유의하고 답변하도록 한다.

(5) 여가 활용에 관한 질문

취미가 무엇입니까?

기초적인 질문이지만 특별한 취미가 없는 지원자의 경우 대답이 애매할 수밖에 없다. 그래서 가장 많이 대답하게 되는 것이 독서, 영화감상, 혹은 음악감상 등과 같은 흔한 취미를 말하게 되는데 이런 취미는 면접관의 주의를 끌기 어려우며 설사 정말 위와 같은 취미를 가지고 있다하더라도 제대로 답변하기는 힘든 것이 사실이다. 가능하면 독특한 취미를 말하는 것이 좋으며 이제 막 시작한 것이라도 열의를 가지고 있음을 설명할 수 있으면 그것을 취미로 답변하는 것도 좋다.

(6) 지원자를 당황하게 하는 질문

① 성적이 좋지 않은데 이 정도의 성적으로 우리 회사에 입사할 수 있다고 생각합니까?

비록 자신의 성적이 좋지 않더라도 이미 서류심사에 통과하여 면접에 참여하였다면 기업에서는 지원자의 성적보다 성적 이외의 요소, 즉 성격 · 열정 등을 높이 평가했다는 것이라고 할 수 있다. 그러나 이런 질문을 받게 되면 지원자는 당황할 수 있으나 주눅 들지 말고 침착하게 대처하는 면모를 보인다면 더 좋은 인상을 남길 수 있다.

② 우리 회사 회장님 함자를 알고 있습니까?

회장이나 사장의 이름을 조사하는 것은 면접일을 통고받았을 때 이미 사전 조사되었어야 하는 사항이다. 단답형으로 이름만 말하기보다는 그 기업에 입사를 희망하는 지원자의 입장에서 답변하는 것이 좋다.

③ 당신은 이 회사에 적합하지 않은 것 같군요.

이 질문은 지원자의 입장에서 상당히 곤혹스러울 수밖에 없다. 질문을 듣는 순간 그렇다면 면접은 왜 참가시킨 것인가 하는 생각이 들 수도 있다. 하지만 당황하거나 흥분하지 말고 침착하게 자신의 어떤 면이 회사에 적당하지 않는지 겸손하게 물어보고 지적당한 부분에 대해서 고치겠다는 의지를 보인다면 오히려 자신의 능력을 어필할 수 있는 기회로 사용할 수도 있다.

④ 다시 공부할 계획이 있습니까?

이 질문은 지원자가 합격하여 직장을 다니다가 공부를 더 하기 위해 회사를 그만 두거나 학습에 더 관심을 두어 일에 대한 능률이 저하될 것을 우려하여 묻는 것이다. 이때에는 당연히 학습보다는 일을 강조해야 하며, 업무 수행에 필요한 학습이라면 업무에 지장이 없는 범위에서 야간학교를 다니거나 회사에서 제공하는 연수 프로그램 등을 활용하겠다고 답변하는 것이 적당하다.

⑤ 지원한 분야가 전공한 분야와 다른데 여기 일을 할 수 있겠습니까?

수험생의 입장에서 본다면 지원한 분야와 전공이 다르지만 서류전형과 필기전형에 합격하여 면접을 보게 된 경우라고 할 수 있다. 이는 결국 해당 회사의 채용 방침상 전공에 크게 영향을 받지 않는다는 것이므로 무엇보다 자신이 전공하지는 않았지만 어떤 업무도 적극적으로 임할 수 있다는 자신감과 능동적인 자세를 보여주도록 노력하는 것이 좋다.

CHAPTER 02

면접기출

01 공통 면접기출

(1) 인성 및 업무 관련

① 교육공무직원으로서의 의무에 대해 말해보시오.

② 교육공무직원으로서 갖추어야 할 자세에 대해 말해보시오.

③ 지원 동기 및 교육공무직 준비를 위해 본인이 무엇을 노력했는지에 대해 말해보시오.

④ 본인은 친구나 지인에게 어떠한 사람으로 기억되길 바랍니까?

⑤ 본인의 강점에 대해 말해보시오.

⑥ 본인만의 스트레스 해소법이 있다면 말해보시오.

⑦ 본인의 가치관에 대해 말해보시오.

⑧ 조직 생활에서 주의해야 할 것 2가지만 말해보시오.

⑨ 공공의 이익과 개인의 이익 중 무엇이 더 중요하다고 생각합니까?

⑩ 동료나 상사와 갈등이 초래될 경우 어떻게 해결하겠습니까?

⑪ 자기소개를 해 보세오.

⑫ 본인에게 주어진 담당업무 외에 학교나 학생을 위해서 할 수 있는 일이 무엇이 있을지 말해 보세오.

⑬ 퇴근 시간 이후 업무가 주어진다면 어떻게 하겠습니까?

⑭ 당 교육청(또는 교육지원청)의 교육지표에 대해 알고 있습니까?

⑮ 지원 직종에 필요하다고 생각하는 자질에 대해 설명해 보세요.

⑯ 우리 지역 자랑을 30초 간 해 보세요.

⑰ 방학중 비근무인데 일정이나 계획에 대해 간단히 말해 보세요. (방학중 비근무직)

(2) 일반 시사 관련

① 김영란법에 대해 설명해 보시오.

② 창조경제에 대한 자신의 생각을 말해 보시오.

02 직종별 면접기출

(1) 교무행정사

① 교무행정사의 업무에 대해 설명해 보세요.

② 공문서 작성법에 대해 간략히 설명해 보세요.

③ 만약 교사가 부당한 일을 시킨다면, 어떻게 대처하겠습니까?

④ 여러 명의 교사가 동시에 업무를 부탁할 경우, 어떤 순서에 따라 처리하겠습니까?

⑤ 외부에서 학교로 전화가 온 상황을 가정하여 통화해 보세요.

⑥ 교무행정사가 되기 위해 어떤 노력을 했는지 말해 보시오.

⑦ 개인적으로 중요한 일정과 학교 행사가 겹칠 경우 어떻게 하겠습니까?

⑧ 교무행정사에게 필요하다고 생각하는 자질에 대해 설명해 보세요.

(2) 초등돌봄전담사

① 매 여름이면 발생하는 통학 차량 아동 갇힘 사고를 방지할 수 있는 방법이 있다면 말해 보세요.

② 학대 및 방치가 의심되는 아동이 있다면 어떻게 대처하겠습니까?

(3) 전문상담사 및 임상심리사

① 기억에 남는 학교폭력 상담 경험에 대해 말해 보세요.

② 자신만의 상담 프로그램 개발 및 운영 방법이 있다면 말해 보세요.

③ 학교폭력이 발생한 상황에서 피해 학생과 가해 학생의 부모 간 중재

(4) 특수교육실무원

① 특수교육대상 학생 지원이 일반 학생 지원과 다른 점을 말해 보세요.

② 특수교육대상 학생 생활지도에 있어 가장 중요한 점은 무엇이라고 생각합니까?

(5) 조리원

① 조리원의 업무에 대해 아는 대로 설명해 보시오.

② 근골격계 부상을 에방하기 위한 방법을 말해보시오.

③ 냉동, 냉장 식품의 보관방법에 대해 설명해 보시오.

④ 조리직은 노동 강도가 센 편에 속합니다. 어떻게 대처하실 것인지 말해보시오.

⑤ 교차 오염에 대해 설명해 보시오.

⑥ 조리 과정 중 온도체크 시기와 과정, 이유에 대해 설명해 보시오.

⑦ 급식실 위생관리를 위한 자신만의 철칙이 있다면 말해 보세요.

⑧ 급식품의 조리 후 식재료의 유통기한이 지난 것을 알았다면, 어떻게 하겠습니까?

⑨ 나이가 한참 어린 영양(교)사와의 관계에서 의견충돌이 있을 경우 어떻게 대처하겠습니까?

⑩ 조리원으로서 가장 중요하게 여겨야 할 점은 무엇이라고 생각합니까?